Josh McDowell / John Gilchrist

Islam auf dem Prüfstand

Josh McDowell & John Gilchrist

Islam
AUF DEM PRÜFSTAND

SCHULTE & GERTH

Die amerikanische Originalausgabe erschien im Verlag Here's Life Publishers, USA, unter dem Titel „The Islam Debate".

Aus dem Amerikanischen von Regine Celebcigil.

Weitere Informationen zu Büchern von Josh McDowell erhalten Sie von
Campus für Christus, Postfach 100 262, D-35332 Gießen.

Sofern nicht anders angegeben, sind alle Bibelstellen nach der Revidierten Elberfelder Bibel, Wuppertal 1986, zitiert, alle Koranstellen nach der Übersetzung von Rudi Paret, Stuttgart Bd. I 1985, Bd. II 1986.

Best.-Nr. 815 722
ISBN 3-89437-722-4
2. Auflage 2001
Umschlaggestaltung: Hanni Plato
Umschlagfoto: SuperStock
Satz: Tpyostudio Rücker, Linden
Druck und Verarbeitung: Schönbach-Druck
Printed in Germany

Inhalt

Vorwort zur Neuauflage 2001

Am 11. September 2001, dem Tag des Anschlages auf das finanzielle und militärische Herz der USA, trat mit Wucht eine Frage ins Rampenlicht der Welt: Was ist das für eine Religion, die Menschen dazu bringt, terroristische Aktionen durchzuführen, Flugzeuge zu kidnappen und unschuldige Frauen und Kinder zu töten? Wieso hat Bin Laden so sanfte Augen, aber so eine harte Hand? Was ist eigentlich „Islam"? Damit rückt auch ein bislang stiefmütterlich behandelter Nebenschauplatz in der Medienberichterstattung von fast Null auf Hundert zum globalen Hauptfeind der vermeintlich „freien Welt" auf: religiös motivierter, gewaltbereiter Fundamentalismus, insbesondere bei den „abrahamitischen Religionen", wie das deutsche Magazin „Der Spiegel" im Oktober 2001 verkündete.

Nach Angaben des amerikanischen Missionsstatistikers Prof. David Barrett kommen jedes Jahr ca. 160.000 Märtyrer wegen ihres christlichen Glaubens ums Leben – seit Jahrzehnten ein permanent ignorierter Faktor in den säkularen Medien. Ein Großteil der Toten geht auf das Konto islamistischer Staaten wie etwa des Sudan oder Staaten, in denen fundamentalistische Moslem-Gruppen große Handlungsfreiheit genießen, wie etwa Indonesien. Auch hier ist es Zeit zu fragen: Was motiviert eigentlich dieses systematische und regelmäßige Abschlachten im Namen des Halbmondes? Sind es noch immer die unverheilten Wunden vermeintlich christlich motivierter Kreuzzüge, die Märtyrer wie etwa der junge Domingus, mit dem ich im indonesischen Jakarta zusammentraf, noch nach fast einem Jahrtausend zu spüren bekommen? Domingus, ein Bibelschüler, war durch ein Wunder wieder von den Toten auferweckt worden. Viele Hunderttausende nicht.

Was hier nicht weiterhilft, sind pauschale Verurteilungen, Schablonendenken oder gar der beschwörende Griff nach dem eigenen Herzen, nach dem Motto: „Die Guten, das sind wir." Was hilft, sind sachliche Information über den Islam, persönliche Beziehungen im eigenen Umfeld und ein unerschütterlicher Glaube an den auferstandenen Christus, den einzig tragfähigen Felsen in der Brandung der sich immer mehr überstürzenden Ereignisse.

Die Autoren Josh McDowell und John Gilchrist haben mit ihrem Buch Material vorgelegt, das in die Hand aller gehört, die sich mit dem Islam auseinandersetzen wollen. Beide haben die Fähigkeit, komplexe Zusammenhänge zu ordnen und systematisch zu argumentieren. Doch täuschen wir uns nicht: Josh und John sind westliche Christen, denken linearlogisch, und sie bauen ihre Argumente immer wieder nach Denk-Rastern westlicher Gerichtsbarkeit auf. Warum sage ich das? Weil die meisten Moslems in einer völlig anderen Welt leben – oder ihr zumindest entstammen. Sie haben andere Argumentationsraster, Denkschablonen und Verhaltensmuster, und eine verlorene Debatte muß einen Moslem noch lange nicht einsichtig machen. Debattieren mit religiös fanatisierten Menschen lohnt nicht, sondern schaukelt fast immer den Konflikt weiter hoch.

Es ist auch wichtig zu erkennen, dass es, wie bei anderen Religionen auch, drei Gruppen von Moslems gibt: liberale oder „Namens-Moslems", praktizierende Moslems und fanatisierte, „fundamentalistische" Moslems. Die türkische Verkäuferin im Berliner Stadtteil Kreuzberg hat, ideologisch und statistisch gesehen, mit „Moslem-Terroristen" wohl ebensowenig zu tun wie ein braver Kirchgänger mit den „christlichen" Kreuzrittern des Mittelalters.

Und schließlich: Noch nie kamen derart viele Moslems zur Erkenntnis wie in unseren Tagen, daß eben nicht Mohammed, sondern Christus der echte Weg zu Gott ist. Das Resultat der aktuellen Umfrage einer christlichen Mediengruppe in Jordanien besagt beispielsweise, daß fast ein Viertel aller befragten moslemischen Haushalte des Landes daran interessiert sind, von Christen besucht zu werden, die ihnen von der Person von Jesus Christus erzählen. „Viele Moslems sind offen für Christus. Aber sind Christen offen für die Moslems?" fragte mich ein jordanischer Pfarrer.

Für mich bedeutet das, daß wir nicht selbstsicher den Islam auf unseren „objektiven" Prüfstand heben und mit der Lupe Fehler suchen und finden. Religiöse Spannungen stellen nicht nur den Islam auf den Prüfstand, sondern auch das Christentum. Der beste Prüfstand, den ich hierfür kenne, ist der Alltag. Deswegen mein Vorschlag: Nachdem Sie sich durch das vorliegende Buch mit dem Islam *auseinander*gesetzt haben, setzen Sie sich doch anschließend mit einigen Moslems *zusammen.* Das geht einfacher, als viele denken. Laden Sie Moslems zu sich ein, zum Kaffee, zum Essen. Lernen Sie sich kennen, werden Sie Freunde. Sie ahnen gar nicht, welche Revolution Sie auslösen werden. Öffnen Sie Ihr Haus, Ihre Küche, Ihren Kühlschrank. Und warum Sie das Schweinefleisch aus Achtung vor der Religion und Kultur der Moslems diesmal weglassen werden – dies und mehr erfahren Sie ja in diesem Buch ...

Wolfgang Simson

Einleitung

Warum diese Debatte?

In einer Zeit, in der Relativismus und Synkretismus zunehmend unser Denken bestimmen, mag die Frage aufkommen, ob es überhaupt sinnvoll ist, sich mit dem Islam kritisch auseinanderzusetzen. Sollte man nicht besser „das Kriegsbeil begraben" und endlich eine Haltung gegenseitiger Toleranz und Achtung einnehmen?

Christen sind der festen Überzeugung, daß man Angehörige anderer Glaubensrichtungen respektieren muß, glauben aber ebenso fest, daß es ohne das Erlösungswerk Jesu Christi am Kreuz von Golgatha keine Rettung für uns Menschen gibt.

Einiges von dem, was die Bibel uns über Jesus Christus offenbart, finden wir auch im Koran. Seine Göttlichkeit, sein Tod am Kreuz und seine Auferstehung von den Toten werden aber entschieden geleugnet. Damit lehnt der Islam den Kern des Evangeliums ab, nämlich den Kreuzestod und die Auferstehung Jesu Christi. Der Apostel Paulus sagt: „Wenn aber Christus nicht auferweckt ist, so ist euer Glaube nichtig, so seid ihr noch in euren Sünden" (1. Korinther 15,17). Der Koran streitet diese zentralen Ereignisse im Leben Jesu ab und gerät damit in die Konfrontation mit dem Christentum.

Der Islam hat es sich zur Aufgabe gemacht, den Anspruch des Christentums in Frage zu stellen. Jedes christliche Fehlverhalten wird angeprangert, sobald es irgendwo an die Öffentlichkeit gelangt. Wir dürfen uns der Auseinandersetzung nicht entziehen. Wir brauchen das Gespräch zwischen Moslems und Christen, und zwar in einer Atmosphäre, die von Liebe, freundschaftlichem Verhalten und gegenseitigem Verständnis geprägt ist.

Ein solcher Dialog hat zwischen Josh McDowell und Ahmed Deedat, dem Vorsitzenden des „Zentrums für die Verbreitung des Islam" in Durban, Südafrika, im August 1981 stattgefunden. Das Thema „Wurde

Christus gekreuzigt?“ berührte den Kernpunkt des islamisch-christlichen Konflikts. Das Gespräch wurde in einem freundschaftlichen Ton geführt, ohne daß von den Sprechern eine Verwässerung ihrer Botschaft oder ein Umgehen der strittigen Punkte erwartet wurde. Trotz der wohl heftigsten Regenfälle in der Geschichte Durbans füllte sich das große, im Freien befindliche Tennisstadion mit annähernd sechstausend Menschen. Sowohl die Moslems als auch die Christen nahmen lebhaft Anteil an der Diskussion. (Sie ist im Schlußteil dieses Buches wiedergegeben.) Die bei aller Freiheit und Offenheit milde Art der Darstellung spricht für sich selbst.

Die Initiative zu dieser Begegnung ging von moslemischer Seite aus. Ahmed Deedat, ein in Südafrika bekannter moslemischer Sprecher, hatte das von Josh McDowell verfaßte Buch *Evidence That Demands a Verdict* („Beweise, die eine Entscheidung verlangen“) gelesen. Daraufhin lud er ihn 1980 nach Südafrika ein, um die christliche und moslemische Sicht der Kreuzigung und Auferstehung Jesu eingehend mit ihm zu besprechen. Es war nicht die erste Grundsatzdiskussion dieser Art, die auf Veranlassung von Ahmed Deedat in Südafrika stattfand. Mit anderen Christen hatte er ebenfalls Gespräche geführt, unter anderem mit John Gilchrist, dem Mitverfasser dieses Buches, vor einer ähnlich großen Zuhörerschaft sechs Jahre zuvor.

Josh McDowell nahm die Herausforderung an, betrachtete er sie doch als gute Gelegenheit, Tausenden von Moslems den Kern des Evangeliums – nämlich die Kreuzigung und Auferstehung Jesu Christi – nahezubringen und viele Streitfragen zu klären, die Moslems und Christen in bezug auf die Person Jesu Christi voneinander trennen. Noch bevor die Diskussion beendet war, hatten viele Moslems – vielleicht zum ersten Mal in ihrem Leben – in aller Klarheit die Botschaft des Evangeliums gehört.

You Be The Judge! („Urteilen Sie selbst!“) – mit dieser kühnen Aufforderung luden überall Plakate zu dem geplanten Symposium ein. Es war vorauszusehen, daß niemand aus einer solchen Debatte als „Sieger“ hervorgehen würde, zu lange schon hatten die behandelten Streitfragen Anlaß zur Uneinigkeit gegeben. Es war kaum denkbar, daß es einer Partei gelingen würde, ihre Ansicht so überzeugend darzustellen, daß die Gegenpartei geschlossen ihre Tradition aufgeben und sich dem anderen Glauben zuwenden würde.

Der Dialog hatte den großen Vorteil, daß die Anhänger beider Glaubensrichtungen Gelegenheit hatten, beide Standpunkte anzuhören. Jeder konnte die von der Gegenseite aufgestellten Behauptungen in aller Ruhe überdenken und mit den Argumenten vergleichen, die für seine eigene Position sprechen.

Als Christen glauben wir, daß das Evangelium in diesem Rechtsstreit den Sieg davonträgt. Wir sind dessen gewiß, daß die von Josh McDowell vorgebrachten Argumente trotz der begrenzten Zeit die Richtigkeit unserer Überzeugungen unter Beweis gestellt haben. Die Debatte wurde am Schluß dieses Buches ungekürzt abgedruckt, so daß sich jeder, ob Christ oder Moslem, ein eigenes Urteil bilden kann.

Wir zweifeln nicht daran, daß die Debatte dazu beigetragen hat, die Botschaft des Evangeliums unter den Moslems in Südafrika zu verbreiten. Wir sind ebenfalls fest davon überzeugt, daß dieses Buch den Dienst des Evangeliums an den Moslems überall auf der Welt fördern wird.

Josh McDowell
Julian, Kalifornien
Dezember 1982

John Gilchrist
Südafrika
Dezember 1982

Warum dieses Buch?

Die Debatte über die Verschiedenheiten zwischen Islam und Christentum hat sowohl in den Vereinigten Staaten als auch in Südafrika viel Beachtung gefunden. Aus diesem Grunde haben wir nicht nur den Wortlaut der Debatte wiedergegeben, sondern auch Informationsmaterial hinzugefügt, das zur Klärung wichtiger Fragen, die im Laufe der Diskussion auftauchen, unerläßlich ist. So ist beispielsweise ein ganzes Kapitel der islamischen Behauptung gewidmet, das Neue Testament sei kein verläßliches historisches Dokument für das Leben und die Selbstaussagen Jesu. Der Vorwurf, Christen hätten verschiedene Bibelstellen, in denen von der Kreuzigung und Auferstehung die Rede ist, falsch interpretiert, wird in diesem Buch ausführlicher behandelt, als es während der begrenzten Zeit der Debatte möglich war. Zahlreiche islamische Behauptungen, die in der Debatte nicht direkt zur Sprache kamen, werden nachfolgend vom christlichen Standpunkt aus beleuchtet.

Die meisten Christen werden von den Argumenten völlig überrascht, die gewöhnlich von Vertretern des Islam ins Feld geführt werden. Wer von uns hat zum Beispiel je von einem Barnabas-Evangelium gehört? Wer wüßte der überzeugend vorgetragenen Meinung eines Moslems etwas entgegenzusetzen, der behauptet, nur das sogenannte „Barnabas-Evangelium" gäbe verläßlichen Aufschluß über das Leben Jesu? In Unkenntnis darüber, daß dieses sogenannte „Evangelium" eine Fälschung ist und erst in weit späterer Zeit verfaßt wurde, hat der Christ gewöhnlich keine befriedigende Antwort bereit, wenn Moslems ihn an diesem Punkt herausfordern.

Welcher Christ wüßte auf Anhieb die kühne moslemische Behauptung zu widerlegen, gewisse Bibelstellen wiesen auf das Kommen Mohammeds hin? Moslems, die solche Streitfragen anschneiden, sind im allgemeinen gut bewandert in ihrer Argumentation. Wie viele Christen können gleichermaßen überzeugt antworten?

Die angeschnittenen Fragen mögen den meisten Christen abwegig vorkommen. Wir müssen uns aber damit auseinandersetzen, weil sie ein wesentlicher Bestandteil dessen sind, was von moslemischer Seite gegen das Christentum vorgebracht wird.

Drei Gründe haben uns zur Veröffentlichung des vorliegenden Materials bewogen:

1. Sowohl Moslems als auch Christen sollen in die Lage versetzt werden, die Ähnlichkeiten und Unterschiede zwischen Islam und Christentum besser zu verstehen.

2. Christen sollen für den Dialog mit Moslems besser ausgerüstet werden. Sie sollen die christlich-islamischen Konfliktpunkte kennenlernen, um in rechter Weise auf die Beschuldigungen reagieren zu können, die von islamischer Seite gegen die Bibel und gegen die Kreuzigung und Auferstehung Christi erhoben werden.

3. Das Buch soll Christen zu einem kühneren Zeugnis im Umgang mit Moslems ermutigen, aber auch zu einer liebevolleren Begegnung mit ihnen. Die Vorbereitungen und Forschungsarbeiten, die für die Debatte und das vorliegende Buch erforderlich waren, haben u.a. zu einem größeren Respekt gegenüber dem Islam geführt. Es handelt sich beim Islam um einen tiefgründigen Glauben, der in der Lage ist, Verstand, Willen und Gefühl eines Menschen völlig zu vereinnahmen.

Für mich persönlich waren viele meiner Begegnungen und Gespräche mit Moslems ein großer Gewinn. Sie haben mich in meiner Liebe für sie bestärkt, so daß ich das Evangelium und die Liebe Christi noch mehr als bisher an sie weitergeben möchte.

Der historische Hintergrund des Islam

In den letzten Jahren hat der Islam ständig für Schlagzeilen gesorgt, nicht zuletzt wegen der erhöhten Spannung im Nahen Osten. Diese hat bewirkt, daß die islamische Kultur in den Brennpunkt des Interesses geraten ist. Der moslemische Glaube gehört zu den Hauptantriebskräften in den Ländern des Nahen Ostens, Asiens und Nordafrikas. Zu ihm bekennen sich in Bangladesch und Lybien 85-100 Prozent der Bevölkerung. Der Einfluß dieses Glaubens hat stetig zugenommen. Heute beansprucht der Islam, mit ca. 750-800 Millionen Anhängern die am schnellsten wachsende Religionsgemeinschaft der Welt zu sein. Sechsunddreißig Länder in drei Kontinenten stehen fast völlig unter moslemischem Einfluß.

Selbst die Spannungen zwischen den arabischen Ländern und Israel lassen sich auf einen islamisch-jüdischen Konflikt zurückführen. Der Islam schürt nicht nur das Feuer, wenn Moslems Israel den Krieg androhen. Von islamischen Splitterparteien gehen in anderen Gebieten des explosiven Nahen Ostens noch größere Unruhen aus, die wiederum vermehrte Konflikte auslösen können. So waren es zum Beispiel rechtsgerichtete militante islamische Fundamentalisten, die für die Machtübernahme im Iran und die Ermordung des ägyptischen Staatschefs Anwar Sadat gesorgt haben.

Die Mehrheit der Moslems ist jedoch nicht militant. Der Unterschied zwischen dem gemäßigten, progressiven und konstruktiven Islam, wie wir ihn in Ägypten und in der Türkei vorfinden, und dem fundamentalistischen und reaktionären Islam im Iran ist augenfällig. Der Islam hat auf viele Länder, in denen er eine starke Macht darstellt, einen positiven Einfluß ausgeübt. Aber der gute Einfluß ist natürlich noch kein Grund dafür, sein Leben einer Religion zu unterstellen. Man muß die Lehren des Islam (oder anderer Religionen) einer objektiven Prüfung unterziehen, um sich von deren Gültigkeit zu überzeugen.

Der Einfluß des Islam auf die Geschichte ist ebenfalls beachtlich. Sir Norman Anderson, Professor für Islamisches Recht, ein überzeugter Christ, gibt dazu folgende Zusammenfassung:

Die Religion des Islam gehört zu den herausragenden Phänomenen der Geschichte. Innerhalb eines einzigen Jahrhunderts nach dem Tode ihres Gründers breitete sich das moslemische Reich von Südfrankreich über Spanien, Nordafrika, die Levante und Zentralasien bis hin zu den Grenzen Chinas aus; und obwohl der Islam praktisch aus Westeuropa verdrängt wurde und in anderen Gebieten viel von seinem politischen Einfluß eingebüßt hat, gelang es ihm zeitweise doch, in Osteuropa, Afrika, Indien und Südostasien in bemerkenswerter Weise an Terrain zu gewinnen. Heute erstreckt sich sein Einfluß vom Atlantik bis zu den Philippinen. Die Zahl seiner Anhänger wird mit ungefähr 800 Millionen angegeben. Trotz der Tatsache, daß die Rassen im Verbreitungsgebiet des Islam sich so voneinander unterscheiden wie die Europäer von den Bantus oder die arischen Inder von den primitiven Stämmen auf den Philippinen, ist es möglich, von einer „Welt des Islam" zu sprechen (Sir Norman Anderson, Hrsg., *The World's Religions,* Grand Rapids, MI: William B. Eerdmans Publishing Co. 1976, S. 52).

Entstehung

In der Gründungszeit des Islam drehte sich alles um eine zentrale Figur: Mohammed (auch: Muhammed oder Muhammad). Obwohl wir es beim Islam mit einer Mischung verschiedener Religionen zu tun haben, hat diese Glaubensrichtung ihren Ursprung in der Person Mohammeds.

Mohammed

Mohammed wurde um das Jahr 570 n.Chr. in Mekka in Arabien geboren. Mohammeds Vater Abdullah starb bereits vor seiner Geburt. Seine Mutter Amina starb, als er sechs Jahre alt war. So wuchs er bei seinem Großvater Abd Al Muttalib auf und später bei seinem Onkel Abu Talib. Von Mohammeds Herkunft ist nur wenig bekannt. Einige Gelehrte sind der Überzeugung, daß er einer geachteten Familie entstammte, doch hat man dafür keine sicheren Anhaltspunkte. Außer Frage steht dagegen, daß er aus der Sippe der Haschemiten und dem Stamm der Koraischiten kam. Im Alter von 25 Jahren heiratete er die angesehene und wohlhabende 40jährige Witwe Chadidscha. Über sein Leben schreibt Anderson:

Die Überlieferung besagt mit ziemlicher Sicherheit, so daß es eigentlich nicht erfunden sein kann, daß Mohammed in seiner frühesten Jugend unter Anfällen litt. Wie dem auch sei, als Erwachsener zeigte sich bei Mohammed schon bald eine besondere religiöse Veranlagung. Oft zog er sich in die Abgeschiedenheit von Höhlen zurück, um zu meditieren. Er fastete häufig und neigte zu Träumen. Im Tiefsten unzufrieden mit der Vielgötterei und dem primitiven Aberglauben seiner Vaterstadt Mekka, scheint in ihm der leidenschaftliche Glaube an einen einzigen, wahren und transzendenten Gott Raum gewonnen zu haben. Wieviel von dieser Überzeugung christlichen oder jüdischen Einflüssen zuzurechnen ist, läßt sich nicht feststellen. Das monophysitische Christentum war zu jener Zeit im arabischen Königreich von Ghassan weit verbreitet. Die Byzantinische Kirche wurde von Einsiedlern vertreten, die im Hedschas verstreut lebten. Es kann durchaus sein, daß Mohammed mit ihnen in Berührung gekommen ist. Die Nestorianer waren in Al Hira und in Persien verbreitet, während man die Juden hauptsächlich in Medina, im Jemen, aber auch anderswo antraf. Zweifellos hat Mohammed sich in einer gewissen Zeit seines Lebens viel aus dem jüdischen Talmud angeeignet. Auch haben mit Sicherheit Kontakte zu einer christlichen Gruppierung bestanden. Es gibt deshalb kaum einen Zweifel daran, daß seine frühe Entscheidung für den Monotheismus in ursächlichem Zusammenhang steht mit christlichen oder jüdischen Einflüssen, denen er ausgesetzt war (ebd., S. 54).

Mohammeds Charakter glich einem bunten Mosaik. Anderson gibt dazu folgende Zusammenfassung:

Im übrigen scheint sein Charakter, wie bei vielen anderen, eine eigenartige Mischung gewesen zu sein. Mehr Dichter als Theologe, war er eher ein Meister im Improvisieren als ein systematischer Denker. Es besteht kein Zweifel darüber, daß er die Einfachheit liebte und sich durch eine gütige Gesinnung auszeichnete. Er war großzügig, mutig und entschlossen, freundlich und scharfsinnig: ein kluger Richter und geborener Führer. Feinden gegenüber konnte er jedoch grausam und nachtragend sein und sich bis zum Meuchelmord herablassen. Auch war er mit Sicherheit ein sehr sinnlich veranlagter Mensch (ebd., S. 60).

Robert Payne bringt dies in seinem Buch *The Holy Sword* („Das Heilige Schwert“) wie folgt zum Ausdruck:

Es lohnt sich, einen Augenblick über die erstaunliche Gegensätzlichkeit, die Mohammed in seinem Wesen vereinte, nachzudenken. Gewalttätigkeit und Milde lagen in seinem Inneren im Widerstreit. Manchmal schien er gleichzeitig in zwei Welten zu leben. Während er die eine im Feuer Gottes untergehen sah, erschien ihm die andere erfüllt vom Frieden Gottes. Diese gegensätzlichen Ansichten konnte er offenbar nur um den Preis einer gewaltigen inneren Anspannung aufrechterhalten. Manchmal löste sich die Spannung, und wir hätten erleben können, wie er mit verwirrten Blicken die Welt um sich her wahrnahm, eine Welt, die weder in Flammen stand, noch sich im Zustand der Glückseligkeit befand. Es war die gewöhnliche Alltagswelt, in der er nur selten zu Hause war (Robert Payne, *The Holy Sword,* New York: Collier Books 1962, S. 84).

Mohammed verwarf den heidnischen Polytheismus seiner Umgebung. Im Alter von 40 Jahren erlebte der religiöse, monotheistisch orientierte Mohammed seine erste Vision. Diese ist, wie auch die nachfolgenden Offenbarungen, im *Koran* festgehalten.

Zunächst war sich Mohammed nicht im klaren darüber, ob diese Visionen gottgewirkt oder dämonischen Ursprungs waren. Seine Frau Chadidscha bestärkte ihn in der Meinung, sie seien von Gott gekommen. Später war sie die erste, die sich zum Islam bekehrte. Am wichtigsten aber war in dieser ersten Zeit die Bekehrung des vermögenden Kaufmanns Abu Bekr, der schließlich einer seiner Nachfolger wurde.

Das bekannte Werk „The Cambridge History of Islam" („Geschichte des Islam") kommentiert Mohammeds Offenbarungen wie folgt:

> Mohammed begann im Verlauf der Visionen oder kurz danach „Botschaften" oder „Offenbarungen" von Gott zu empfangen. Manchmal mag er gesprochene Worte vernommen haben, doch hauptsächlich scheint er sie „in seinem Herzen vorgefunden" zu haben. Wie die genaue „Art der Offenbarung" auch gewesen sein mag – es sind verschiedene „Arten" von moslemischen Gelehrten aufgeführt worden – wichtig ist, daß die Botschaf nicht Mohammeds Bewußtsein entstammte. Er glaubte, seine eigenen Gedanken sehr wohl von diesen Offenbarungen unterscheiden zu können.
> Die Botschaften, die Mohammed also von außerhalb seines Bewußtseins erreichten, waren anfangs sehr kurz. Sie bestanden aus kurzen Versen, die mit einem Reim oder Halbreim endeten. Mohammed prägte sie seinen Anhängern ein, und sie wurden als Teil ihrer gemeinsamen Anbetung rezitiert. Bis zu seinem Tode empfing Mohammed in gewissen Abständen solche Botschaften. Gegen Ende seines Lebens wurden sie länger, enthielten wesentlich längere Verse und hatten die Angelegenheiten der moslemischen Gemeinde in Medina zum Inhalt. Sie alle oder doch wenigsten die meisten von ihnen wurden vermutlich noch zu Mohammeds Lebzeiten von dessen Sekretären niedergeschrieben (P.M. Holt, Hrsg., *The Cambridge History of Islam*", Bd. II, London: Cambridge University Press 1970, S. 31f.).

Der bekannte Islam-Kommentator, Alfred Guillaume, sagt über Mohammeds erste Vision:

> Wenn wir die Berichte über seine Berufung ansehen, wie sie uns durch die frühen Biographen überliefert sind, kommen einige interessante Parallelen mit hebräischen Propheten ans Licht. Es wird berichtet, daß er die Gewohnheit hatte, sich in die Abgeschiedenheit der Berge zurückzuziehen, um sich dem Gebet und der Meditation hinzugeben. Eines Nachts, während er schlief, erschien im der Engel

Gabriel mit einem Stück Silberbrokat, auf dem Worte geschrieben standen, und sagte: „Trag vor!“ Er antwortete: „Was soll ich vortragen?“ Dreimal wurde der Befehl wiederholt. Bei jedem Mal war Mohammed größerem physischem Druck ausgesetzt, bis der Engel sagte:
Trag vor im Namen deines Herrn, der erschafften hat, den Menschen aus einem Embryo erschaffen hat! Trag vor! Dein Herr ist edelmütig wie niemand auf der Welt, er, der den Gebrauch des Schreibrohrs gelehrt hat, den Menschen gelehrt hat, was er (zuvor) nicht wußte (Sure 96,1-5).
Als er erwachte, hatten sich ihm die Worte unauslöschbar eingeprägt. Der Gedanke kam ihm, er könne ein *Schair* sein, ein Besessener. Er, der solche Menschen so verabscheute, daß er kaum ihren Anblick ertragen konnte! Der Gedanke, daß seine Stammesgenossen ihn für besessen halten könnten – was sie später tatsächlich taten – war ihm unerträglich. Er verließ deshalb den Ort, um sich einen Abhang hinunterzustürzen. Doch auf dem Weg hörte er eine Stimme vom Himmel, die ihn als Apostel Gottes ansprach. Als er seine Augen aufhob, tauchte eine Gestalt am Horizont auf, die ihn von seinem Vorhaben abbrachte und am Weitergehen hinderte, indem sie ihn wie an der Stelle wurzeln ließ. Lange nachdem die Boten seiner besorgten Ehefrau nach Hause zurückgekehrt waren, um von ihrer ergebnislosen Suche zu berichten, befand sich Mohammed noch immer an derselben Stelle (Alfred Guillaume, *Islam,* London: Penguin Books 1954, S. 28f.).

Sir Norman Anderson geht auf Mohammeds anfängliche Vermutung ein, er sei von Dämonen besessen, von *Dschinnen,* wie die Geister genannt wurden. Diesen Gedanken hat Mohammed dann später von sich gewiesen:

Es scheint, daß Mohammed anfänglich selbst nicht sicher war, aus welcher Quelle diese Offenbarungen stammten. Er befürchtete, von einem bösen Geist oder von Kobolden besessen zu sein, wie man es gewöhnlich den arabischen Poeten und Wahrsagern nachsagte. Doch da Chadidscha und andere zu ihm standen und ihn ermutigten, begann er bald danach, häufiger göttliche Offenbarungen von sich zu geben (Anderson, a.a.O., S. 55).

Diese Visionen kennzeichnen Mohammeds Berufung durch Allah. 22 Jahre lang, bis zu seinem Tod im Jahre 632 n.Chr., empfing er Visionen.

Die Flucht

Der neue Glaube stieß in Mohammeds Heimatstadt Mekka auf Widerstand. Wegen der Ächtung, mit der man ihm und seinen Ansichten dort begegnete, folgten Mohammed und seine Anhänger einer Einladung nach Medina, wie die Stadt heute genannt wird. Wörtlich übersetzt bedeutete dieser Name „Stadt des Propheten“. Ursprünglich hieß sie Yathrib.

Die *Hedschra,* die „Flucht“, stellt den Wendepunkt im Islam dar. In allen islamischen Kalendern findet man den 16. Juli 622 als Beginn der islamischen Zeitrechnung vermerkt. Das Jahr 630 wäre also das Jahr 8 n.H. (nach dem Jahr der Hedschra).

Während seiner ersten Jahre in Medina sympathisierte Mohammed mit Juden und Christen. Doch sie lehnten ihn und seine Lehren ab. Infolge dieser Ablehnung war für Mohammed nicht mehr Jerusalem das Zentrum islamischer Anbetung, sondern Mekka. Alle Götzenbilder, die man um die Kaaba in Mekka aufgestellt hatte, wurden öffentlich gebrandmarkt, und die Stätte wurde zum Heiligtum für den einen wahren Gott erklärt, für Allah.

Durch die neue Bedeutung, die der Stadt Mekka nun zukam, wurde Mohammed die Notwendigkeit der Rückkehr in seine Heimat bewußt. Der zurückgewiesene Prophet kehrte also schon bald im Triumpf zurück und nahm die Stadt in Besitz.

John B. Noss schreibt über die erste Zeit nach Mohammeds Rückkehr nach Mekka:

> Eine seiner ersten Handlungen war der ehrfurchtsvolle Besuch der Kaaba, jedoch ohne das geringste Anzeichen einer Anerkennung der früheren Götzen Mekkas. Nachdem er dem Schwarzen Stein seine Huldigung entgegengebracht hatte und siebenmal um das Heiligtum herumgeritten war, befahl er, alle darin aufgestellten Götzen zu vernichten und die Wandzeichnungen abzukratzen, die Abraham und die Engel darstellen sollten. Er hieß den Gebrauch des Brunnens Zem-Zem gut, und die Grenzsäulen als Kennzeichen des bei Mekka gelegenen heiligen Bezirks wurden erneuert. Kein Moslem sollte künftig Grund haben, von einer Pilgerreise in die alte heilige Stadt Abstand nehmen zu müssen.
> Nun ging es Mohammed darum, seine politische und prophetische Führerrolle in Arabien sicherzustellen. Widersacher, die sich ihm unmittelbar in den Weg stellten, wurden mit dem Schwert besiegt. Weit entfernt lebende Stämme wurden mit Nachdruck dazu aufgefordert, Abordnungen zu entsenden, um ihre Untertanentreue zum Ausdruck zu bringen. Vor seinem plötzlichen Tod im Jahre 632 wußte Mohammed, daß er bereits ein gutes Stück vorangekommen war auf seinem Weg, die arabischen Stämme unter einer vom Willen Gottes regierten Theokratie zu vereinigen (John B. Noss, *Man's Religions,* New York: MacMillan Publishing Co., Inc., 1974, S. 517).

Nach seiner Rückkehr nach Mekka bis zu seinem Tod setzte sich Mohammed mit großem Eifer und auf militante Weise für den Islam ein. Schnell breitete sich der neue Glaube über das ganze Gebiet aus.

Nach Mohammeds Tod

Als Mohammed starb, war seine Nachfolge in keiner Weise geregelt. Sir Norman Anderson schreibt dazu:

Nach der Ansicht, die am sichersten belegt ist, starb Mohammed, ohne einen Nachfolger (Khalifa oder Kalif) bestimmt zu haben. Für ihn als letzten und größten aller Propheten gab es natürlich keinen Ersatz. Doch die von ihm begründete Gemeinschaft war eine Theokratie, in der Religion und Staat untrennbar verbunden sind. Jemand mußte klar die Führung übernehmen, nicht um Gesetze zu erlassen, sondern um sie durchzusetzen, um im Krieg zu leiten und im Frieden zu führen. Es war deshalb selbstverständlich, daß ein Kalif ernannt werden mußte. Omar ibn al Khattab (selbst zweiter Kalif) gelang es, die Wahl des betagten Abu Bekr durchzusetzen, einen der ersten Nachfolger Mohammeds. Doch die Frage des Kalifats sollte noch mehr Zerstrittenheit und Blutvergießen zur Folge haben als jede andere Auseinandersetzung innerhalb des Islam. Von Anfang an lassen sich im Islam zumindest ansatzweise drei rivalisierende Parteien erkennen. Da waren zunächst die Gefolgsleute des Propheten, die der Meinung waren, jeder geeignete Gläubige der ersten Stunde aus dem Stamm Quraysh käme für die Nachfolge in Frage. Dann gab es die Aristokratie von Mekka, die das Kalifat für die Familie der Omajjaden sichern wollte, und die sogenannten „Legitimisten". Letztere hielten eine Wahl für überflüssig, weil sie Ali, den Vetter und Schwiegersohn Mohammeds als legitimen, von Gott bestimmten Nachfolger ansahen (Anderson, a.a.O., S. 64).

Abu Bekr starb knapp zwei Jahre nach seiner Ernennung zum Kalifen. Omar wurde sein Nachfolger. Unter seiner Führung kam es zu einer mächtigen Ausdehnung des islamischen Reiches.

Später entwickelte sich ein Machtkampf, als verschiedene Splittergruppen ihre eigenen Anwärter für das Kalifat an die Macht bringen wollten. Die größte Auseinandersetzung fand zwischen denen statt, die die Wahl durch die islamische Führung befürworteten, und jenen, die für die natürliche Erbfolge eintraten. Letztere sahen das Recht der Nachfolge allein bei Ali, Mohammeds Schwiegersohn, dem Gatten seiner Tochter Fatima. Diese und andere Auseinandersetzungen führten zur Bildung der beiden größten islamischen Gruppen, den Sunniten (Nachfolger auf dem Weg des Propheten) und den Schiiten (Nachfolger der zwölf Imame, den Nachkommen des Propheten). Innerhalb dieser beiden Hauptgruppen entwickelten sich noch verschiedene islamische Sekten. Der Konflikt zwischen Sunniten und Schiiten sorgt bis heute für Zündstoff in der Auseinandersetzung zwischen islamisch regierten Staaten (mehr darüber in den folgenden Kapiteln).

Lehren

Glaube und Pflicht

Die Lehren des Islam umfassen nicht nur den Glauben *(Imam)* selbst, sondern auch gewisse Pflichtübungen *(Din)*. Sir Norman Anderson erklärt:

> Glaube und Glaubenspraxis im Islam werden von den zwei Grundpfeilern moslemischer Lehre getragen: der Theologie und der Rechtsprechung. Die moslemische Theologie (gewöhnlich *Awhid* genannt wegen des zentralen Lehrsatzes von der Einheit Allahs) umfaßt alles, was der Mensch glauben sollte, während das Gesetz *(Scharia)* alles umschreibt, was der Mensch tun sollte. Priestertum und Sakramente gibt es nicht im Islam. Mit Ausnahme der Sufis kennt der Islam Ermahnung und Belehrung nur von solchen, die von sich selbst meinen, ausreichend in Theologie und islamischer Gesetzeskunde bewandert zu sein, oder die von anderen als darin gelehrt anerkannt werden.
> Als einziges System der Welt umfaßt die Scharia jedes Detail menschlichen Lebens: vom Verbot krimineller Handlungen bis zum Gebrauch des Zahnstochers, von der staatlichen Organisation bis zu den heiligsten Intimitäten – oder anstößigen Verirrungen – des familiären Lebens. Scharia ist „die Wissenschaft aller Dinge, seien sie menschlich oder göttlich". Alle Handlungen werden eingeteilt. Es gibt Dinge, die zur unumgänglichen Pflicht gehören, solche, die besonders rühmens- und empfehlenswert sind, solche, die erlaubt oder in rechtlicher Hinsicht unbedeutsam sind, solche, die mit Geringschätzung betrachtet werden, und solche, die verboten sind (Anderson, a.a.O., S. 78).

Diese Praktiken gelten sowohl für den sunnitischen als auch für den schiitischen Islam, nicht immer aber für die davon abweichenden Sekten.

Das islamische Gesetz *(Scharia)* spielt in der gesamten islamischen Kultur eine zentrale Rolle. Die Struktur dieses Gesetzes ist dem Bürgerlichen Gesetz ähnlicher als dem Gewohnheitsrecht, das vorwiegend in England und den USA Anwendung findet.

Es muß betont werden, daß die Scharia im Mittelpunkt der islamischen Lehre steht.

> Das wichtigste religiöse Grundkonzept im Islam ist die Scharia, was wörtlich übersetzt „Pfad zur Tränke" bedeutet. In seiner religiösen Bedeutung ist damit die gesamte Lebensweise gemeint, wie sie ausdrücklich oder auch unausgesprochen von Gott (Allah) gefordert wird. Das Wort wird im Koran so gebraucht, daß man an manchen Stellen annehmen kann, verschiedene Religionen hätten unter-

schiedliche Scharias, dann wiederum klingt es so, als hätten alle Religionen im Grunde nur eine Scharia.
Das Konzept, wie es von moslemischen Religionslehrern zum Ausdruck gebracht worden ist, beinhaltet sowohl die Doktrin oder Glaubenslehre als auch deren Durchführung oder das islamische Gesetz. Historisch gesehen fand die Formulierung und Systematisierung des Gesetzes statt, bevor sich die formale Theologie herauskristallisierte. Dies hatte (wie unten näher ausgeführt) weitreichende Folgen für die künftige Entwicklung des Islam *(Encyclopedia Britannica,* unter „Islam", Chicago: William Benton Publisher 1967, S. 664).

Die Kontroverse um Gesetz und Theologie und die vierfache Unterteilung der Scharia führte zu verschiedenen Spaltungen innerhalb des sunnitischen Islam. Guillaume erklärt:

In bestimmten Ländern sind gewisse Angelegenheiten aus dem Wirkungsbereich der Scharia herausgenommen und unter die Verfügung weltlicher Gerichte gestellt worden, doch auf breiter Ebene hat es im Lauf eines Jahrtausends oder mehr innerhalb des Islam keine Veränderung gegeben, die sich mit den heute in islamischen Ländern stattfindenden Aufbrüchen vergleichen ließe. Die Türkei hat bekanntlich die gesamt Scharia abgeschafft. Offiziell ist sie ein säkularer Staat, obwohl der tatsächliche Einfluß des Islam auf die Bevölkerung, besonders in Asien, sehr bedeutsam ist und sich unter dem neuen demokratischen Regime noch zu verstärken scheint.
In einer Serie von Beiträgen in der Zeitschrift *The Moslem World* und anderswo hat mein Kollege J.N.D. Anderson aufgezeigt, wie die Scharia auch in den arabischen Ländern eine Revision erfährt. In den Ländern Ägypten, Sudan, Syrien, Libanon, Jordanien und Irak ist alles in Bewegung. Die laufenden Veränderungen verdeutlichen den entschlossenen Versuch, in der positiven Gesetzgebung die Scharia den Gegebenheiten des modernen Lebens und einer freieren Auffassung der menschlichen Beziehungen anzupassen (Guillaume, a.a.O., S. 166f.).

Nachfolgend kommentiert er einen der Unterschiede zwischen Schiiten und Sunniten:

Theoretisch gesehen ist die schiitische Auffassung von der Oberherrschaft des Gesetzes völlig verschieden von der der Sunniten, in der Praxis fällt dieser Unterschied jedoch wenig ins Gewicht. Die Schiiten lehnen die vier islamischen Schulen und die Lehre vom *Idschma* ab, weil nur ihr „Verborgener Imam" das Recht hat, zu bestimmen, was der Gläubige zu tun oder zu glauben hat. Ihre ordnungsgemäß anerkannten Doktoren haben deshalb das Recht, die Macht des *Idschtihad* oder ihrer persönlichen Auffassung auszuüben. Diese Macht haben die Sunniten schon vor einem Jahrtausend oder noch früher verloren (ebd., S. 103).

Der Koran

Grundlage der islamischen Lehre ist der Koran. Der christliche Autor Kenneth Boa beschreibt die zentrale Stellung, die der Koran im islamischen Glauben und in den ergänzenden Schriften einnimmt:

Der Koran ist die maßgebende Schrift im Islam. Sie umfaßt etwa vier Fünftel der Länge des Neuen Testaments und ist in 114 Suren (Kapitel) aufgeteilt. Ein Teil davon wurde von Mohammed aufgezeichnet, der Rest nach Mohammeds Tod von seinen Schülern aus dem Gedächtnis niedergeschrieben.
Im Lauf der Jahre wurde eine Reihe weiterer Aussprüche Mohammeds und seiner ersten Nachfolger zusammengetragen. Sie bilden den *Hadith* (Tradition), dessen Aussprüche als *Sunna* (Gebräuche) bezeichnet werden. Der Hadith ergänzt den Koran etwa so wie der Talmud das jüdische Gesetz (Kenneth Boa, *Cults, World Religions, and You,* Wheaton, IL: Victor Books 1977, S. 52).

Im Islam wird der Koran als „Wort Gottes" bezeichnet, als heilige Schrift. Der Koran gilt als Richtschnur für alle Dinge des Glaubens und der Glaubenspraxis. In ihm offenbart sich nach Meinung der Moslems das endgültige Wort Gottes an die Menschen.

Andere Offenbarungen schließen *Torat* (das mosaische Gesetz), *Suhuf* (die prohetischen Bücher), *Zabur* (die Psalmen Davids) und *Injil* (das Evangelium Jesu) ein. Nach moslemischer Ansicht ist der Koran die höchste aller Gottesoffenbarungen. Es heißt, daß nur der Koran die Zeiten unverändert überdauert habe, während alle anderen Schriften in ihrem Wortlaut bis zur Unkenntlichkeit verfälscht worden seien.

So sieht der Islam zum Beispiel unser Neues Testament nicht als Injil (Evangelium Jesu) an, nicht als wahrheitsgetreuen Bericht der Worte und Taten Jesu. Das Neue Testament stellt für ihn nur eine Sammlung dessen dar, was andere *über* Jesus gesagt haben. Die tatsächlichen Aussagen Jesu, so heißt es, seien verfälscht worden, viele seien verlorengegangen. Nur der Koran wird deshalb als reines, unfehlbares Gotteswort angesehen. Mohammed und dem Koran hat man als Moslem zu glauben und Folge zu leisten.

Viele Autoren haben in diesem Zusammenhang leider die Tatsache übersehen, daß der Koran nicht nur klar zum Ausdruck bringt, daß Torat (Thora), Zabur (Psalmen) und Injil (Evangelium) ohne Zweifel von Allah offenbart wurden (Suren 35,27-31; 4,163f; 5,44; 32,24; 46,11f.; 2,87), sondern daß darin auch erwähnt wird, daß Gottes Offenbarungen durch niemand zu fälschen und zu verändern sind (Sure 6,115). Der Vorwurf eines gefälschten Evangeliums ist deshalb auch aus moslemischer Sicht logisch unhaltbar. Nachdem Gott sich so klar geäußert hat, käme es einer Verleugnung seiner Allmacht gleich, wenn man annähme, er könne sein Wort nicht rein erhalten. Der christliche Autor Stephen Neill kommentiert:

Es ist bekannt, daß der Koran in vielen Punkten nicht mit den jüdischen und christlichen Schriften übereinstimmt. Nach moslemischer Ansicht ist daraus zu schließen, daß diese Schriften gefälscht sein müssen. Auch der historische Beweis hat keinerlei Einfluß auf die Stoßkraft dieses Vernunftschlusses. So ist es eben, und anders kann es nicht sein. Nur das Bild Jesu Christi, wie es uns auf den Seiten des Korans vermittelt wird, hat Gültigkeit (Stephen Neill, *Christian Faith and Other Faiths,* London: Oxford University Press 1970, S. 64).

Die 114 Suren oder Kapitel des Korans werden in ihrem Ursprung Allah zugeschrieben. Sie sind im Koran nach ihrer Länge angeordnet – die längere vorne, die kürzeren hinten.

Für den Moslem ist der Koran das Wort Gottes. Der Koran, Bestätigung und Vollendung aller vorher offenbarten Bücher, ersetzt sie alle. Instrument oder Mittler Allahs für die Offenbarung ist der Prophet Mohammed, der letzte und vortrefflichste in der Reihe der von Gott zu den Menschen gesandten Boten – von Adam über Abraham bis zu Mose und Jesus. Jesus genießt keine Sonderstellung im Islam; seine Göttlichkeit wird entschieden bestritten. Es gibt offenbar kein Volk, zu dem nicht ein Prophet gesandt wurde. Obwohl Mohammed nur ein von Gott geschaffenes menschliches Wesen ist, kommt ihm im Koran eine herausragende Bedeutung zu, so daß er aufgrund seines Gehorsams in moralischer und gesetzlicher Hinsicht gleich hinter Gott eingestuft wird. Diese Wertschätzung Mohammeds führte dazu, daß die Sunna (die Sammlung seiner Aussprüche und Taten) neben dem Koran zur zweiten Grundlage des islamischen Glaubens und seiner Praktiken wurde.

Der Koran (für den Moslem das Wunder Mohammeds schlechthin, unübertrefflich in Form und Inhalt) stellt ein machtvolles Dokument dar, das in eindringlicher Weise die Grundzüge religiöser und sozialer Gerechtigkeit wiedergibt, wie sie im Islam verstanden werden. Die ersten Kapitel (Suren) des Korans, die den heißen Kampf Mohammeds gegen die Mekkaner widerspiegeln, sind gekennzeichnet von ernsten Warnungen vor dem bevorstehenden Gericht, während die späteren Suren, die in der Periode von Medina entstanden, hauptsächlich dazu bestimmt waren, die inneren und äußeren Angelegenheiten des jungen moslemischen Gemeindestaates zu regeln. Außerdem finden wir in diesen Suren die Geschichten der vorangegangenen Propheten wiedergegeben.

Die Theologie des Korans ist streng monotheistisch: Gott ist absolut einzigartig – „Er ist unvergleichlich“ – allmächtig, allwissend, barmherzig. Die Menschen werden ermahnt, seinen Willen zu tun (das heißt, Moslems zu sein). Dies geschieht mit anorganischen Objekten ja ohnehin. Besondere Verantwortung kommt dem Menschen zu, der bereitwillig, trotz seines für ihn charakteristischen dummen Stolzes, das Vertrauensverhältnis einging, das von der gesamten Schöpfung abgelehnt wurde. Außer von Menschen und Engeln ist im Koran von guten und bösen Geistern die Rede, wobei die bösen manchmal als Eigentum des Teufels dargestellt werden *(Encyclopedia Britannica,* a.a.O., S. 663).

Im Laufe der Zeit hat der Koran ähnlich viel Kritik erfahren wie die Bibel. Ein Hauptstreitpunkt ist die behauptete Inspiration des Korans. Einige fortschrittliche islamische Gelehrte sind sich in bezug auf die Entstehung des Korans und inwieweit er wahres, wörtlich inspiriertes Wort Gottes ist, nicht in allen Punkten einig, obwohl ihn konservative islamische Gelehrte *insgesamt* und in seinem buchstäblichen Wortlaut für wahr halten. John Alden Williams kommentiert:

Für den Moslem ist der Koran das Wort Gottes. Streitfragen wie diese bewegen die Gemüter: Ist der Koran das erschaffene oder nicht erschaffene Wort Gottes? Ist er wortwörtlich, bis auf jeden arabischen Buchstaben wahres Wort Gottes, oder ist nur die Botschaft als Ganzes gemeint? Während dies Anlaß zu Diskussionen gab, wurde doch niemals in Frage gestellt, daß er *wahr ist* (John Alden Williams, *Islam,* New York: George Braziller 1962, S. 15).

Der Koran wurde in der arabischen Sprache offenbart und geschrieben. Wegen dieser Tatsache und wegen seiner angeblich göttlichen Herkunft weigern sich Moslems, Übersetzungen des Korans in andere Sprachen anzuerkennen. Folglich gibt es keine *maßgebliche* Koranübersetzung. Jeder, der häufig mit Übersetzungen zu tun hat, wird dieser Auffassung beipflichten können. Doch bei allem Reichtum der arabischen Sprache dürfen Übersetzungen nicht unterschätzt werden, weil sie zumindest die sinngemäße Bedeutung des Textes wiedergeben.

Kurz nach Mohammeds Tod erschien die erste schriftliche Koranfassung.

Alle Suren Mohammeds waren schon vor dem Tod des Propheten schriftlich festgehalten worden; viele Moslems hatten sie vollständig im Gedächtnis. Doch die geschriebenen Suren waren hier und da unter den Gefolgsleuten verstreut. Als nun unter dem Kalifen Abu Bekr in den ersten zwei Jahren nach Mohammeds Tod eine Schlacht stattfand, kamen viele von Mohammeds Anhängern, die den ganzen Koran auswendig kannten, ums Leben. So ging man daran, den Koran in seiner Gesamtheit zusammenzutragen und schriftlich festzuhalten. Unter dem Kalifen Othman wurden alle existierenden Surenabschriften gesammelt und in eine maßgebliche Fassung gebracht, wobei man Abu Bekrs Sammlung zugrunde legte und sich an das Zeugnis derer hielt, die den ganzen Koran auswendig wußten. Er wurde genauso zusammgestellt, wie er heute noch als traditionelle Form gemäß Mohammeds eigener Einteilung gültig ist. Der Kalif Othman und seine Helfer waren Gefährten des Propheten und besonders hingegebene Schüler der Offenbarung. Der Koran ist deshalb besonders sorgfältig bewahrt worden (Mohammed Marmaduke Pickthall, Übers., *The Meaning of the Glorious Koran,* New York: Mentor Books o.J., S. XXVIII).

Über den Ursprung des Korans berichtet Guillaume:

Aus den Büchern der (islamischen) Tradition wissen wir, daß der Prophet ekstatische Erfahrungen gemacht hat. Es heißt, er habe gesagt, daß er das Kommen einer Inspiration jedes Mal wie den schmerzenden Schall einer Glocke empfunden habe. Selbst bei kaltem Wetter war seine Stirn von Schweiß bedeckt. Einmal ließ er seine Frau rufen, um ihn in einen Schleier einzuhüllen. Bei anderer Gelegenheit hatte er Visionen im Schlaf. Religiöse Ekstase ist in einem gewissen Zeitabschnitt der menschlichen Gesellschaft ein weltweites Phänomen. In der ersten Phase waren Mohammeds Verse in der semitischen Form seherischer orakelhafter Äußerungen abgefaßt. Die Verschleierung des Hauptes und der Gebrauch gereimter Prosa gehörten zu den Kennzeichen arabischer Wahrsager, während das Empfinden von körperlicher Gewalt und Zwang und der äußerliche Eindruck einer gewissen „Besessenheit“, die Beobachter als Zeichen von Wahnsinn oder dämonischer Besessenheit deuteten, manchmal von den hebräischen Propheten berichtet oder bei ihnen selbst beobachtet worden sind.

Der Koran, wie wir ihn jetzt kennen, ist eine Aufzeichnung dessen, was Mohammed in den eben genannten Zuständen gesagt hat. Ohne Zweifel haben sie seine Zuhörer als Kennzeichen von Offenbarung anerkannt, sonst wären seine Gelegenheitsaussprüche, die zu bewahren sich die Tradition zur Aufgabe gemacht hat, mit in den Koran einbezogen worden (Guillaume, a.a.O., S. 56).

Die sechs Glaubensartikel

Sechs Glaubensartikel bilden das Fundament der islamischen Lehre. Von allen Moslems wird erwartet, daß sie an diese Lehrsätze glauben und sich ihnen unterwerfen.

1. *Gott:* Es gibt nur einen wahren Gott: Allah. Allah ist allwissend und allmächtig, der über alles erhabene Richter. Er ist kein persönlicher Gott, mit dem es zu einer wechselseitigen Beziehung kommen könnte. Allah steht in jeder Hinsicht so hoch über dem Menschen, daß er persönlich nicht erfahrbar ist. Noss stellt fest:

In der bekannten moslemischen Glaubensformel heißt es zu Beginn: *La ilaha illa Allah,* „(es gibt) kein(en) Gott außer Gott.“ Dies ist der wichtigste Artikel in der moslemischen Theologie. Keine Aussage über Gott erschien Mohammed grundsätzlicher als die von der Einheit Gottes. Keine Sünde war für ihn so unverzeihlich wie die, ein anderes Wesen mit Gott gleichzusetzen. Gott steht allein und über alles erhaben. Er existierte vor jedem anderen Wesen oder Ding, aus sich selbst heraus, allwissend und allmächtig („allsehend, allhörend, allwollend"). Er ist der Schöpfer, und an dem schrecklichen Tag des Gerichts ist er der einzige Schiedsrichter, der den Gläubigen aus dem Zerfall der Welt erretten und ins Paradies versetzen kann (Noss, a.a.O., S. 517).

Diese Lehre, die Gott als völlig verschieden von seinen Geschöpfen darstellt, ist im Islam sehr ausgeprägt. Allah ist so andersartig, daß es schwer ist, viel von ihm zu erfahren, und unwahrscheinlich, daß er unmittelbar von der Haltung oder den Handlungen seiner Geschöpfe berührt wird. Obwohl Allah als liebender Gott beschrieben wird, erfährt diese Seite seiner Natur kaum Beachtung. Die Forderungen seiner höchsten Eigenschaft, der Gerechtigkeit, übersteigen die der Liebe (Anderson, a.a.O., S. 79).

Der Gott des Islam ist ein Gott des Gerichts, nicht der Gnade, der Kraft und der Liebe. Er ist die Quelle aller Dinge, der guten und der bösen, und sein Wille hat höchste Autorität.

2. *Die Engel.* Die Existenz von Engeln ist ein wichtiger Bestandteil der islamischen Lehre. Gabriel, der leitende Engel, erschien Mohammed und diente Allah als Werkzeug, um Mohammed die Offenbarungen des Korans zu vermitteln. Der Teufel wird *Al Schaitan* genannt und ist wahrscheinlich ein gefallener Engel oder *Dschinn.* Dschinnen sind Wesen, die zwischen den Engeln und den Menschen stehen und entweder gut oder böse sein können.

Engel besitzen keine körperlichen Funktionen. Es sind geschlechtslose Wesen, die keinen Stoffwechsel haben, da sie aus Licht erschaffen wurden. Die Engel haben unterschiedliche Aufgaben, so ist Gabriel *(Jibril)* zum Beispiel der Bote der Erleuchtung. Jedem Mann und jeder Frau sind zwei Engel zugeteilt – der eine zeichnet die guten, der andere die bösen Taten auf.

3. *Die Schriften.* Der Islam kennt vier inspirierte Bücher: die Thora des Mose *(Torat),* die Psalmen Davids *(Zabur),* das Evangelium Jesu Christi *(Injil)* und den *Koran* Mohammeds. Nach moslemischer Meinung sind die ersten drei Bücher von Juden und Christen gefälscht worden, so daß wenig von der Originalfassung übriggeblieben ist. Da also der Koran das den Menschen zuletzt offenbarte und endgültige Wort Gottes ist, ist er allen übrigen Schriften überlegen.

4. *Die Propheten.* Im Islam soll Gott im Laufe der Jahrhunderte durch zahlreiche Propheten gesprochen haben. Die sechs bedeutendsten sind: Adam, Noah, Abraham, Mose, Jesus und Mohammed. Der letzte und größte aller Boten Allahs ist der Prophet Mohammed.

5. *Der Jüngste Tag.* Dies ist der Tag der Auferstehung und des Gerichts. Wer Allah und Mohammed gehorsam nachgefolgt ist, wird in das islamische Paradies aufgenommen, einen Ort der Freuden. Wer sich widersetzt hat, wird eine Zeitlang den Qualen der Hölle ausgeliefert.

Der Jüngste Tag (Tag der Auferstehung und des Gerichts) ist in den Gedanken der Moslems ständig gegenwärtig. Der genaue Tag und die Stunde sind allen verborgen, doch sollen diesem Zeitpunkt fünfundzwanzig Zeichen vorausgehen. Alle Menschen werden dann auferstehen; die berichterstattenden Engel werden ihre Bücher auftun, und Gott wird als Richter die Taten eines jeden Menschen auf der Waage wiegen. Einige erhalten die Zulassung zum Paradies, wo sie sich auf weichen Liegen zurücklehnen und in großen Zügen Becher voll Weins leeren können, die ihnen von den Huris, den paradiesischen Jungfrauen, gereicht werden. Im Paradies darf jeder Mann so viele dieser unberührten Frauen heiraten, wie er möchte. Andere werden die Qualen der Hölle erleiden. Fast alle scheinen zeitweise dem Feuer ausgesetzt zu werden, doch kein wahrer Moslem wird dort für immer bleiben müssen (Anderson, a.a.O., S. 81).

6. *Der Glaube an Gottes Ratschluß.* Gott entscheidet über das Schicksal von Menschen und Engeln und ist für Gutes und Böses verantwortlich.

Die fünf Pfeiler

Neben den sechs grundlegenden Lehren gibt es im Islam noch die „fünf Pfeiler des Glaubens“. Dies sind gewisse Praktiken oder Pflichten, die jeder Moslem zu beachten hat. Es handelt sich dabei um das islamische Glaubensbekenntnis, das rituelle Gebet, die Armensteuer, die Fastenzeit und die Pilgerfahrt nach Mekka.

1. *Das Glaubensbekenntnis (Kalima).* „Es gibt keinen Gott außer Allah, und Mohammed ist der Prophet Allahs“, so lautet das islamische Glaubensbekenntnis. Um Moslem zu werden, muß man dieses Bekenntnis laut vor Zeugen aussprechen. Treue Nachfolger Mohammeds haben dieses Bekenntnis ständig auf den Lippen.

2. *Das rituelle Gebet (Salat).* Das rituelle Gebet ist für den bekenntnistreuen Moslem von höchster Wichtigkeit. Boa schreibt dazu:

Die Ausübung des rituellen Gebets (Salat) geschieht fünfmal am Tag (vor Sonnenaufgang, am Mittag, mitten am Nachmittag, nach Sonnenuntergang und vor dem Schlafengehen). Der Beter muß die vorgeschriebenen Gebete (die erste Sure und andere Teile des Korans) in arabischer Sprache rezitieren und sein Angesicht in Richtung der Kaaba in Mekka halten. Der *Hadith* (das Buch der Tradition) hat diese Gebete zu einem mechanischen Bewegungsablauf werden lassen von Stehen, Knien, Hände und Gesicht auf dem Boden usw. Der Ruf zum Gebet ertönt durch den *Muezzin* (einen moslemischen Rufer), vom *Minarett* (Turm) der *Moschee* (dem Ort öffentlicher Anbetung) (Boa, a.a.O., S. 53).

3. *Das Almosengeben (Zakat).* Mohammed, selbst ein Waisenkind, hatte den großen Wunsch, den Bedürftigen zu helfen. Ursprünglich war das Almosengeben eine freiwillige Angelegenheit, doch inzwischen wird von allen Moslems gefordert, ein Vierzigstel ihres Einkommens für die Mittellosen zu geben. Es gibt für das Geben (z.B. von Naturerzeugnissen oder Vieh) noch andere Regeln und Vorschriften. Auch freiwillige Gaben sind möglich.

Da die Almosen dem Gebenden zum Heil dienen, fühlen sich die Beschenktem dem Geber gegenüber nicht verpflichtet. Im Gegenteil, Geben ist Verantwortung und Pflicht des Gebers. Er darf sich glücklich schätzen, daß er eine Gelegenheit zum Almosengeben hat.

4. *Das Fasten (Ramadan).* Während des heiligen Monats Ramadan fasten gläubige Moslems vom frühen Morgen (vor Sonnenaufgang) bis nach Sonnenuntergang. Das Fasten verhilft zur Selbstdisziplin, zur Hingabe an Gott und zum besseren Verständnis der Mittellosen. Während des Tages soll weder gegessen noch getrunken werden. Auch dem Rauchen oder sexueller Freuden soll man sich in dieser Zeit enthalten. Viele Moslems nehmen im Fastenmonat Ramadan zwei Mahlzeiten zu sich, eine vor Sonnenaufgang und eine kurz nach Sonnenuntergang.

5. *Die Pilgerreise (Hadsch).* Die Pilgerreise nach Mekka sollte jeder Moslem (vorzugsweise persönlich, eventuell auch in Vertretung) mindestens einmal in seinem Leben unternehmen. Für Alte und Kranke kann diese Reise außerordentlich beschwerlich sein, so daß es ihnen erlaubt ist, einen Vertreter zu entsenden. Die Reise ist für den Moslem ein wesentlicher Beitrag dazu, das Heil zu erlangen. Sie beinhaltet verschiedene Zeremonien und Rituale, von denen viele um die Kaaba herum vollzogen werden, dem Ziel der Pilgerreise. Muhammed M. Pickthall schreibt in seinem Buch *The Meaning of the Glorious Koran* („Die Bedeutung des glorreichen Korans"):

Die Mekkaner beanspruchten für sich, durch Ismael von Abraham abzustammen, und es galt als überliefert, daß ihr Tempel, die Kaaba, von Abraham zur Anbetung des einen Gottes errichtet worden war. Noch immer trug die Kaaba zwar den Namen „Haus Allahs“, doch die Anbetung der Mekkaner richtete sich dort in der Hauptsache auf eine Reihe von Götzen, die „Töchter Allahs“ und „Fürsprecherinnen“ genannt wurden (Pickthall, a.a.O., S. IX).

Nach Mohammeds glorreicher Rückkehr nach Mekka, im Anschluß an die Zeit seines Exils *(Hedschra)*, zerstörte er die Götzen in der Kaaba.

Wenn der Pilger sich der heiligen Stadt bis auf ungefähr sechs Meilen genähert hat, beginnen seine eigentlichen Pilgerpflichten *(Ihram)*. Er zieht nach vorhergehendem Gebet seine gewöhnlichen Kleider aus und vertauscht sie gegen zwei saumlose Gewänder. Fast barfuß setzt der Pilger dann seinen Weg fort. Er rasiert sich nicht, und auch Haare und Fingernägel bleiben ungeschnitten. Das Wichtigste sind der Besuch der Heiligen Moschee *(al-Masjid al-Haram)*, das Küssen des Schwarzen Steines *(al-Hajar al-Aswad)*, das siebenmalige Umkreisen der Kaaba – dreimal im Lauf und viermal langsam –, der Besuch des heiligen Steines namens Maqam Ibrahim, der Aufstieg und der siebenmalige Lauf zwischen den beiden Bergen Safa und Marwa, der Besuch des Berges Arafat, dortiges Hören einer Predigt, eine Übernachtung in Muzdalifa, der Steinwurf gegen die drei Säulen in Mina und die Darbringung eines Opfers am letzten Tag des Ihram, dem sog. Opferfest *('Id al-Adha)* *(Encyclopedia Britannica,* a.a.O., S. 664).

Diese moslemische Pilgerreise soll zur Vertiefung und Festigung des persönlichen Glaubens eines jeden Moslems beitragen.

Es gibt eine sechste religiöse Pflicht, die den fünf Säulen des Islam oft zugeordnet wird: der heilige Krieg *(Dschihad)*. Wenn die Situation es erfordert, wird von den Männern verlangt, in den Krieg zu ziehen, um den Islam weiter auszubreiten oder ihn gegen Ungläubige zu verteidigen. Läßt jemand im Dschihad sein Leben, ist ihm das ewige Leben im Paradies sicher; er wird zum Märtyrer für den Islam.

Kulturelle Prägung

Wie das Judentum ist der Islam sowohl eine Religion als auch eine kulturelle Prägung, der sich seine Anhänger nicht entziehen können. In vielen Ländern ist der islamische Glaube, obwohl nicht in aller Strenge praktiziert, in die Struktur der Gesellschaft und Regierung hineinverwoben.

In dem Werk *The Cambridge History of Islam* („Geschichte des Islam") wird diese Besonderheit folgendermaßen erläutert:

Der Islam ist eine Religion. In gleicher Weise – und zwar untrennbar damit verbunden – ist er eine Gemeinschaft, eine Zivilisation und eine Kultur. Tatsächlich ist es so, daß viele der Länder, in denen sich der Glaube des Korans ausbreitete, bereits alte und bedeutende Kulturen aufwiesen. Der Islam nahm diese Kulturen in sich auf und glich sich ihnen in vielerlei Weise an, in weitaus größerem Maße, als daß er sie zu verdrängen suchte. In diesem Prozeß der Assimilation erhielten jedoch alle eine gemeinsame Prägung. Ihre Haltung Allah, den Menschen und der Welt gegenüber war gleich und stellte trotz aller sprachlichen, historischen und rassischen Unterschiede die komplexe Einheit des „Hauses" oder der „Welt" des Islam *(dar al-Islam)* sicher.
Die Geschichte der moslemischen Völker und Länder ist deshalb ein einzigartiges Beispiel für eine Kultur, die von einem religiösen Fundament getragen wird, die Geistliches und Zeitliches in sich vereinigt. Manchmal existiert sie Seite an Seite mit „säkularen" Kulturen; in den meisten Fällen aber werden diese von ihr absorbiert, wobei eine außerordentlich feste Verbindung mit ihnen entsteht (Holt, a.a.O., Bd. I, S. 569).

Sprache und Kunst

Zusätzlich zur Lehre als sozial-religiöser Grundlage des Islam muß die arabische Sprache als ein weiterer einigender Faktor genannt werden, der die islamischen Völker zusammenschweißt.

Es gibt eine Fülle arabischer Poesie und Prosa, die den islamischen Glauben verherrlicht. Auch der moslemischen Kunst und Architektur kommt große religiöse Bedeutung zu. Viele der Moscheen und Minarette sind riesige Kunstwerke, verziert mit arabesken Ornamenten.

Die Familie

Der Familieinverband ist für die innere Verfassung des Islam von großer Wichtigkeit. Jedem Moslem wird empfohlen zu heiraten. Mohammed gab den Männern den Befehl, durch Heirat zur Vergrößerung ihres Stammes beizutragen. Nach der Tradition dürfen sie bis zu vier Ehefrauen gleichzeitig haben (viele fortschrittliche Moslems propagieren allerdings die Einehe). Ein Moslem kann sich von seiner Frau scheiden lassen, wann immer er will, und gleichgültig, aus welchem Grund. Im allgemeinen genießen die Frauen in der islamischen Kultur nicht die

Rechte und Privilegien der Männer und sind als Ehefrauen oft von ihnen abhängig. In streng islamischen Ländern ist das jedoch eher eine Untertreibung. Lesen wir die Aussagen, die Mohammed im Koran über die Frauen machte:

Die Männer stehen über den Frauen, weil Gott sie (von Natur vor diesen) ausgezeichnet hat und wegen der Ausgaben, die sie von ihrem Vermögen (als Morgengabe für die Frauen?) gemacht haben. Und die rechtschaffenen Frauen sind (Gott) demütig ergeben und geben acht auf das, was (den Außenstehenden) verborgen ist, weil Gott (darauf) acht gibt (d.h. weil Gott darum besorgt ist, daß es nicht an die Öffentlichkeit kommt). Und wenn ihr fürchtet, daß (irgendwelche) Frauen sich auflehnen, dann vermahnt sie, meidet sie im Ehebett und schlagt sie! Wenn sie euch (daraufhin wieder) gehorchen, dann unternehmt (weiter) nichts gegen sie! Gott ist erhaben und groß (Sure 4,34).

Auch sexuell sind Mann und Frau nicht gleichberechtigt. Die Frau darf sich selbstverständlich nur ihrem Ehemann hingeben, während es dem Mann erlaubt ist, Beziehungen zu allen seinen Dienerinnen aufzunehmen.

Obwohl dies in den Ohren der Europäer brutal und diskriminierend klingt, war es doch zur Zeit Mohammeds schon eine menschlichere Form der Behandlung. Die Neuerung nach dem islamischen Gesetz bestand darin, daß alle Ehefrauen gleich zu behandeln waren.

Ebenfalls auf die Liste der islamischen Gesetze gehören die Verschleierung der Frauen, die Beschneidung der Männer, der Verzicht auf Alkohol, das Glücksspiel und gewisse Speisen. Der Genuß von Alkohol und das Spiel um Geld werden dabei vorwiegend als westliche Laster angesehen.

Gegenwärtige Einflüsse

Der Aufbruch des Islam hat in letzter Zeit auf ein Gebiet Einfluß genommen, das die Fläche seines Ursprungslandes um ein Vielfaches übersteigt. Der ideologische Einfluß des Islam nimmt täglich zu. Der mit dem islamischen Glauben verbundene Nationalismus hat vielen in der arabischen Welt als Rechtfertigung für ihre Angriffshaltung gegenüber ihrem Feind Israel gedient. In jüngster Zeit sind arabische Bündnisse immer wieder geplant und diskutiert worden, aber dann wieder auseinandergefallen. So gab es zum Beispiel die Vereinigte Arabische Republik sowie die Planung eines Bündnisses zwischen Ägypten, Libyen und Syrien. Der Gelehrte G.E. von Grunebaum schreibt hierzu:

Der eindrucksvolle Erfolg der arabischen Moslems, ein Herrschaftsgebiet mit einer nur geringen Anzahl von Feldzügen gegen die Großmächte der Zeit zu errichten, hat stets das Erstaunen und die Bewunderung der moslemischen Welt und der westlichen Gelehrsamkeit erregt (G.E. von Grunebaum, *Modern Islam,* Berkeley: University of California 1962, S. 1).

Neill führt weiter aus:

Es überrascht nicht, daß die islamische Welt vom Fieber des Nationalismus erfaßt wird, das überall unter den Völkern Asiens und Afrikas wütet. Die besondere Intensität und Wirksamkeit des islamischen, vor allem arabischen Nationalismus liegt in einem ganzen Komplex von Ursachen begründet. Da ist die Erinnerung an eine glorreiche Vergangenheit, der Groll über die moslemische Schwäche und die christliche Stärke, vor allem aber ist da jenes dunkle Gefühl von Unwohlsein, ein Gefühl, daß die Geschichte in gewisser Weise falsch verlaufen ist und irgendwie die Absichten Gottes nicht in Erfüllung gegangen sind, die der Moslem mit Recht erwarten darf.
Die Erfolge der Nachkriegszeit waren erheblich. Durch die ägyptische Selbstbestimmung wurde der Nahe Osten zu einer der Hauptproblemzonen der Welt. Libyen wurde gleich nach dem Krieg unabhängig, Marokko und Tunesien erlangten ihre Unabhängigkeit später. In Algerien war der Ablösungsprozeß von Frankreich lang und schmerzvoll, endete aber schließlich 1962 ebenfalls in der völligen Unabhängigkeit. Und so geht die Geschichte weiter (Neill, a.a.O., S. 43f.).

Die Verträge von Camp David, in denen Frieden zwischen Israel und Ägypten geschlossen wurde, sind eine Ausnahme von der vorherrschenden anti-israelischen Haltung der meisten moslemischen Staaten. Doch anderswo haben radikale islamische Fundamentalisten das Weltinteresse auf den Iran gelenkt, desgleichen auf Ägypten, wo viele die Ermordung des früheren Präsidenten Sadat den Fundamentalisten anlasteten. Der Nationalismus ist eine starke mitreißende Bewegung in Staaten mit vorwiegend moslemischer Bevölkerung.

Durch das Einsickern westlicher Praktiken hat in moslemischen Ländern der Säkularismus zugenommen. Manche Angleichungen an den Westen kamen plötzlich. So häufen viele arabische Länder neuen, vorher unbekannten Reichtum in Form von Petro-Dollars an. Doch hat die Säkularisierung auch einen Gegenstoß erlitten. Einige moslemische Länder weisen die meisten der übernommenen westlichen Gepflogenheiten zurück, um ihre ausgesprochen islamische Identität zu bewahren.

Da der Islam nicht nur die Religion, sondern auch die Kultur umfaßt, hängt seine künftige Entwicklung sehr von den Verhältnissen in den Staaten ab, in denen er zur Zeit in voller Blüte steht. Der zunehmende Wohlstand in den arabischen Staaten kann sich für den islamischen Glauben als Fluch oder als Segen auswirken. Für das soziale Wachstum mag es gut sein, doch der Glaube könnte dadurch ernsthaft in Gefahr geraten.

Der Islam ist aus verschiedenen Gründen eine schnell wachsende Religion. Er ist in moslemischen Ländern Staatsreligion, was ihm eine starke kulturelle und politische Grundlage gibt. Er erweckt den Eindruck einer universellen Botschaft, weil die Lehrsätze und das Glaubensbekenntnis einfach sind. Jeder kann der *Ummah,* der Gemeinschaft der gläubigen Moslems, beitreten. Es gibt keine Rassenschranken, so daß sich der Islam unter der schwarzen Bevölkerung Afrikas und neuerdings auch Amerikas schnell ausbreitet. Die sechs Lehrsätze und fünf Säulen des Islam können leicht vermittelt werden. Im Westen ruft er auf zu einer großen allgemeinen Bruderschaft unter den Menschen, zum Frieden in der Welt, zum Alkoholverzicht und zur sozialen Besserstellung der Frau (Boa, a.a.O., S. 56).

Die Überlegenheit des Islam in politischen und sozialen (sowie religiösen) Bereichen kommt im folgenden Koranzitat deutlich zum Ausdruck:

Ihr Gläubigen, fürchtet Allah und steht an der Seit derer, die die gerechte Sache der Wahrheit hochhalten. Keinen Anlaß haben die Bewohner von Medina und die arabischen Beduinen, die in ihrer Umgebung wohnen, Allahs Apostel im Stich zu lassen oder sein Leben zu gefährden, um ihr eigenes zu retten; denn sie setzen sich weder Durst, noch Hunger, noch irgendeiner Unbill aus für die Sache Allahs; auch wagen sie keinen Schritt zu tun, der die Ungläubigen erzürnen könnte. Jeder Verlust, den sie von der Hand der Feinde erleiden, wird von Allah als gute Tat gewertet: Er wird den Rechtschaffenen die Belohnung nicht versagen. Jeder Betrag, den sie geben, sei er klein oder groß und jede Reise, die sie unternehmen, wird aufgezeichnet, so daß Allah sie für ihre vortrefflichsten Taten belohnen kann.
Es ist nicht richtig, daß alle Getreuen sofort einen Krieg beginnen sollen. Eine Gruppe aus jeder Gemeinde sollte zurückbleiben, um sich in der Religion weiterzubilden und ihre Männer zu ermahnen, wenn sie zurückkehren, damit sie sich in acht nehmen.
Ihr Gläubigen, führt Krieg gegen die Ungläubigen, die um euch her wohnen. Behandelt sie höflich. Wisset, daß Allah mit den Rechtschaffenen ist (N.J. Dawood, Übers., *The Koran,* London: Penguin Books 1956, S. 333).

Bei einer Zahl von 750 bis 800 Millionen Anhängern des Islam ist es dringend erforderlich, daß die Christen den Moslems Zeugnis geben von der Hoffnung, die in ihnen ist (1. Petrus 3,15). Der Islam nimmt in der Welt ständig an Einfluß zu, und wenn wir das Evangelium in rechter Weise weitergeben wollen, müssen wir über die Hintergründe des Islam Bescheid wissen.

Die moslemischen Länder sind zur Zeit 1) durch die OPEC von großem Einfluß auf die Weltwirtschaft, 2) von starker Bedeutung für die gesellschaftliche Stabilität (oder Instabilität) vieler Staaten, 3) ein politischer Brennpunkt, an dem sich zahlreiche, schwere kriegerische Auseinandersetzungen entzünden können, und 4) von steigendem religiösen Einfluß.

Durch seine politische, wirtschaftliche, religiöse und soziale Bedeutung wirkt der Islam an mehreren Fronten auf das Weltgeschehen ein. Für die Christen ist die religiöse Schlagkraft des Islam, die in den letzten Jahren sehr zugenommen hat, von besonderer Bedeutung. Christen sind aufgerufen, in der Liebe Christi und mit der Wahrheit des Evangeliums darauf zu antworten. Sie sollten sich dessen bewußt sein, daß Christus die Moslems liebt und sie erretten will.

Die Lehren des Islam

Eine vergleichende Studie über den geschichtlichen Hintergrund des Korans und der Bibel

Christen sollten gewillt sein, die Heilige Schrift genauestens zu untersuchen, um sich von ihrer Echtheit und Glaubwürdigkeit zu überzeugen. Es wird von ihnen nicht erwartet, aus einem blinden Glauben heraus die Bibel für das Wort Gottes zu halten. Sie dürfen ihren Aufbau und Inhalt sorgfältig prüfen, um sich zu vergewissern, daß die Bibel tatsächlich Gottes Wort ist. Dabei sollten sie nicht nur die Passagen untersuchen, die diese Auffassung erhärten, sondern sich besonders die Aussagen vornehmen, die scheinbar im Widerspruch dazu stehen. Wenn der Christ alle Befunde aufrichtig bedacht hat und dann davon überzeugt ist, daß die Bibel wirklich Gottes Wort ist, besitzt er einen echten und objektiven Glauben. Eine solche Gewißheit wird nur dem zuteil, der seine Auffassung davon, was Gottes Wort ist, unvoreingenommen am Für und Wider biblischer Befunde prüft. Moslems ihrerseits sind von der Echtheit des Korans überzeugt, halten sich aber größtenteils von allen kritischen Fragen fern, die sich nach der Anordnung und dem Ursprung der Koranverse stellen lassen. Für einen Christen ist die Bibel nur dann als Gottes Wort verehrungswürdig, wenn sie einem Angriff auf ihre Echtheit und Unversehrtheit Widerstand leisten kann. Hat der Christ erst einmal entdeckt, daß die Bibel ein starker Amboß ist, auf dem schon mancher Hammer der Kritik zerbrechen mußte, so ist er mit reinem Gewissen in der Lage, sein ganzes Vertrauen in dieses Buch zu setzen und es als Gottes Wort anzuerkennen. Unter diesen Umständen hat er allen Grund, an den göttlichen Ursprung der biblischen Schriften zu glauben.

In der heutigen moslemischen Welt sind zahlreiche Versuche unternommen worden, den Anspruch der Bibel, Gottes Wort zu sein, zu widerlegen. Gleichzeitig war der Koran jedoch von jeder gründlichen Untersuchung seines Ursprungs und seiner Entwicklung ausgenommen.

Die Mehrheit der Moslems ist davon überzeugt, daß die Bibel geändert und verfälscht worden und deshalb unglaubwürdig ist. Nur der Koran, vollkommen bis ins Detail, wird nach moslemischer Ansicht dem Anspruch gerecht, Gottes Wort zu sein.

Das wichtigste Element der moslemischen Sicht des Christentums ist, daß es der Bibel an Glaubwürdigkeit mangelt. Der Koran ist das einzige Buch mit einer zuverlässigen Schriftoffenbarung. Die Moslems glauben, daß Gott zu jeder religiösen Gruppe in der Welt einen menschlichen Boten sandte. Alle diese Boten (Jesus eingeschlossen) lehrten dasselbe, nämlich Unterwerfung unter den Willen Gottes. Die Moslems sehen alle diese Boten als große Propheten an. Sie glauben jedoch, daß ihr Bote, der Prophet Mohammed, der letzte in der Reihe der Gottesboten war und durch die Offenbarung des Korans jede Religion und jede Schrift zur Vollendung geführt hat. Obwohl die Moslems an alle offenbarten Bücher glauben, folgen sie in erster Linie dem Koran, denn sie glauben, daß nur er die echte Lehre enthält, die in allen früheren Schriften verkündigt worden war. Von diesen früheren Schriften aber heißt es, daß sie alle nicht mehr in ihrer ursprünglichen und reinen Form erhalten sind (Nasser Lotfi, *Iranian Christian,* Waco, TX: Word Books 1980, S. 116).

Wenn sich jemand offen und unvoreingenommen mit der Bibel und dem Koran auseinandersetzt, wird Gott dem aufrichtig Suchenden offenbaren, welches der Bücher wirklich sein Wort und seine Wahrheit ist. Kein Moslem kann echte Gewißheit darüber finden, ob der Koran Gottes Wort ist, wenn er sich nicht einigen schwerwiegenden Fragen stellt. Diese Fragen ergeben sich daraus, daß der Koran und die islamische Tradition behaupten, der Koran sei das unveränderte Wort Gottes.

Da der Koran in so lobender Weise über die Bibel spricht, gerät der Moslem angesichts der Lehre von der Verfälschung der biblischen Botschaft in Verlegenheit.

Das Hervorstechendste an dieser seit jeher bestehenden Streitfrage ist die Tatsache – und davon wird noch verschiedentlich in diesem Buch die Rede sein –, daß es zwischen dem Koran und der Bibel in manchen wesentlichen Fragen deutliche Unterschiede gibt. Das ist etwas, was dem aufrichtigen, gebildeten Moslem der heutigen Zeit nicht entgehen kann und auch nicht entgeht. Je mehr er darüber nachdenkt, desto stärker empfindet er das Dilemma dieses Widerspruchs. *Soll er dem Zeugnis glauben, das der Koran über die Bibel gibt, und [damit] den Koran selbst ablehnen – sein eigenes heiliges Buch? Oder soll er diese Aussage über die Bibel ablehnen, damit aber den Koran selbst?" Der einzige Ausweg aus dieser hoffnungslosen Situation besteht in der Schlußfolgerung, daß eins der beiden Bücher verfälscht sein muß und darum nicht mehr vertrauenswürdig ist. Er bekundet, daß dies auf keinen Fall der Koran sein kann, weil dieser (so versucht er sich selbst zu überzeugen) einer viel höheren Kategorie zuzuordnen ist. Also muß die Bibel gefälscht und die Christenheit schuld an dieser Verfälschung sein* (L. Bevan-Jones, *Christianity Explained to Moslems,* Kalkutta, Indien: Baptist Mission Press 1964, S. 15).

Die Moslems erkennen den Koran und gewisse Teile der Bibel als heilige Schrift an. Theoretisch könnte der Bibel ein ebenso großes Gewicht beigemessen werden wie dem Koran, doch wird dieser in der islamischen Gemeinschaft immer höher bewertet. Diese offensichtliche Unstimmigkeit resultiert daraus, daß die Bibel als Fälschung hingestellt wird – besonders an den Punkten, die dem Koran zuwiderlaufen. Moslems haben auch in dieser Beziehung Schwierigkeiten, weil die Teile der Schrift, die sie wegen eines Widerspruchs zum Koran ablehnen müssen, oft Aussagen enthalten, die im Koran ebenfalls zu finden sind.

Die hohe Wertschätzung, die der Koran bei den Moslems genießt, und ihre Überzeugung von dessen Echtheit und Genauigkeit beruhen nicht auf einer kritischen Überprüfung seiner Glaubwürdigkeit und historischen Exaktheit. Sie akzeptieren seine Wahrheit im blinden Glauben. Sie setzen voraus, daß weder Gott noch Mohammed lügen würde. Dabei muß gesagt werden, daß das meiste, was sie über das Wesen Gottes und den Charakter Mohammeds wissen, aus der Lehre des Korans stammt.

Moslems versuchen an verschiedenen Punkten, der Bibel Unglaubwürdigkeit zu unterstellen. Es ist davon die Rede, daß 1) es textliche Varianten und unterschiedliche Übersetzungen der Bibel gibt, 2) die Weitergabe des Textes über Jahre hinweg geschah, so daß sich viele Irrtümer einschleichen konnten, 3) in der Bibel zahlreiche Widersprüche zu finden sind, 4) der Koran aber von solchen Einschränkungen frei ist und damit seine Überlegenheit unter Beweis stellt. Wie wir sehen, behandeln alle diese Punkte ein einziges Thema: Ist die Bibel glaubwürdig, oder ist es der Koran?

Die Bibel aus moslemischer Sicht

In dem Büchlein *Is The Bible God's Word?* („Ist die Bibel Gottes Wort?", „Zentrum für die Verbreitung des Islam", Durban 1980) versucht der moslemische Apologet Ahmed Deedat, der Bibel mangelnde Glaubwürdigkeit zu unterstellen. Seine Meinung entspricht der im Islam verbreiteten anti-biblischen Argumentation.

Abweichender Wortlaut in Koran und Bibel

Einer der häufigsten moslemischen Einwände gegen die Bibel besteht darin, daß von ihrem Wortlaut verschiedene Fassungen vorliegen. Moslems sind überzeugt, daß der Koran heute noch in derselben Form existiert wie damals, als Mohammed ihn seinen Gefährten hinterließ. Dies wird als Beweis dafür gesehen, daß der Koran Gottes Wort sein muß.

Doch auch wenn es stimmt, daß die Bibel verschiedene Fassungen kennt, der Koran aber nur in einer einzigen Form existiert, beweist das in keiner Weise, daß der Koran Gottes Wort ist. Wenn ein Buch nicht dem Anspruch gerecht wird, Gottes Wort zu sein, kann auch keine noch so gewissenhafte Übermittlung des Inhalts es dazu machen. Umgekehrt würden in einem Buch, das in seiner ursprünglichen Fassung tatsächlich Gottes Wort ist, verschiedene Lesarten und Abschreibfehler die göttliche Autorität seiner eindeutigen Lehraussagen nicht in Frage stellen, besonders wenn diese Fehler und Unterschiede erklärbar sind und die Botschaft und Zuverlässigkeit des Buches als Ganzes unberührt lassen.

Wenn es um eine Verfälschung der biblischen Botschaft geht, beziehen sich moslemische Gelehrte vorwiegend auf zwei Punkte. In dem Buch *Sharing Your Faith* („Wie man anderen den Glauben nahebringt") sagt der Autor:

Der Fachausdruck moslemischer Gelehrter für die vermeintliche Fälschung der Bibel ist *Tahrif.* Man unterscheidet *Tahrif-I-Lafzi,* Veränderung des Wortlauts, und *Tahrif-I-Manawi,* Änderung der Bedeutung. Die frühen Koranausleger und islamischen Kirchenväter, die die Bibel aus eigener Anschauung nicht kannten, glaubten nur an eine Fehlinterpretation, Tahrif-I-Manawi (S. 38).

Patrick Cate, der im Rahmen seiner Dissertation dem Thema „Bibel und Koran" nachgegangen ist, führt folgende islamische Behauptungen an:

Die Verderbtheit der Bibel zeigt sich in zwei grundsätzlichen Formen: in einer Veränderung des Textes und in einer falschen Interpretation. Die Fälschung des Textes geschah auf dreifache Weise: durch die Abänderung des Wortlauts, die Auslassung bestimmter Bibelstellen und das Einschieben neuen Materials in den biblischen Text (Patrick O'Hair Cate, *Each Other's Scipture – The Muslims' Views of the Bible and the Christians' Views of the Qur'an,* eingereicht bei: Hartford Seminary Foundation, New Hartford, Connecticut, Mai 1974, S. 90).

In *Sharing Your Faith* finden wir eine weitere Erläuterung:

Der Koran enthält eine Menge Material, das dem biblischen Inhalt entspricht. Doch oft stimmt es nicht genau mit seinem biblischen Gegenstück überein. Solange die Moslems die Bibel nicht aus eigener Anschauung kannten, kümmerte sie das wenig. Doch als sie anfingen, die Bibel entweder selbst oder durch die Vermittlung jüdischer und christlicher Proselyten zu studieren, wurde es notwendig, die biblischen Abweichungen vom Koran zu begründen. Verständlicherweise wurde in jedem Fall von unterschiedlicher Darstellung der Koran als authentisch angesehen. Folglich galt die biblische Darstellung als unecht. Wie aus dem Koran selbst hervorgeht, hat Gott niemals eine unzuverlässige Schrift herabgesandt. So zog man den Schluß, daß Juden und Christen ihre Schriften verändert haben mußten.

Unter der Überschrift *Tahrif or the Alteration of the Bible According to the Moslems* („Tahrif oder die Veränderung der Bibel in den Augen der Moslems") war in *Moslem World* zu lesen:

Razi sagt, daß *Tahrif* (nach Qaffal) bedeutet, etwas seiner ursprünglichen Beschaffenheit zu berauben (Mafatih, I, 379). Das Wort wird auch gebraucht, um die falsche Aussprache eines Wortes oder eines Satzes, durch die ein anderer Sinn entsteht, zu bezeichnen (Zamakhshari's Kashshaf über IV, 367). Weiter wird es benutzt, um das versehentliche Vertauschen von Vokalen oder Buchstaben beim Schreiben oder Sprechen anzuzeigen (Qaffal in Razi's Mafatih, II, 479) oder um die Beschaffenheit einer Schreibfeder zu benennen, deren Spitze nicht gerade, sondern etwas abgeschrägt ist.

Moslemische Polemiker gebrauchen *Tahrif* im allgemeinen im Zusammenhang mit den Heiligen Schriften der Juden und Christen. Dabei können mit dem Wort Textänderungen oder Sinnänderungen gemeint sein (Bd. 14, 1924, S. 61).

Hauptsächlich wird von moslemischer Seite allerdings die Fälschung oder Veränderung des Bibeltextes und nicht so sehr dessen falsche Interpretation angeführt.

Moslems sind der Meinung, daß die Bibel im Laufe der Jahrhunderte viele Male umgewandelt, verändert, korrigiert und bearbeitet worden ist. Außerdem beanstanden sie, daß verschiedene Bibelstellen in mehreren Fassungen vorliegen. Sie wenden ein, daß es keine Unterschiede geben würde, wenn die Bibel nicht verändert worden wäre. Sie bejahen die Schule der liberalen Bibelkritik, ohne jemals deren fehlerhafte Grundlagen zu untersuchen.

Die Christen geben freimütig zu, daß es unter den vorhandenen biblischen Handschriften textliche Varianten gibt (in manchen modernen Bibelübersetzungen sind sie als Fußnote angegeben). Doch niemand hat jemals beweisen können, daß diese kleinen, im allgemeinen schnell aufzuklärenden Unterschiede die Botschaft der Bibel als Ganzes beeinträchtigen.

Die Moslems wissen, daß die Bibel nicht nur mit allen grundsätzlichen christlichen Lehren übereinstimmt, sondern daß diese Lehren ihren Ursprung tatsächlich in der Bibel haben. Sie nehmen deshalb an, daß die Bibel abgeändert sein muß, denn der Islam lehrt, daß alle Propheten vor Mohammed, die in der Bibel Erwähnung finden, nach Bekenntnis, Ansicht und Botschaft Moslems waren.

Es gibt keinerlei Beweis für die Behauptung, die Bibel sei von einem moslemischen in ein christliches Buch umgeändert worden. Viel eher läßt sich für den Koran das Gegenteil beweisen. Die Bibel nämlich ist die Grundlage des Korans. Der Koran entstand vor dem Hintergrund der Schriften des Alten und Neuen Testaments und auch anderer Quellen. Versucht ein Moslem, seinen Standpunkt zu erhärten, wird uns seine Beweisführung kaum überzeugen. Lassen Sie uns die moslemischen Behauptungen näher beleuchten.

Verschiedene Bibelversionen

Deedat verneint, daß die Heiligen Schriften der Juden und Christen, aus denen sich die Bibel zusammensetzt, mit denen identisch sind, die im Koran mit *Torat* und *Injil* (Gesetz und Evangelium – das heißt Altes und Neues Testament) bezeichnet werden. Er nimmt vielmehr an, daß die wahre Fassung von Torat und Injil hiervon völlig verschiedene Bücher waren, welche angeblich Moses und Jesus offenbart wurden.

Dieser Versuch, zwischen den heute existierenden biblischen Büchern und denen, die im Koran erwähnt sind, zu unterscheiden, hat wenig Aussicht auf Erfolg. Zu keiner Zeit hat es einen Beweis dafür gegeben, daß irgendein Torat (Gesetz) oder Injil (Evangelium) existiert hat, das von den Büchern des Alten und Neuen Testaments abweicht. Wie wir zeigen werden, macht der Koran selbst diesen Unterschied nicht; im Gegenteil, er bringt klar zum Ausdruck, daß es sich um jene Bücher handelt, die die Juden und Christen selbst als Gottes Wort ansehen.

Beiläufig ist auf Deedats Behauptung einzugehen, der Koran sei von Gott selbst *in vollkommener Weise erhalten und 1400 Jahre lang vor menschlichen Zugriffen bewahrt geblieben* (Deedat, a.a.O., S. 7). Hier nämlich muß man die überraschende Feststellung machen, daß es diesem Gott offenbar nicht gelungen ist, auch nur den kleinsten Nachweis eines solchen (Ur-)Torats oder Injils der Nachwelt zu erhalten – ganz zu schweigen von den Büchern selbst! Uns erscheint eine solch widersprüchliche Behauptung unglaubwürdig. Daß der ewige Regent des Universums allezeit folgerichtig handelt, ist für Moslems unwahrscheinlich. Eine solche Einheitlichkeit kommt in ihren Augen einer Machtbeschränkung Gottes gleich.

Der Koran bestätigt eindeutig, daß die Thora der Juden (Torat) zur Zeit Mohammeds genau jene Schriften umfaßte, die wir noch heute als Altes Testament kennen. Ebenso war das Injil jener Zeit das Buch der Christen, das wir als Neues Testament kennen. Niemals in der Geschichte hat es für Juden und Christen andere Heilige Schriften gegeben als die, aus denen sich das Alte und Neue Testament auch heute zusammensetzt. Nachfolgend zwei Koranstellen, die dies erhärten:

Aber wie können sie dich zum Schiedsrichter machen, wo sie doch die Thora haben, in der die Entscheidung Gottes vorliegt, und sich hierauf, nachdem diese Voraussetzung (zur richtigen Einsicht für sie) gegeben ist, (in Ungehorsam davon) abwenden? (Sure 5,43).
Die Leute des Evangeliums sollen (nun) nach dem entscheiden, was Gott darin herabgesandt hat (Sure 5,47).

Es ist schlecht vorstellbar, daß die Christen zur Zeit Mohammeds etwas anhand des Injils beurteilen sollten, wenn sie es gar nicht vorliegen hatten. In Sure 7,157 gibt der Koran wiederum zu, daß Torat und Injil zur Zeit Mohammeds im Besitz der Juden und Christen waren, und daß diese beiden Bücher von den beiden Gruppen selbst jeweils als ihr Gesetz oder als ihr Evangelium anerkannt wurden.

Anerkannte Kommentatoren wie Baidawi und Zamakshari geben offen zu, daß *Injil* seinem Ursprung nach kein arabisches, sondern ein aus der syrischen Sprache *entlehntes* Wort ist, das von den Christen selbst als Bezeichnung für das Evangelium gebraucht wurde. Einige frühere Koranausleger bemühten sich, dem Wort einen arabischen Ursprung beizulegen, doch die beiden oben erwähnte Autoritäten weisen diese Theorie zurück (Arthur Jeffery, *The Foreign Vocabulary of the Qur'an,* Lahore: Al-Biruni 1977, S. 71). Dies läßt den Schluß zu, daß es sich bei dem Injil nicht um ein Phantombuch handelt, das einmal Jesus offenbart wurde, dann aber auf seltsame Weise spurlos verschwand, sondern um das Neue Testament selbst, so wie wir es noch heute kennen. Das gleiche gilt für die Torat. Das Wort ist offensichtlich hebräischen Ursprungs (Thora) und nimmt die Bezeichnung auf, die die Juden selbst den Büchern des Alten Testaments, wie wir sie noch heute kennen, gegeben haben.

Der Koran erklärt demnach die Bibel zum wahren Wort Gottes. Deedat hat dieser Gültigkeitserklärung nichts entgegenzusetzen. Er versucht, den Folgerungen zu entgehen, indem er auf die verschiedenen Bibelversionen hinweist, die heute im Umlauf sind. Er spricht von der King James Version (KJV), der Revidierten Version (RV) und der Revidierten Standard Version (RSV), stellt jedoch nicht klar heraus, daß es sich nicht um einander widersprechende Bibelausgaben handelt, sondern einfach um verschiedene englische Übersetzungen der Bibel. Alle drei Fassungen entsprechen dem hebräischen und griechischen Urtext des Alten und Neuen Testaments, der schon Jahrhunderte vor der Zeit Mohammeds unversehrt von der christlichen Kirche bewahrt wurde.

Die Apokryphen

Deedat *legt es den Protestanten zur Last, sieben Bücher aus der Bibel mutwillig herausgenommen zu haben,* die sogenannten Apokryphen. Deedat scheint wenig über die Bibel zu wissen. Diese Bücher sind *jüdischen* Ursprungs, sie sind von der Gemeinde der Juden nie zu den Heiligen Schriften gezählt und folglich auch nicht einfach „herausgenommen" worden, wie Deedat behauptet. Erst die römisch katholische Kirche gab ihnen zu einer weit späteren Zeit die Anerkennung als Heilige Schriften. Erst nach der Reformation wurde den Apokryphen durch den Papst diese Autorität zuerkannt. Auf dem Konzil von Trient (1545-1563) hatte die Kirche diese Bücher in den Kanon aufgenommen, um damit einige Lehren zu rechtfertigen, an denen die Protestanten Anstoß nahmen.

„Schwerwiegende Mängel"

In seinem Büchlein fordert Deedat den gläubigen Christen auf, sich auf einen schweren Schlag gefaßt zu machen. Er zitiert und unterstreicht die nachfolgenden Worte aus dem Vorwort zur Revidierten Standardversion (RSV) der Bibel, in dem es heißt:

> Dennoch weist die King James Version schwerwiegende Mängel auf ... Diese sind so zahlreich und gewichtig, daß sich eine Revision empfiehlt (Deedat, a.a.O., S. 11).

Diese „Mängel" sind jedoch nichts anderes als eine Reihe unbedeutender Textabweichungen (Lesarten), die den Übersetzern der King James Version Anfang des siebzehnten Jahrhunderts größtenteils unbekannt waren. Die in unserem Jahrhundert revidierte Fassung hat diese Varianten berücksichtigt. Man findet sie als Fußnoten auf den jeweiligen Seiten der Heiligen Schrift vermerkt. In diesem Zusammenhang muß nochmals betont werden, daß die King James und die Revidierte Standardversion englische *Übersetzungen* des griechischen Urtextes sind und daß diese Texte, wie sie uns überliefert wurden, niemals wesentliche Änderungen erfahren haben (wir besitzen über 5000 griechische Schriften, von denen einige mehr als 500 Jahre vor der Zeit Mohammeds und des Islam entstanden).

Zweitens gibt es keine inhaltliche Änderung irgendeiner biblischen Lehre in den erwähnten Übersetzungen. Durch alle Übersetzungen hindurch ist die Bibel in ihrem Kern und in ihrer Substanz gleichbedeutend und unverändert geblieben.

Drittens handelt es sich hierbei nicht um unterschiedliche Fassungen der Bibel. Diese angeblichen „Fassungen" sind nichts anderes als angemessene Übersetzungen des hebräischen und griechischen Urtextes. Schon ein flüchtiger Vergleich klärt schnell darüber auf, daß ihnen ein und dieselbe Bibel zugrunde liegt. Im übrigen gibt es verschiedene englische Koranübersetzungen, von denen niemand sagen würde, daß es sich dabei um „unterschiedliche Fassungen" des Korans handelt.

Fünfzigtausend Fehler?

Deedat zitiert aus einer ungefähr 23 Jahre alten Ausgabe der Zeitschrift „Erwachet", herausgegeben von den „Zeugen Jehovas", einer nichtchristlichen Religionsgemeinschaft. In dieser Zeitschrift wird ein Artikel des nichtchristlichen Magazins „Look" angeführt, in dem davon die Rede ist, daß einige „moderne Studenten" geäußert hätten, es gäbe wahrscheinlich „50000 Fehler in der Bibel".

Bezeichnenderweise werden diese sogenannten modernen Studenten nicht näher beleuchtet, noch wird irgendein Beweis für diese angeblichen Fehler angeführt. Wir können es Deedat kaum glauben, wenn er sagt:

> Wir haben nicht genug Zeit und Platz, um auf die Zehntausende von Mängeln von mehr oder minder großer Bedeutung einzugehen, um deren Beseitigung sich die Autoren der Revidierten Standardversion bemüht haben (Deedat, a.a.O., S. 14).

Von diesen vermeintlichen 50000 Mängeln erwähnt Deedat lediglich vier, ohne die anderen auch nur aufzulisten oder seine wichtigste Informationsquelle zu nennen. Daraus könnte man den Schluß ziehen, daß angesichts so vieler Fehler in den angeführten vier Beispielen der beste Beweis für eine Fälschung enthalten sei. Ob dies so ist, wollen wir nachstehend näher untersuchen.

Der erste – und angeblich größte – „Irrtum" soll in Jesaja 7,14 zu finden sein. Dort heißt es:

Darum wird der Herr selbst euch ein Zeichen geben. Siehe, die Jungfrau wird schwanger werden und einen Sohn gebären und wird seinen Namen Immanuel nennen.

In der Revidierten Standardversion ist statt des Wortes „Jungfrau" von einer „jungen Frau" die Rede, die schwanger werden und einen Sohn gebären soll. Nach Deedat gehört dies mit zu den größten Irrtümern der Bibel.

Im hebräischen Urtext steht für „Jungfrau" das Wort *Almah* – ein Wort, das in jedem hebräischen Text des Buches Jesaja zu finden ist. Folglich kann von keiner Textänderung die Rede sein. Es geht nur um die Frage der Interpretation und Übersetzung. Das herkömmliche Wort für Jungfrau ist *Bethulah,* während *Almah* oft als Bezeichnung für eine junge Frau gebraucht wird, die noch unverheiratet ist. So wird die Revidierte Standardversion der Bedeutung des Wortes voll gerecht. Da aber immer Schwierigkeiten beim Übersetzen von einer Sprache in die andere entstehen und ein guter Übersetzer bemüht ist, die tatsächliche Bedeutung des Originaltextes zu treffen, finden wir an dieser Stelle in fast allen englischen Übersetzungen das Wort Jungfrau. Der Zusammenhang verlangt es so. (Moslems sind bei Koranübersetzungen aus dem arabischen Original ins Englische oft mit ähnlichen Problemen konfrontiert worden. Bei der wortwörtlichen Übersetzung eines Wortes oder Textes kann die eigentliche Bedeutung des Originals verlorengehen.)

Die Empfängnis des Kindes sollte für Israel ein Zeichen sein. Nun wäre die Geburt eines Kindes durch eine unverheiratete Frau kein Zeichen gewesen. So etwas passiert überall in der Welt immer wieder. Das Zeichen bestand eindeutig darin, daß dieses Kind von einer *Jungfrau* empfangen und geboren werden sollte. Dies würde ein wirkliches Zeichen sein – und genau das geschah, als Jesus Christus diese Prophetie dadurch erfüllte, daß er von der Jungfrau Maria empfangen wurde.

Jesaja gebraucht das Wort *Almah* anstelle von *Bethulah,* weil letzteres nicht nur Jungfrau, sondern auch keusche Witwe bedeuten kann (wie in

Joel 1,8). Wenn, wie in der Revidierten Standardversion, das Wort mit „junge Frau" übersetzt wird, wird damit die wortgetreue Bedeutung wiedergegeben. Übersetzungen, die für das hebräische Wort den Begriff „Jungfrau" wählen, gehen vom Zusammenhang aus. In beiden Fällen wird zum Ausdruck gebracht, daß es sich um ein jungfräuliches Mädchen handelt, so wie es Maria, die Mutter Jesu, tatsächlich war. Es geht in dieser Streitfrage also nur um die Art der Übersetzung und Interpretation des hebräischen Urtextes. Die Echtheit und Unversehrtheit des biblischen Textes wird davon überhaupt nicht berührt.

Als nächstes nimmt Deedat Stellung zu Johannes 3,16, wo es entsprechend der King James Übersetzung heißt:

> Denn so hat Gott die Welt geliebt, daß er seinen eingeborenen *[only begotten]* Sohn gab, damit jeder, der an ihn glaubt, nicht verloren gehe, sondern ewiges Leben habe.

In der Revidierten Standardversion lesen wir „seinen einzigen *[only]* Sohn" (es fehlt *begotten)*. Deedat schließt daraus, daß die Bibel verändert worden ist. Aber auch in diesem Fall handelt es sich lediglich um einen Unterschied in der Übersetzung und Auslegung des griechischen Begriffs. Das ursprüngliche griechische Wort bedeutet in diesem Zusammenhang „einzig geboren". Zwischen dem „eingeborenen" oder „einzigen" Sohn Gottes besteht sinngemäß kein Unterschied; beides sind richtige Übersetzungen des griechischen Originaltextes: *Jesus ist der einzig geborene Sohn Gottes.* Wir müssen noch einmal betonen, daß *keine Veränderung am ursprünglichen griechischen Text* stattgefunden hat. Die unterschiedliche Wortwahl beruht lediglich auf der jeweiligen Interpretation und Übersetzung in eine andere Sprache.

Zur Erläuterung lassen Sie mich auf Deedas Zitat aus Sure 19,88 eingehen. Dort lesen wir: „Sie (d.h. die Ungläubigen, oder die Christen?) sagen: Der Barmherzige hat einen Sohn gezeugt *[begotten]*." Er hat dies der Koranübersetzung von Yusuf Ali entnommen. In den Übersetzungen von Pickthall, Muhammad Ali und Maulana Daryabadi finden wir das Wort „gezeugt" *(begotten)* nicht, vielmehr heißt es dort „hervorgebracht" *(taken)*. Wäre Deedats Gedankengang richtig, hätten wir hier den Beweis, daß auch der Koran verändert und gefälscht sein muß.

Natürlich werden unsere moslemischen Leser sofort einwenden, es handele sich hierbei nur um Übersetzungen des arabischen Urtextes. Dieser sei unverändert geblieben, obwohl das Wort „gezeugt" in manchen Übersetzungen des Korans fehle. Seien wir deshalb realistisch. Es besteht kein Anlaß, an der Echtheit der Bibel zu zweifeln, nur weil das Wort „eingeboren“ nicht in allen Übersetzungen vorkommt (wie auch das Wort „gezeugt“ nicht in allen Koranübersetzungen zu finden ist). Allen Übersetzungen liegt derselbe griechische Urtext zugrunde.

Als drittes Beispiel führt Deedat einen der Mängel an, den man in der Revidierten Standardversion zu beheben versucht hat. In der King James Fassung finden wir in 1. Johannes 5,7 einen Vers, der die Einheit zwischen Vater, Wort und Heiligem Geist hervorhebt. In der Revidierten Standardversion fehlt dieser Vers. Es kann sein, daß es sich dabei um eine Randbemerkung in einer älteren Bibelabschrift handelte, die dann versehentlich als Teil des eigentlichen Textes betrachtet und deshalb mit abgeschrieben wurde. In vielen modernen Übersetzungen fehlt dieser Vers (oder ist am Rand vermerkt), weil uns jetzt ältere Schriften vorliegen, in denen er nicht vorkommt. Dabei ist zu erwähnen, daß viele anerkannte christliche Gelehrte der Meinung sind, daß dieser Vers doch zum eigentlichen Text gehört. Er ist in den meisten Handschriften zu finden, obwohl die ältesten ihn ihm Haupttext nicht aufweisen.

Deedat nimmt an, daß *dieser Vers dem am nächsten kommt, was die Christen in der Enzyklopädie, genannt Bibel, ihre Heilige Dreieinigkeit nennen* (Deedat, a.a.O., S. 16). Wenn dies so wäre oder wenn die Lehre von der Dreieinigkeit Gottes nur diesen einen Text als Grundlage hätte, dann müßte dieser Befund sehr ernsthaft in Betracht gezogen werden. Jeder aufrichtige Bibelausleger wird aber zugeben müssen – wie es Katholiken, Protestanten und andere christliche Gruppierungen ausnahmslos tun –, daß es gerade die Lehre von der Dreieinigkeit Gottes ist, die aus dem Ganzen der biblischen Botschaft hervorgeht. Der folgende Vers veranschaulicht etwas vom Wesen der Dreieinigkeit:

Geht nun hin und macht alle Nationen zu Jüngern, indem ihr diese tauft auf den Namen des Vaters und des Sohnes und des Heiligen Geistes (Matthäus 28,19).

Nur von einem einzigen Namen der drei Personen wird gesprochen. Wenn in der Bibel in einem solchen Zusammenhang ein „Name“ genannt wird, verweist er auf das Wesen und die Beschaffenheit dessen, der beschrieben wird. Jesus spricht nur von *einem* Namen des Vaters, des Sohnes und des Heiligen Geistes – was die Einheit des Wesens, aber die Mehrheit der Personen verdeutlichen soll. Dieser Vers spricht nachdrücklich von einem dreieinigen Gott. Selbst wenn der Vers aus 1. Johannes 5,7 nicht im Urtext vorhanden wäre, würde die Lehre von der Dreieinigkeit doch klar zu erkennen sein. Sie gehörte zum Glauben der ersten Christen, und überall in der Bibel finden wir diese Lehre bestätigt.

Deedats vierter Punkt enthält einen interessanten Trugschluß. Er behauptet, daß die „inspirierten" Verfasser der kanonischen Evangelien kein einziges Wort über die Himmelfahrt Jesu gesagt hätten (Deedat, a.a.O., S. 19). Dies wird untermauert durch zwei Zitate über die Himmelfahrt Jesu aus dem Markus- und dem Lukas-Evangelium, die die Revidierte englische Standardversion zu den abweichenden Lesarten zählt. Auf einen solchen Sachverhalt haben wir bereits hingewiesen. Außer in diesen Versen würden die Schreiber der Evangelien angeblich nirgendwo von der Himmelfahrt Jesu sprechen. Wir stellen dagegen fest, daß alle vier Verfasser der Evangelien die Himmelfahrt bestätigen. Johannes bezieht sich elfmal darauf. Die nachfolgenden Worte Jesu sind ein gutes Beispiel:

> ... Ich fahre auf zu meinem Vater und eurem Vater und zu meinem Gott und eurem Gott (Johannes 20,17).

Lukas schrieb nicht nur das Evangelium, sondern auch die Apostelgeschichte, in der gleich zu Beginn die Himmelfahrt Jesu Erwähnung findet:

> Und als er (Jesus) dies gesagt hatte, wurde er vor ihren Blicken emporgehoben, und eine Wolke nahm ihn auf vor ihren Augen weg (Apostelgeschichte 1,9).

Matthäus und Markus sprechen verschiedentlich vom zweiten Kommen Jesu aus dem Himmel (vgl. Matthäus 26,64 und Markus 14,62). Wie sollte er von dort wiederkommen, wenn er nicht zuvor dorthin aufgefahren wäre?

Abschließend ist zu betonen, daß die Textabschnitte Markus 16,9-20 und Johannes 8,1-11 nicht aus der Bibel herausgenommen und später wieder hinzugefügt wurden, wie Deedat behauptet. In der Revidierten englischen *Übersetzung* sind sie in den Text einbezogen worden, weil Gelehrte davon überzeugt sind, daß sie tatsächlich zum Originaltext gehören. Es ist so, daß sie in einigen der ältesten Handschriften enthalten sind, in anderen aber nicht. Den Herausgebern der Revidierten Standardversion liegt es fern, die Bibel zu verfälschen, wie Deedat behauptet – sie versuchen lediglich, die englischen Übersetzungen dem ursprünglichen Wortlaut so weit wie möglich anzugleichen.

Die Feststellung, alle Originalmanuskripte – die ersten Niederschriften der biblischen Bücher – seien verloren und nicht mehr aufzufinden, beweist nichts. Dies gilt auch für die Urschriften des Korans. Der älteste Korantext, der noch existiert, stammt aus dem zweiten Jahrhundert nach der Hedschra. Er ist in der frühen arabischen *al-mail* Schrift auf Pergament geschrieben. Alle anderen alten Korantexte sind in kufischer Schrift verzeichnet und stammen ebenfalls aus dem späten zweiten Jahrhundert nach der Hedschra.

„Allah" in der Bibel?

Deedat führt ein Traktat an, das zu beweisen versucht, daß das arabische Wort für Gott, *Allah,* in der Scofield Ausgabe der Bibel zu finden ist. Glücklicherweise haben wir Gelegenheit, dieses Beweisstück zu begutachten. In diesem Traktat ist die betreffende Stelle der Scofield Bibel abgebildet. Als *Fußnote* wird darauf erläutert, das hebräische Wort für Gott, Elohim, leite sich ab aus *El* (Stärke) und *Alah* (schwören). Das Verb *Alah* soll als Beweis dafür gelten, daß das arabische Wort *Allah* in der Bibel vorkommt!

Einen phantastischeren Beweisversuch kann man sich schwerlich vorstellen! *Alah* ist ein hebräisches Wort und in der Bedeutung „schwören" allgemein gebräuchlich. Warum es als Beweis dafür gelten soll, daß das arabische Wort *Allah* („Gott") in der Bibel zu finden ist, ist völlig unklar. Deedat verdreht die Tatsachen noch mehr, indem er behauptet, *Elah* (hebräisch „Gott") werde in der Scofield-Ausgabe auch *Alah* (Deedat, a.a.O., S. 21) geschrieben. Damit stellt er unsere Leichtgläubigkeit bis zum äußersten auf die Probe. Die Herausgeber der Scofield Bibel lassen keinen Zweifel daran, daß *Alah* im Hebräischen stets „schwören" bedeutet.

Das Wort *Allah* hat keinen exklusiven Charakter, auch darf es nicht so verstanden werden, als hätte es seinen Ursprung im Koran. Es ist vielmehr eine Ableitung des syrischen Begriffs *Alaha* („Gott"), der unter den Christen der vorislamischen Zeit als Bezeichnung für Gott gebräuchlich war (vgl. Arthur Jefferey, a.a.O., S. 66). Auch von den Arabern wurde dieser Begriff in vorislamischer Zeit gebraucht. Mohammeds Vater zum Beispiel trug den Namen Abdullah, „Diener Gottes" (*Abd:* „Diener" und *Allah:* „Gott"). Ebenfalls steht fest, daß in den Dichtungen der vorislamischen Zeit *Allah* als Name Gottes benutzt wurde (Richard Bell, *The Origin of Islam in Its Christian Environment,* London: Frank Cass und Co., Ltd., 1968,

S. 53). Folglich haftet dem Namen *Allah* ganz und gar nichts Außergewöhnliches an. Den Ausführungen Deedats können wir uns in keiner Weise anschließen.

Widersprüche in der Bibel?

Deedat gibt dem siebten Kapitel seines Buches die Überschrift „Der Säuretest". Er stellt darin die Behauptung auf, es gäbe einen Widerspruch zwischen 2. Samuel 24,1 und 1. Chronik 21,1. In der ersten Schriftstelle sei es der Herr, der David zu der Zählung des Volkes Israel gereizt habe, in der zweiten der Satan. Jeder, der die biblischen Schriften und den Koran einigermaßen gut kennt, wird sofort bemerken, daß hier eine Besonderheit, die in der Theologie beider Bücher zu finden ist, nicht richtig verstanden wurde. Im Koran heißt es:

> Hast du nicht gesehen, daß wir die Satane über die Ungläubigen gesandt haben, damit sie sie aufhetzen? (Sure 19,83).

Hier lesen wir, daß Allah Teufel gegen die Ungläubigen aussendet. Während Gott selbst die Ungläubigen in Verwirrung bringt, benutzt er die Teufel, um sie aufzureizen. In der gleichen Art und Weise wandte sich Gott gegen David und gebrauchte Satan, um David zur Zählung Israels zu bewegen. Ähnlich ist es im Buch Hiob. Dort wird berichtet, daß dem Satan Macht über Hiob gegeben wird, um ihn auf die Probe zu stellen (Hiob 1,12). Später spricht Gott so, als sei er selbst gegen Hiob vorgegangen (Hiob 2,3). Jedesmal, wenn Satan Menschen in Versuchung führt, so kann dies indirekt auch als Handeln Gottes geschildert werden, denn ohne seine Erlaubnis wären dem Satan völlig die Hände gebunden. Das folgende Zitat aus Zamakhsharis Kommentar zu Sure 2,7 („Allah hat ihre Ohren und Herzen versiegelt") soll als abschließendes Wort zu diesem Thema genügen:

> So ist es in Wirklichkeit Satan oder der Ungläubige, der das Herz versiegelt hat. Da aber Gott derjenige ist, der ihm die Fähigkeit und Möglichkeit dazu verliehen hat, wird die Versiegelung in gleicher Weise Gott zugeschrieben, nämlich als eine von Ihm bewirkte Handlung (Helmut Gatje, *The Qur'an and Its Exegesis,* London: Routledge und Kegan Paul 1976, S. 223).

Parallelstellen in Koran und Bibel

Gelegentlich wird behauptet, daß durch gewisse Parallelstellen, zum Beispiel 2. Könige 18,13 und Jesaja 36,1 oder 2. Könige 20,11 und Jesaja

38,8.22, die Verläßlichkeit der Bibel als Gottes Wort in Frage gestellt würde. Obwohl Deedat diesen Punkt nicht ausdrücklich herausstellt, ist er doch in der Argumentation enthalten und wird oft von Moslems vorgebracht. Sie bringen vor, daß ein Mensch beim Schreiben nicht unter göttlicher Inspiration stehen kann, wenn er aus anderen Werken abschreibt. Doch wenn ein Schriftabschnitt ursprünglich unter göttlicher Eingebung geschrieben wurde, büßt er schwerlich etwas von seinem inspirierten Charakter ein, wenn er in einem anderen Buch wiederholt wird!

Kennt man den Hintergrund der Parallelstellen in der Bibel, so ist es nicht schwer, die Wiederholung eines Abschnittes in einem anderen Buch der Bibel zu verstehen und zu akzeptieren. Wir geben freimütig zu, daß das Markus-Evangelium vor dem Matthäus-Evangelium verfaßt sein könnte.* Es ist denkbar, daß Matthäus seiner Niederschrift das Markus-Evangeliums zugrunde gelegt und viele der Geschichten aus dem Leben Jesu wiederholt hat. Wenn es so wäre, dann aus gutem Grund:

Markus hatte seine Kenntnisse vom Apostel Paulus bekommen. Papias, nach der Überlieferung ein Jünger des Apostels Johannes, schreibt: „Markus, der Petrus als Dolmetscher zur Seite gestanden hatte, schrieb alles, was er von ihm (Petrus) gehört hatte, genau auf, ob es nun Worte oder Taten Christi waren ... Markus unterlief also kein Irrtum, als er einiges so niederschrieb, wie er es gehört hatte. Bei allem hatte er eins immer vor Augen: nichts auszulassen von dem, was er gehört hatte, und keine falsche Aussage in seine Niederschrift zu übernehmen" (vgl. S. 82).

Der Apostel Petrus hatte vermutlich mehr unmittelbares Wissen über das Leben Christi als der Apostel Matthäus. Oft finden wir Petrus in der Nähe Jesu, während Matthäus nicht dabei ist (etwa bei der Verklärung oder im Garten Gethsemane). Nie wird uns das Gegenteil berichtet. Matthäus gehörte zu den Aposteln, die als letzte berufen wurden. In seinem eigenen Evangelium hält er in Kapitel 4 die Berufung des Petrus und in Kapitel 9 seinen eigenen Ruf in die Nachfolge fest. Wenn Matthäus es anerkannte, daß Markus durch Petrus eine genaue Kenntnis über das Leben Christi gewonnen hatte, so hätte er eindeutig weise gehandelt, wenn er

---

* Wir möchten darauf hinweisen, daß es überzeugende Gründe dafür gibt, daß Matthäus-Evangelium als erstes Evangelium anzunehmen. Wir empfehlen hierzu die Veröffentlichungen von Prof. Dr. E. Mauerhofer in FUNDAMENTUM 2-4/82 sowie Ausgabe 1/83, „Die synoptische Frage"; d. Hrsg.

dieses Wissen als Grundlage übernommen und mit dem vervollständigt hätte, was ihm an Gesprächen und Ereignissen in Erinnerung war. Eine verläßlichere Quelle hätte er schwerlich finden können!

Im allgemeinen haben die biblischen Erzählungen keine Parallelen in außerbiblischen Werken. Die Parallelstellen innerhalb der Bibel wirken keineswegs dem Anspruch der Bibel, ein göttlich inspiriertes Buch zu sein, entgegen. Erstaunlich ist dagegen die Tatsache, daß viele Geschichten, die der Koran aus dem Leben der alten Propheten erzählt, nicht nur in der Bibel, sondern auch in jüdischen Volkssagen, Mythen und Fabeln Parallelen finden. Es gibt im Koran viele Abschnitte, die davon gekennzeichnet sind. Zwei davon wollen wir näher betrachten:

Kain und Abel. In der Bibel wird uns berichtet, daß Kain seinen Bruder Abel erschlug, weil dessen Opfer Gott wohlgefälliger war als sein eigenes. Diese Geschichte finden wir auch im Koran (Sure 5,27-32). Doch lesen wir dort in Vers 31:

> Gott schickte einen Raben, der in der Erde scharrte, um ihm zu zeigen, wie er den schutzlosen Leichnam seines Bruders verbergen könne.

Im 1. Buch Mose finden wir nichts dergleichen. Doch in einem Buch der jüdischen Überlieferung heißt es:

> Adam und seine Gefährtin weinten und trauerten um ihn (Abel). Sie wußten nicht, was sie mit ihm tun sollten, denn sie kannten keine Beerdigung. Da kam ein Rabe, dem die Gefährtin gestorben war. Er kratzte die Erde auf und verbarg das Tier vor ihren Augen. Daraufhin sagte Adam: „Ich werde tun, was dieser Rabe getan hat" (Pirke Rabbi Eliezer, Kap. 21).

Es ist interessant, daß Dinge, von denen es heißt, Gott habe sie Mohammed offenbart, ihre Parallele nicht im Alten Testament haben, sondern in einem Buch der jüdischen Überlieferung, das vor der Zeit Mohammeds verfaßt wurde. Abgesehen von kleinen Unterschieden, kann die unheimliche Ähnlichkeit zwischen beiden nicht übersehen werden. Es ist nicht anzunehmen, daß die Juden historische Wahrheiten aus der Torah herausnahmen, um sie in volkstümliche Überlieferung umzuwandeln. Der Koran beschuldigt die Juden, ihre Überlieferung als Heilige Schrift auszugeben (Sure 2,79). Nirgendwo wird ihnen jedoch vorgeworfen, sie hätten ihre Heilige Schrift zur Überlieferung gemacht. Wer erläutert uns, warum diese jüdische Überlieferung als Heilige Schrift in den Koran aufgenommen wurde? Wie läßt sich dieses Phänomen erklären? Doch nur so, daß Mohammed die Geschichte von den Raben aus jüdischen Quellen übernommen hat, wobei ihm unbekannt war, daß diese Geschichte nur in der Überlieferung existierte (Mohammed konnte die Schriften, die nicht in Arabisch abgefaßt waren, nicht lesen). Hier ist eine weitere Ungereimtheit:

Aus diesem Grund (d.h. aufgrund dieses Brudermords) haben wir den Kindern Israels vorgeschrieben, daß, wenn einer jemanden tötet, (und zwar) nicht (etwa aus Rache) für jemand (anderes, der von diesem getötet worden ist) oder (zur Strafe für) Unheil, (das er) auf der Erde (angerichtet hat), es so sein soll, als ob er die Menschen alle getötet hätte. Und wenn einer jemanden am Leben erhält, soll es so sein, als ob er die Menschen alle am Leben erhalten hätte (Sure 5,32).

Diese Aussage scheint mit der vorhergehenden Geschichte in keinem Zusammenhang zu stehen. Es bleibt völlig unklar, weshalb das Leben oder der Tod eines einzelnen mit der Rettung oder Vernichtung der ganzen Menschheit gleichbedeutend sein soll.

Wenden wir uns einer anderen jüdischen Überlieferung in der Mischna zu. Wir lesen dort:

Im Falle von Kain, der seinen Bruder ermordete, wird uns gesagt: Das Blut deines Bruders schreit zu mir (1. Mose 4,10). Blut wird hier im Plural gebraucht, was bedeutet, daß nicht nur das Blut Abels gemeint ist, sondern auch das seiner Nachkommen. Der Mensch wurde als einzelner erschaffen, um deutlich zu machen, daß jeder, der einen anderen Menschen ermordet, als jemand angesehen wird, der mit dieser Tat auch dessen Nachkommen ausgelöscht hat. Wer dagegen das Leben eines Einzelnen erhält, dem wird es so angerechnet, als habe er dessen ganze Nachkommenschaft errettet (Mischna, Sanhedrin 4,5).

Hier also finden wir den Gedankengang, der den Ausführungen des Korans zugrunde liegt. Der jüdische Rabbi hat Jahrhunderte nach der Abfassung der Genesis, aber noch vor der Zeit Mohammeds, die Pluralsetzung des Wortes „Blut“ in der Bibel in dieser Weise interpretiert. Ob er damit recht hatte oder nicht, soll uns an dieser Stelle nicht interessieren. Was uns in Unruhe versetzt, ist die Tatsache, daß wir in Sure 5,32 die Überzeugung jenes jüdischen Rabbis wiederfinden! Wie kommt es dazu, daß der Inhalt einer angeblichen Gottesoffenbarung mit einer bereits existierenden rabbinischen Bibelverserklärung identisch ist?

Abraham. Die Geschichte von Abraham, wie sie der Koran wiedergibt, entspricht weitgehend dem biblischen Bericht. Abweichende Aussagen lassen sich in vielen Fällen auf jüdische Mythen zurückführen. So erzählt der Koran, daß Abrahams Vater und dessen Sippe Götzendienst trieb. Abraham, der Monotheist, zerstörte alle Götzenbilder, ausgenommen das des Hauptgötzen. Als er gefragt wurde, ob er derjenige sei, der diese Zerstörung angerichtet habe, tadelte er den Hauptgötzen und schlug vor, diesen danach zu befragen, wer die anderen zerstört hätte. Daraufhin warf die empörte Menge Abraham in den Feuerofen. Gott jedoch verschaffte ihm darin Kühlung und errettete ihn vor den bösen Anschlägen seiner Landsleute. Die Geschichte finden wir in Sure 21,52-70. Die jüdische Überlieferung enthält eine auffallend ähnliche Erzählung. (Sie ist auf eine Fehlinterpretation von 1. Mose 15,7 zurückzuführen. Gott sagt dort: „Ich bin der Herr, der ich dich herausgeführt habe aus Ur [der Stadt] der Chaldäer." Archäologische Forschungen haben bestätigt, daß es im Lande Abrahams eine Stadt mit diesem Namen gegeben hat. Noch an anderer Stelle wird sie in der Bibel erwähnt [1. Mose 11,31]. Doch ein jüdischer Schreiber namens Jonathan Ben Uzziel verwechselte „Ur" mit „Or", was „Feuer" bedeutet. Er schrieb deshalb: „Ich bin der Herr, der dich aus dem Feuer der Chaldäer geführt hat". Um diesen Irrtum rankt sich die Fabel.)

Schon die verkürzte Wiedergabe dieser Geschichte, die der *Midrasch Rabbah* entstammt, zeigt die auffallende Ähnlichkeit mit der Erzählung des Korans. Wenn man um den Ursprung dieser jüdischen Fabel weiß, so muß man als aufrichtiger Leser zugeben, daß diese Parallele in der jüdischen Überlieferung den Anspruch, der Koran sei Gottes Wort, ernstlich in Frage stellt.

Abraham zerstörte alle Götzen – mit Ausnahme des Hauptgötzen – mit einer einzigen Axt. Diesem Götzen legte er anschließend die Axt in die Hand. Sein Vater hörte den Tumult und kam angelaufen, um den Grund zu erfahren, während Abraham gerade fortgehen wollte. Als sein Vater ihn beschuldigte, entgegnete Abraham, er habe allen Götzen Fleisch zu essen gegeben. Sie hätten aber nicht abgewartet, bis der oberste Götze zu essen begonnen habe, und so habe dieser die Axt genommen und sie alle niedergemacht! Außer sich vor Wut über Abrahams Antwort, verklagte ihn sein Vater beim Nimrod. Dieser warf Abraham ins Feuer, doch Gott schritt ein und errettete ihn.

Die Ähnlichkeit zwischen den Geschichten ist unverkennbar. Daß die Erzählung als historische Tatsache in den Koran übernommen wurde, sollte Moslems dazu veranlassen, den göttlichen Ursprung des Korans in Zweifel zu ziehen.

Abschließend sei noch einmal gesagt, daß es keinerlei gültigen Beweis dafür gibt, daß die Bibel im Lauf der Geschichte verändert wurde. Ihr Text wurde nicht verfälscht. Sie sollte als glaubwürdiger Bericht göttlicher Offenbarung anerkannt werden, der den Menschen im Laufe der Zeiten zuteil geworden ist. Dagegen gibt es keinerlei bekräftigenden Beweis für den göttlichen Ursprung des Korans. Schon gar nicht, wenn er der Bibel in bezug auf historische Fakten widerspricht (zum Beispiel, wenn die Kreuzigung Jesu im Koran geleugnet wird, und zwar 600 Jahre nach dem Ereignis, das sehr wohl als historisch gesichert angesehen werden kann).

Angesichts dieser Untersuchung sollten sich Moslems trotz ihres festen Glaubens mit dem Ursprung des Korans kritischer auseinandersetzen. Solange ein Buch Angriffe auf seine Glaubwürdigkeit nicht erfolgreich abwehren kann, kann es schwerlich den Anspruch erheben, Gottes Wort zu sein.

Der Koran aus christlicher Sicht

Wir haben gezeigt, daß sich der biblische Text bei einem Vergleich der textlichen Überlieferung des Korans und der Bibel nachweisen und bestätigen läßt. Jetzt möchten wir darlegen, daß die Überlieferung des Korans an bedeutsamen Stellen Irrtümer und voneinander abweichende Formulierungen aufweist.

Aus den besten Werken der islamischen Tradition (wie z.B. *Sahih of Muslim, Sahih of Bukhari* und *Mishkat-ul-Masabih)* geht klar hervor, daß es im Koran am Anfang zahlreiche voneinander abweichende und sich widersprechende textliche Versionen gegeben hat. In den heutigen Koranausgaben gibt es sie nicht mehr, weil sie stillschweigend beseitigt wurden – nicht durch göttliche Anweisung, sondern nach menschlichem Ermessen.

Es gibt genügend Beweise dafür, daß zu der Zeit des Kalifs Othman, der die Korantexte einem kritischen Vergleich unterzog und sie vereinheitlichte, zahlreiche Texte mit einer Unmenge von verschiedenen Lesarten existierten. Während seiner Regierungszeit wurde ihm berichtet, daß Moslems in manchen Teilen Syriens, Armeniens und des Iraks den Koran anders als in Arabien aufsagten. Sofort ließ Othman das Koranmanuskript herbeibringen, das sich im Besitz von Hafsah befand (einer der Frauen Mohammeds, Tochter des Omar). Zaid-b-Thabit und drei andere Gefolgsleute bekamen den Auftrag, den Text abzuschreiben und – wenn nötig – zu korrigieren. Als dies beendet war, griff Othman im Blick auf alle anderen Manuskripte zu einer drastischen Maßnahme:

Jeder moslemischen Provinz wurde eine Abschrift der soeben fertiggestellten Koranfassung zugesandt mit dem Befehl, alle anderen Korantexte zu verbrennen, ob es sich nun um Auszüge oder vollständige Exemplare handelte *(Sahih Bukhari,* Bd. 6, S. 479).

Niemals hat in der Geschichte der Christenheit eine bedeutende christliche Bewegung versucht, eine Fassung der Bibel als wahrheitsgetreu zu bestimmen und alle anderen zu vernichten. Wieso gab Othman angesichts der vielen Koranfassungen, die damals im Umlauf waren, einen derartigen Befehl? Wir können nur annehmen, daß sie seiner Überzeugung nach so viele und so schwerwiegende Fehler aufwiesen, daß er nicht eine Revision, sondern die vollständige Vernichtung veranlaßte. Mit anderen Worten, wenn wir die Geschichte des Korantextes betrachten, stellen wir fest, daß die allein gültige Fassung von einem Menschen nach eigenem Ermessen (und nicht durch göttliche Offenbarung) verordnet wurde. Es bleibt unklar, weshalb gerade jene Abschrift zur einzig vollkommenen Koranfassung erklärt worden ist.

Es gibt unwiderlegbare Beweise dafür, daß selbst diese „Revidierte Standardausgabe“ des Korans nicht vollkommen war. Aus hochgeachteten Werken der islamischen Tradition läßt sich entnehmen, daß – *nachdem* die Koranabschriften bereits verteilt waren – eben jenem Zaid ein Vers in Erinnerung kam, der in der neuen Standardfassung fehlte. Er bezeugt:

Als wir den Koran abschrieben, vermißte ich einen Vers aus der Sure Ahzab, den ich Allahs Apostel oft rezitieren gehört hatte. So machten wir uns auf die Suche nach diesem Vers und fanden ihn bei Khuzaima-bin-Thabit al Ansari (*Sahih Bukhari,* Bd. 6, S. 479).

Es fehlte der 23. Vers von Sure 33. Folglich existierte zur Zeit von Othmans Koran-Vereinheitlichung nicht *ein einziges* fehlerloses Koranexemplar.

Außerdem wissen wir mit ähnlicher Sicherheit, daß im Koran auch heute noch Verse und ganze Textabschnitte fehlen. So heißt es, daß Omar während seiner Regierungszeit als Kalif feststellte, daß gewisse Verse, in denen verlangt wurde, daß Ehebruch mit Steinigung zu sühnen sei, von Mohammed zu dessen Lebzeiten als Teil des Korans rezitiert worden war:

Gott sandte Mohammed und sandte die Schrift zu ihm herab, zu der auch der Abschnitt über die Steinigung gehörte. Wir haben ihn gelesen, er wurde uns gelehrt, und wir beherzigten ihn. Der Apostel praktizierte die Steinigung, und wir taten es ihm gleich. Ich fürchte, die Menschen werden später sagen, daß sie in Gottes Buch kein Wort über die Steinigung finden. So werden sie zur Mißachtung einer Vorschrift verleitet, die Gott herabgesandt hat. Fürwahr, die Steinigung ist in Gottes Buch eine Strafe, die verheiratete Männer und Frauen trifft, die Ehebruch begehen (Ibn Ishaq, *Sirat Rasulullah,* S. 684).

Hier ist der klare Beweis dafür, daß der Koran, wie wir ihn heute kennen, immer noch nicht „vollkommen" ist. An anderer Stelle in der Überlieferung wird ebenfalls bezeugt, daß gewisse Verse und Textstellen früher einmal zum Koran gehörten, später aber ausgelassen wurden. Es ist deshalb ziemlich sicher, daß wir mit dem Korantext, den die Welt heute kennt *(textus receptus),* nicht den Originaltext *(textus originalis)* vor uns haben.

Kommen wir noch einmal auf die Texte zurück, die dem Feuer zum Opfer fielen. Wir fanden heraus, daß sie alle bedeutende Unterschiede gegenüber jenem Text aufwiesen, den Othman nach eigenem Ermessen als besten Korantext bestimmt hatte. In vielen Fällen ist festzustellen, daß es „echte textliche Abweichungen und nicht nur mundartliche Eigenheiten, wie oft angenommen wird", gegeben hatte (Arthur Jeffery, *The Qur'an As Scripture,* New York: Books for Libraries 1980, S. 97).

Ein Unterschied zwischen dem Koran und der Bibel besteht darin, daß die christliche Kirche alle Bibelstellen, die sich im Wortlaut voneinander unterscheiden, sorgfältig bewahrt hat, während die Moslems es zur Zeit des Kalifen Othman für angebracht hielten, alle Zeugnisse unterschiedlicher Lesarten des Korans soweit wie möglich zu vernichten und einen Text als einheitliche Version für die gesamte moslemische Welt festzulegen. Es mag zwar so sein, daß heute nur ein einziger Korantext im Umlauf ist, aber niemand kann mit gutem Gewissen behaupten, daß es sich dabei genau um den Text handelt, den Mohammed seinen Gefährten hinterließ. Auch hat bisher noch niemand sagen können, aus welchem Grund gerade Hafsahs Text es verdiente, als unfehlbar angesehen zu werden.

Die Aussage, alle Koranausgaben seien heute gleich, genügt nicht. Eine Kette ist nur so stark wie ihr schwächstes Glied – und die Schwachstelle in der Geschichte des Korantextes befindet sich gerade dort, wo in jenen entscheidenden frühen Tagen verschiedene und sich voneinander unterscheidende Koranausgaben existierten und wo der Beweis erbracht wurde, daß der schließlich als beste Version verordnete Text immer noch weit davon entfernt war, vollständig oder in irgendeiner Weise vollkommen zu sein.

Moslems glauben, daß Juden und Christen den biblischen Text in ihrem eigenen Interesse verfälscht haben, doch – wie wir gesehen haben – entspricht dies nicht den Tatsachen. Fassen wir noch einmal zusammen:

1. Es gibt wenig handschriftliche Zeugnisse, die den islamischen Anspruch erhärten könnten. Wohl aber trifft das Gegenteil zu. Die schier unglaubliche Hingabe der Juden an die Thora und die peinlich genauen Textabschriften durch die jüdischen Schreiber stehen den moslemischen Behauptungen entgegen (vgl. Josh McDowell und Don Stewart, *Family Handbook of Christian Knowledge, The Bible,* San Bernardino, CA: Here's Life Publishers, Inc., 1983, S. 44-48).

2. Es gibt keine befriedigende Antwort auf die Frage, weshalb Juden und Christen ihre Texte hätten verändern sollen.

3. Zur Zeit der angeblichen Textfälschung wäre es für Juden und Christen unmöglich gewesen, den Text noch zu ändern. Sie waren in alle Welt verstreut.

4. Auch waren zu jener Zeit schon zu viele Exemplare im Umlauf, um alle zu verändern – ganz zu schweigen von den verschiedenen Sprachen, in denen die Bibel damals schon existierte.

5. Juden und Christen waren einander feindlich gesinnt. Es wäre zwischen ihnen wohl kaum zu einer Einigung gekommen.

6. Sekten mit unterschiedlichen Lehrmeinungen hätten sich mit der maßgeblichen christlichen Kirche über Änderungen nicht geeinigt. Es hätte also, entgegen der moslemischen Behauptung, keine einheitliche Abänderung bestimmter Textstellen geben können.

7. Ehemalige Juden und Christen, die zum Islam übergetreten waren, haben niemals etwas von einer vorsätzlichen Textfälschung erwähnt. Sie hätten es sicherlich getan, wenn es der Fall gewesen wäre (vgl. *Christianity Explained to Muslims,* S. 20f.).

Der Befund rechtfertigt die Annahme, daß der Koran und die Bibel ihren Urschriften weitgehend treu geblieben sind. Die moslemische Behauptung, die Bibel sei gefälscht, entbehrt jeder Grundlage. Doch gibt es gute Gründe für die Annahme, daß der Koran sich die biblischen Texte zunutze gemacht hat.

Als ich an der staatlichen Universität von Arizona Vorlesungen hielt, kam ein Professor auf mich zu, begleitet von einigen Studenten, die in Weltliteratur promovieren wollten. Er sagte zu mir: „Mr. McDowell, alle Ihre Behauptungen über Christus basieren auf einem veralteten Dokument aus dem zweiten Jahrhundert. Ich habe heute in meinem Seminar darauf hingewiesen, daß das Neue Testament erst lange Zeit nach Christus verfaßt wurde und deshalb unmöglich in seiner Berichterstattung exakt sein kann." Seine Meinung über die Berichte aus dem Leben Jesu basierte auf einer Schlußfolgerung, die verschiedene Bibelkritiker ziehen. Sie nehmen an, daß die meisten neutestamentlichen Schriften erst gegen Ende des zweiten Jahrhunderts n.Chr. entstanden seien, und folgern daraus, daß die Berichte ihren Ursprung weitgehend in Mythen oder Legenden hätten, die sich in der langen Zeitspanne zwischen der Lebenszeit Jesu und der schriftlichen Festlegung der Berichte entwickelt haben.

„Herr Professor, Ihre Meinung über das Neue Testament ist schon seit 25 Jahren überholt", gab ich meinem Gegenüber zur Antwort.

Da das Neue Testament unsere hauptsächliche historische Informationsquelle über Jesus darstellt, muß dessen Genauigkeit in der Berichterstattung hier klar zum Ausdruck kommen.

Wenn Sie einen Glauben haben, der sich auf die Wahrheit beruft, der darauf basiert, daß er diese Wahrheit herausgefunden und das Wissen darüber bewahrt hat, dann haben Sie die Gewähr dafür, daß er in seiner Unbestechlichkeit die Jahre überdauern wird. Die biblisch orientierte Christenheit kann einen solchen Sicherheitsfaktor für das Finden und Bewahren der Wahrheit für sich in Anspruch nehmen.

In Johannes 8,32 lesen wir: „Ihr werdet die Wahrheit erkennen." Wir sollen sie also nicht ignorieren. Es heißt ausdrücklich: „Ihr werdet die Wahrheit erkennen, und die Wahrheit wird euch frei machen." In 2. Timotheus 2,15 ermahnt Paulus den Gläubigen: „Strebe danach, dich Gott bewährt zur Verfügung zu stellen als einen Arbeiter, der sich nicht zu schämen hat, der das Wort der Wahrheit in gerader Richtung schneidet." Die Betonung der Wahrheit und die Aufforderung, die Wahrheit unverfälscht zu erhalten, finden wir im gesamten Neuen Testament. Wenn wir die Bibel mit anderer Literatur aus dem Altertum vergleichen, dann spricht alles für die Zuverlässigkeit der biblischen Zeugnisse. Hätten wir für andere Werke ähnlich sichere Beweise, würde niemand an deren Echtheit und Glaubwürdigkeit zweifeln. Doch bei der Bibel begegnen wir zwei Einwänden. Zunächst ist es ein religiöses Buch und wird deswegen in Frage gestellt. Dann setzt es die Existenz des Übernatürlichen voraus. Der historische Beweis ist nicht die Schlüsselfrage. Der strittige Punkt vieler (nicht aller) Kritiker des Neuen Testamentes ist der, daß übernatürliche Ereignisse zugleich historische Tatsachen sind.

Aus diesem Grund haben viele Kritiker im 19. und 20. Jahrhundert die Glaubwürdigkeit der biblischen Dokumente angezweifelt. Die Bibel befindet sich ständig in einem Sperrfeuer von Anschuldigungen, für die es keine historische Begründung gibt oder die durch archäologische Funde und Forschungen als überholt abgewiesen werden.

Viele dieser Meinungen über die biblischen Berichte zum Leben Jesu gründen sich auf Ansichten des deutschen Kritikers F.C. Baur. Er nahm an, die meisten der neutestamentlichen Schriften seien erst gegen Ende des zweiten Jahrhunderts n.Chr. entstanden. Er folgerte daraus, daß sich diese Schriften in der langen Zeitspanne zwischen der Lebenszeit Jesu und der schriftlichen Niederlegung der Berichte aus Mythen oder Legenden entwickelt hätten.

Zu Beginn des 20. Jahrhunderts waren die archäologischen Forschungen weit fortgeschritten, so daß die historische Genauigkeit der neutestamentlichen Manuskripte und ihre Entstehung im ersten Jahrhundert bestätigt werden konnte. Die Entdeckung früher Papyrus-Schriften (die John Ryland Handschrift aus der Zeit um 130 n.Chr.; der Chester Beatty Papyrus von etwa 155 und der Bodmer Papyrus II von etwa 200 n.Chr.) halfen, die Kluft zwischen der Lebenszeit Christi und den existierenden Handschriften aus späterer Zeit zu überbrücken.

Der Archäologe Millar Burrows aus Yale hat gesagt, daß der Vergleich zwischen dem Griechisch des Neuen Testaments und der Sprache der Papyri das Vertrauen in die zuverlässige Übermittlung der neutestamentlichen Texte verstärkt hat (Millar Burrows, *What Mean These Stones,* New York: Meridian Books 1956, S. 52).

William F. Albright, einer der führenden biblischen Archäologen, schreibt: „Wir können bereits mit Nachdruck sagen, daß es keinen haltbaren Grund mehr dafür gibt, irgendein Buch des Neuen Testaments später zu datieren, als um das Jahr 80 n.Chr., das heißt zwei volle Generationen vor der Zeit zwischen 130 und 150 n.Chr., die von den heutigen radikaleren Kritikern des Neuen Testaments angenommen wird (William F. Albright, *Recent Discoveries in Bible Lands,* New York: Funk and Wagnall 1955, S. 136).

Sir William Ramsey stand in dem Ruf, einer der bedeutendsten Geographen der Welt zu sein. Er war Schüler der deutschen historischen Schule, die lehrte, daß die Apostelgeschichte Mitte des zweiten nachchristlichen Jahrhunderts entstanden sei und nicht im ersten Jahrhundert, wie angenommen wurde. Nachdem Ramsey moderne Kritiken über die Apostelgeschichte gelesen hatte, war er davon überzeugt, die Apostelgeschichte sei kein zuverlässiger Bericht über die Ereignisse aus der ersten nachchristlichen Zeit (um das Jahr 50) und deshalb nicht wert, von einem Historiker berücksichtigt zu werden. Während seiner Forschungen über die Geschichte Kleinasiens schenkte er dem Neuen Testament wenig Beachtung. Doch schließlich konnte er bei seinen archäologischen Nachforschungen nicht umhin, die Schriften des Lukas mit in Betracht zu ziehen. Er nahm die überaus genaue Darstellung historischer Einzelheiten wahr, und allmählich veränderte sich seine Einstellung gegenüber der Apostelgeschichte. Die Tatsachen zwangen ihn zu der Feststellung: „Lukas ist ein Historiker ersten Ranges ... Dieser Autor verdient es, zu den allergrößten Historikern gezählt zu werden" (Sir William Ramsey, *The Bearing of Recent Discoveries on the Trustworthiness of the New Testament,* London: Hodder and Stoughton 1915, S. 222). Wegen der Genauigkeit des Lukas gab Ramsey schließlich zu, daß die Apostelgeschichte kein Dokument aus dem zweiten nachchristlichen Jahrhundert sein könne, sondern als historischer Bericht aus der Mitte des ersten Jahrhunderts angesehen werden müsse.

Dr. John A.T. Robinson, Dozent am Trinity College in Cambridge, gehörte jahrelang zu den profiliertesten Kritikern Englands. Zunächst stimmte er mit dem von deutscher Seite festgefügten Urteil überein, daß das Neue Testament gegen Ende des ersten Jahrhunderts, also viele Jahre nach Christus, entstanden sein müsse. Es sollte eigentlich „nicht viel mehr als ein theologischer Spaß" sein, als er sich entschloß, die Argumente für die späte Niederschrift neutestamentlicher Bücher näher ins Auge zu fassen, ein Aufgabengebiet, das seit der Jahrhundertwende brach gelegen hatte.

Die Ergebnisse verblüfften ihn. Er sagte, daß durch die „Trägheit" der Gelehrten, „die Tyrannei unüberprüfter Annahmen" und eine „fast willentliche Blindheit" früherer Autoren die meisten Überlegungen der Vergangenheit unhaltbar seien. Dr. Robinson zog den Schluß, daß das Neue Testament von den Aposteln selbst oder von Zeitgenossen verfaßt sein müsse, die mit ihnen zusammenarbeiteten, und daß alle neutestamentlichen Bücher, einschließlich des Johannes-Evangeliums, vor dem Jahr 64 n.Chr. entstanden sein müßten (John T. Robinson, *Redating the New Testament,* London: SCM Press 1976, S. 221).

Robinson forderte seine Kollegen auf, ihm das Gegenteil zu beweisen. Er ist überzeugt, daß dann, wenn Gelehrte die Frage von neuem aufgreifen, die Ergebnisse dazu führen werden, daß „viele Einführungen in das Neue Testament letzten Endes zu Theologien darüber umgeschrieben werden müssen" (ebd.).

Auch aus rechtlicher Perspektive lassen sich wichtige Gründe für die Zuverlässigkeit der Schriften ableiten. Das Prinzip des „ältesten Dokuments" in den *Federal Rules of Evidence* (Bundesbeweisregeln – veröffentlicht von West Publishing Co., St. Paul 1979, Regel 901 [b] [8]) erlaubt die Beglaubigung eines Dokuments, wenn aufgezeigt wird, daß das betreffende Dokument sich 1) in einem Zustand befindet, der keinen Zweifel an dessen Echtheit aufkommen läßt, 2) sich an einem Ort befunden hat, wo man es als authentisches Dokument höchstwahrscheinlich angetroffen hätte und 3) bereits zwanzig Jahre oder länger vor der Einreichung existiert hat.

Dr. John Warwick Montgomery, Jurist und Theologe sowie Dekan der Simon-Greenleaf-Schule für Juristen erläutert zur Anwendung der Regel des „ältesten Dokuments" auf die neutestamentlichen Schriften: „Diese Regel, angewandt auf die Niederschriften der Evangelien und bekräftigt durch zuverlässige Textkritik, würde in jedem Gerichtshof Anerkennung finden" (John Warwick Montgomery, „Legal Reasoning and Christian Apologetics", *The Law Above the Law,* Oak Park, IL: Christian Legal Society 1975, S. 88f.).

Einige Kritiker argumentieren, daß alle Informationen über Christus mündlich weitergegeben worden sind, bis sie schließlich in Form der Evangelien niedergeschrieben wurden. Obwohl der Zeitraum wesentlich kürzer war als ursprünglich angenommen, folgern sie daraus, die Berichte der Evangelien hätten in dieser Zeit den Charakter von Märchen und Mythen angenommen.

Die Zeit der mündlichen Überlieferung (wie sie von den Kritikern bestimmt wird) war jedoch nicht lang genug, um die von den Kritikern angenommenen Veränderungen der Überlieferung zu ermöglichen. Dr. Simon Kistemaker, Professor für Bibelkunde am Seminar der Reformierten Kirche, schreibt: „Die Entwicklung von Traditionen in einem Volk mit primitiver Kultur dauert viele Generationen. Es handelt sich dabei um einen allmählichen Prozeß, der sich über einen Zeitraum von Jahrhunderten erstreckt. Doch in Übereinstimmung mit dem Denken der Formgeschichte [die die Entstehung der literarischen Form untersucht] müssen wir feststellen, daß die Erzählungen in den Evangelien in einem Zeitraum von etwas mehr als einer Generation verfertigt und zusammengetragen wurden. Um es in der Sprache der Formgeschichte zu sagen: Die Bildung der einzelnen Evangelienteile muß als ein Ineinandergreifen von Abläufen verstanden werden, die beschleunigend aufeinander einwirkten" (Simon Kistemaker, *The Gospels in Current Study,* Grand Rapids, MI: Baker Book House 1972, S. 48f.).

A.H. McNeile, früher Inhaber einer vom König gestifteten Professur für Theologie an der Universität Dublin, hebt hervor, daß Kritiker, die mit der formgeschichtlichen Methode arbeiten, sich mit der Überlieferung der Worte Jesu nicht so genau befassen, wie sie es sollten. Wenn wir 1. Korinther 7,10.12 und 25 einmal genau betrachten, sehen wir, wie sorgfältig alles bewahrt wurde. Es gab sehr wohl eine echte Überlieferung, die diese Worte festhielt. In der jüdischen Religion war es üblich, daß ein Schüler die Lehren seines Rabbis auswendig lernte. Ein guter Schüler, so sagte man, war „wie ein dichter Brunnen, der keinen Tropfen hindurchließ" (*Mischna,* Aboth, 2,8) (A.H. McNeilie, *An Introduction to the Study of the New Testament,* London: Oxford University Press 1953, S. 54).

Außerdem waren der Theorie C.F. Birneys zufolge (in: *The Poetry of Our Lord,* 1925) die Lehren Jesu zu einem großen Teil in aramäische Verse gefaßt und dadurch leicht einzuprägen.

Es gibt starke interne Beweise dafür, daß die Evangelien zu einem frühen Zeitpunkt entstanden sind. In der Apostelgeschichte werden uns die missionarischen Aktivitäten der Urgemeinde geschildert. Sie wurde als Fortsetzung von derselben Person geschrieben, die das Evangelium nach Lukas verfaßt hat. Die Apostelgeschichte endet mit dem Aufenthalt des Apostels Paulus in Rom. Von seinem Tod wird uns nichts mehr berichtet.
Das läßt darauf schließen, daß sie vor seinem Tod niedergeschrieben wurde, da alle anderen großen Ereignisse seines Lebens darin festgehalten sind. Mit einiger

Sicherheit läßt sich sagen, daß Paulus in der Verfolgung durch Nero im Jahre 64 n.Chr. umgekommen ist. Die Apostelgeschichte wäre demnach noch vor diesem Zeitpunkt entstanden.
Wenn sie vor dem Jahr 64 n.Chr. verfaßt wurde, dann muß das Lukas-Evangelium, an das sich die Apostelgeschichte anschließt, einige Zeit vorher niedergeschrieben worden sein, vermutlich Ende der fünfziger oder Anfang der sechziger Jahre des ersten nachchristlichen Jahrhunderts. Der Tod Jesu fand um das Jahr 30 statt. Das bedeutet, daß das Lukas-Evangelium im Höchstfall 30 Jahre nach den Ereignissen verfaßt worden ist.
In der frühen Kirche wurde gelehrt, das Matthäus-Evangelium sei zuerst entstanden. Es käme damit der Lebenszeit Christi noch näher. Dieses Zeugnis führt uns zu der Annahme, daß alle drei Evangelien innerhalb einer Zeitspanne von 30 Jahren nach den Ereignissen niedergeschrieben wurden. Unfreundliche Augenzeugen waren noch am Leben, um sofort ihrem Zeugnis zu widersprechen, wenn dieses nicht den Tatsachen entsprach (Josh McDowell und Don Stewart, *Answers to Tough Questions,* San Bernardino, CA: Here's Life Publishers, Inc., 1980, S. 7f.).

Die Tatsachen in dieser Streitfrage bewegten W.F. Albright, den großen biblischen Archäologen, zu der Äußerung:

Jedes Buch des Neuen Testaments ist zwischen den vierziger und achtziger Jahren des ersten nachchristlichen Jahrhunderts entstanden (sehr wahrscheinlich zwischen dem Jahre 50 und 75 n.Chr.) (William F. Albright, *Christianity Today,* Bd. 7, 18. Jan. 1963, S. 3).

Die historische Zuverlässigkeit der Schrift sollte unter den gleichen Gesichtspunkten untersucht werden wie alle historischen Dokumente. Der Militärhistoriker C. Sanders verzeichnet und erklärt drei Grundprinzipien der Historiographie: den bibliographischen Test, den internen Beweistest und den externen Beweistest (C. Sanders, *Introduction to Research in English Literary History,* New York: MacMillan Co., Inc., 1952, S. 143ff.).

Der bibliographische Test überprüft bei den Dokumenten, die uns vorliegen, die Überlieferung des Textes. Mit anderen Worten: da wir nicht die ursprünglichen Schriftstücke besitzen, stellt sich die Frage, wie zuverlässig die uns vorliegenden Abschriften sind, verglichen mit den zahlreichen Manuskripten und angesicht des zeitlichen Abstands zwischen der Originalversion und anderen noch vorhandenen Abschriften.

Eine weitverbreitete falsche Auffassung ist die, daß der Bibeltext nicht in seinem ursprünglichen Wortlaut zu uns gelangt sei. Es gibt zahllose Beschuldigungen, in denen eifrigen Mönchen vorgeworfen wird, den Bibeltext im Laufe der Kirchengeschichte verändert zu haben.

Glücklicherweise besteht das Problem nicht in einem Mangel an Beweisen. Als die Forschungsarbeiten über die Zuverlässigkeit der Bibel abgeschlossen waren, erschien 1973 der Bericht *Evidence That Demands a Verdict* („Beweise, die eine Entscheidung verlangen"). Damit waren wir in der Lage, allein 14000 Manuskripte und Manuskriptteile in griechischer Sprache sowie frühe Exemplare des Neuen Testaments urkundlich zu belegen. Vor kurzem wurde *Evidence* in überarbeiteter Fassung neu herausgebracht, weil sich eine große Menge von neuem Forschungsmaterial angesammelt hatte. Jetzt sind wir in der Lage, allein vom Neuen Testament 24633 Handschriften und handschriftliche Fragmente urkundlich zu belegen.

Die Bedeutung, die dieser Anzahl von Handschriften zukommt, wird dann voll erkennbar, wenn man sich vor Augen führt, daß von den Schriften des Altertums nur Homers Ilias über derartige handschriftliche Zeugnisse verfügt. Bei ihr sind es allerdings nur 643 Handschriften, die die Zeiten überdauert haben.

Ursprünglich war das Neue Testament in griechischer Sprache abgefaßt. Es existieren ungefähr 5500 Abschriften, die alle oder einen Teil der neutestamentlichen Schriften enthalten. Obwohl wir nicht im Besitz der Originale sind, gibt es doch Abschriften aus sehr früher Zeit. Das früheste Fragment ist um das Jahr 120 n.Chr. entstanden. Von ungefähr 50 weiteren Fragmenten nimmt man an, daß sie 150-200 Jahre nach der Entstehung des Originals abgeschrieben wurden.

Zwei wichtige Manuskripte, der Codex Vaticanus (325 n.Chr.) und der Codex Sinaiticus (350 n.Chr.), bei denen es sich um vollständige Abschriften handelt, sind innerhalb einer Zeitspanne von 250 Jahren nach der ersten Niederschrift entstanden. Dies scheint eine lange Zeit zu sein, doch sie ist minimal im Vergleich zu Werken der frühen Antike. Die erste vollständige Abschrift der Odyssee entstand 2200 Jahre nach Abfassung des Originals. Der griechische Gelehrte für Neues Testament, J. Harold Greenlee, fügt hinzu:

> Da die Gelehrten die Schriften der antiken Klassiker im allgemeinen als glaubwürdig anerkennen, obwohl die frühesten Abschriften so lange nach der Originalversion entstanden sind und so eine kleine Anzahl von Abschriften existiert, ist es klar, daß die Zuverlässigkeit der neutestamentlichen Texte ebenso sichergestellt ist (J. Harold Greenlee, *Introduction to New Testament Textual Criticism,* Grand Rapids, MI: William B. Eerdmans Publishing Co. 1964, S. 15).

Viele antike Schriften wurden uns nur durch eine winzige Anzahl von Handschriften überliefert (Katull: drei Abschriften, wobei die früheste Kopie 1600 Jahre nach dem Original datiert; Herodot: acht Abschriften, die bis zu 1300 Jahre nach dem Original entstanden sind).

Viele halten Thukydides für einen der genauesten unter den antiken Historikern, aber nur acht Handschriften haben die Zeiten überdauert. Von Aristoteles existierten bisher 37 Handschriften. Inzwischen hat man 12 weitere gefunden, so daß es jetzt 49 überlieferte Handschriften sind. Wie steht es nun mit den neutestamentlichen Schriften?

Beim Neuen Testament ist es nicht nur so, daß die handschriftlichen Befunde umfangreicher sind und die Zeitspanne zwischen den Originalen und den frühesten Abschriften kleiner ist, die Schriften sind auch relativ früh in verschiedene Sprachen übersetzt worden. Übersetzungen in andere Sprachen hat es in der Alten Welt selten gegeben; so haben wir damit einen zusätzlichen Beleg für den Text des Neuen Testaments. Die Übersetzungen existieren in weit über 18000 Abschriften. Es wird sogar angenommen, daß es ca. 25000 sind. Dies sind weitere Nachweise, die uns dabei helfen, den neutestamentlichen Text zu belegen.

Vor ungefähr zehn Jahren konnte nachgewiesen werden, daß in den Worten der frühen Kirchenväter 36000 Zitate aus dem Neuen Testament enthalten sind. Als Ergebnis neuerer Forschungen im Britischen Museum sind wir jetzt sogar in der Lage, 89000 neutestamentliche Schriftstellen mit Werken der alten Kirche urkundlich zu belegen. Ohne Bibeln oder Manuskripte – diese hätte man fortwerfen oder verbrennen können – konnte man bis auf elf Verse das gesamte Neue Testament aus Material rekonstruieren, das in einem Zeitraum von 150 bis 200 Jahren nach der Zeit Christi geschrieben worden war.

Der Neutestamentler F.F. Bruce stellt in diesem Zusammenhang fest:

> Die Belege für unsere neutestamentlichen Schriften sind um ein Vielfaches größer als die für Schriften klassischer Autoren, deren Echtheit anzuzweifeln niemand einfallen würde.

Weiter führt er aus:

> Wäre das Neue Testament eine Sammlung säkularer Schriften, würde deren Echtheit im allgemeinen außer Frage stehen (F.F. Bruce, *The New Testament Documents: Are They Reliable?* Revidierte Ausgabe, Grand Rapids, MI: William B. Eerdmans Publishing Co. 1977, S. 15).

Sir Frederic Kenyon, ehemaliger Direktor und Hauptbibliothekar des Britischen Museums, gehörte zu den führenden Experten für antike Handschriften und deren Echtheit. Kurz vor seinem Tod schrieb er über das Neue Testament:

Die Zeitspanne zwischen der ersten Niederschrift (des Neuen Testaments) und des frühesten existierenden Belegs ist so klein, daß sie nicht ins Gewicht fällt. Damit ist der letzte Zweifel an der textgetreuen Überlieferung der neutestamentlichen Schriften ausgeräumt. Sowohl die Echtheit als auch die allgemeine Unversehrtheit der neutestamentlichen Bücher können endlich als bewiesen gelten (Sir Frederic Kenyon, *The Bible and Archaeology,* New York: Harper and Row 1940, S. 288f.).

Zu Homers Ilias bemerkt Bruce Metzger:

Zieht man die gesamte Palette der alten griechischen und lateinischen Literatur in Betracht, so kommt die Ilias dem Neuen Testament in der Menge handschriftlicher Urkunden am nächsten (Bruce Metzger, *Chapters in the History of New Testament Textual Criticism.* Grand Rapids, MI: William B. Eerdmans Publishing Co. 1963, S. 144).

Er fügt hinzu:

Die Epen Homers sind unter allen literarischen Arbeiten der Griechen für einen Vergleich mit der Bibel am besten geeignet (ebd., S. 145).

Werk	Entstehungszeit	Früheste erhaltene Handschrift	Zeitspanne	Zahl der erhaltenen Handschriften
Homer (Ilias)	900 v. Chr.	400 v. Chr.	500 Jahre	643
Neues Testament	40-100 n. Chr.	125 n. Chr.	25 Jahre	über 24 000

Natürlich müssen wir den Koran dem gleichen bibliographischen Test unterziehen. Aus der Zeit Mohammeds sind keine Abschriften des Korans erhalten. Moslems geben vor, daß das vom dritten Kalif Othman vereinheitlichte Koranexemplar noch immer existiert, obwohl es 20 frühe Handschriften gibt, die diesen Ursprung für sich in Anspruch nehmen! Eine ist im Topkapi Museum in Istanbul ausgestellt, eine andere befindet sich in der Sowjetischen Staatsbibliothek, die weiteren werden an verschiedenen Orten der moslemischen Welt aufbewahrt. Sie alle sind in der alten kufischen Schrift geschrieben, aber selbst wenn auch nur ein Exemplar Othman zugeschrieben werden könnte, so bleibt doch noch eine Lücke von mehr als einer Generation zwischen dem Ableben Mohammeds und der ältesten Handschrift des Korans. Nur eine einzige

Handschrift in der al-mail Schrift, die in Medina gebräuchlich war, hat die Zeiten überdauert (in Medina verlebte Mohammed die letzten Jahre seines Lebens). Von diesem Text weiß man, daß er aus dem achten Jahrhundert stammt, also mindestens 150 Jahre nach Mohammeds Tod geschrieben wurde. Er wird im Britischen Museum aufbewahrt und ist dort ständig ausgestellt. Weder Christen noch Moslems sind im Besitz der ersten Aufzeichnungen ihrer Schriften, weshalb der Glaubwürdigkeitstest anhand der noch existierenden Abschriften auch in gleicher Weise auf beide Bücher anzuwenden ist. Das Ergebnis ist in beiden Fällen gleich – die Bibel und der Koran sind in ihrer frühesten bekannten Form bemerkenswert gut erhalten geblieben.

Der bibliographische Test klärt lediglich darüber auf, daß der uns vorliegende Text den ursprünglichen Aufzeichnungen entspricht. Es bleibt dann noch zu überprüfen, ob und in welchem Maße diese schriftliche Überlieferung glaubwürdig ist.

Die interne Kritik, die C. Sanders als zweiten Prüfstein der Geschichtlichkeit anführt, befaßt sich mit der Glaubwürdigkeit des Textes.

Die Anwendung dieses Tests muß von zwei Faktoren begleitet sein. Zum einen muß im Falle einer scheinbaren Ungenauigkeit oder eines Widerspruchs nach der Anweisung des Aristoteles gehandelt werden: „Im Zweifelsfall wird zu Gunsten des Dokuments selbst entschieden und nicht dem Urteil des Kritikers recht gegeben." Um es mit den Worten von John W. Montgomery zu sagen: „Man muß versuchen, dem Anspruch des zu untersuchenden Dokuments gerecht zu werden und darf nicht sogleich Betrug oder Irrtum annehmen, es sei denn, der Autor disqualifiziert sich selbst durch widersprüchliche Aussagen oder Verdrehung bekannter Tatsachen" (John Warwick Montgomery, *History and Christianity,* Downers Grove, IL: InterVarsity Press 1971, S. 29). So wie eine Person als unschuldig gilt, bis ihre Schuld erwiesen ist, so gilt ein Dokument als gültig, bis sich seine Unglaubwürdigkeit durch eine vollkommen widersprüchliche Aussage, eine Ungenauigkeit oder einen Fehler herausgestellt hat.

Wenn nun vermeintliche Widersprüche, eine zweifelhafte Aussage oder ein Irrtum entdeckt werden, sollten wir uns ganz bestimmten Fragen stellen. Erstens: Haben wir die Textstelle richtig verstanden, die Bedeutung der Zahlen und Worte richtig interpretiert? Zweitens: Besitzen wir in dieser Angelegenheit alles zur Verfügung stehende Wissen? Drittens: Kann durch zusätzliche Textforschung, durch archäologische oder historische Untersuchungen möglicherweise mehr Licht in die Sache kommen? Dies alles muß in Betracht gezogen werden, wenn Texte auf die Wahrhaftigkeit ihrer Aussagen hin untersucht werden. Dr. Robert Horn sagt in diesem Zusammenhang:

> Schwierigkeiten müssen in Angriff genommen werden, und Probleme sollen uns in unseren Bemühungen um Klarheit anspornen. Bevor wir aber einen Sachverhalt nicht vollkommen und endgültig durchblicken, haben wir nicht das Recht, von einem bewiesenen Irrtum zu sprechen, von einem unbestreitbaren Einwand gegen die Unfehlbarkeit der Bibel. Es ist allgemein bekannt, daß zahllose Einwände seit Beginn dieses Jahrhunderts aufgeklärt wurden (Robert M. Horn, *The Book That Speaks for Itself,* Downers Grove, IL: InterVarsity Press 1970, S. 86f.).

Wenn wir mit einem vermeintlichen Widerspruch konfrontiert werden, beziehen wir uns auf den handschriftlichen Befund, den internen biblischen Befund, den dokumentierten sprachwissenschaftlichen Befund und auf die Gesetze der Textkritik (die Textkritik versucht, aus den Varianten eines Textes die Fassung zu erarbeiten, die dem Urtext am nächsten kommt). Wir können hier aus Platzgründen nicht näher auf alle diese Gebiete eingehen.

Der zweite Faktor des internen Beweistestes besteht darin, daß die geographische und zeitliche Nähe des Zeugen zu den festgehaltenen Ereignissen starken Einfluß auf die Glaubwürdigkeit des Schreibers hat. Welche Bedeutung hat das für das Neue Testament? Die neutestamentlichen Berichte über das Leben und die Lehren Jesu wurden von Männern niedergeschrieben, die entweder selbst Augenzeugen waren oder die sich auf die Berichte von Augenzeugen stützten.

Dr. Louis Gottschalk, früher Geschichtsprofessor an der Universität von Chicago, unterstreicht seine historische Methode zum besseren Geschichtsverständnis in dem von ihm verfaßten Leitfaden *Understanding History* („Geschichte verstehen"). Darin heißt es, daß die Fähigkeit des Schreibers oder des Zeugen, wahrheitsgetreue Aussagen zu machen, dem Historiker dabei hilft, über die Glaubwürdigkeit des Textes zu entscheiden, „selbst wenn diese Angaben in einem Dokument enthalten sind, das jemand durch Gewalt oder Betrug an sich gebracht hat. Es kann auch in anderer Weise anfechtbar sein, sich auf Zeugnisse vom Hörensagen stützen oder von einem Zeugen stammen, der sich davon einen Vorteil erhofft" (Louis R. Gottschalk, *Understanding History*, New York: Knopf, 2. Ausgabe 1969, S. 150).

Diese „Fähigkeit, wahrheitsgetreue Aussagen zu machen", steht in Verbindung mit der geographischen und zeitlichen Nähe des Zeugen zu den beschriebenen Ereignissen. Die neutestamentlichen Berichte über das Leben und die Lehren Jesu wurden von Männern verfaßt, die entweder selbst Augenzeugen waren oder sich in ihren Niederschriften auf Augenzeugenberichte über die Ereignisse oder Lehren Christi bezogen.

Darum habe auch ich mich dazu entschlossen, alles bis hin zu den ersten Anfängen sorgfältig zu erforschen und es für dich, verehrter Theophilus, in guter Ordnung niederzuschreiben. Ich tue es, damit du die Zuverlässigkeit der Lehre erkennst, in der man dich unterwiesen hat (Lukas 1,3 f. GN).

Es war im fünfzehnten Regierungsjahr des Kaisers Tiberius. Pontius Pilatus war Prokurator von Judäa, Herodes regierte in Galiläa, sein Bruder Philippus in Ituräa und Trachonitis, Lysanias regierte in Abilene (Lukas 3,1 GN).

Der Mann, der dies sah, hat es bezeugt. Wir wissen, daß er die Wahrheit gesagt hat, und er selbst weiß es auch. Deshalb könnt ihr euch darauf verlassen (Johannes 19,35 GN).

Wir haben uns nicht auf geschickt erfundene Märchen gestützt, als wir euch das Kommen unseres Herrn Jesus Christus in Macht und Herrlichkeit bekanntmachten. Wir haben mit eigenen Augen seine göttliche Hoheit gesehen (2. Petrus 1,16 GN).

Was wir gesehen und gehört haben, geben wir an euch weiter. Wir wollen, daß ihr mit uns verbunden seid und durch uns mit dem Vater und mit seinem Sohn Jesus Christus (1. Johannes 1,3 GN).

Die Nähe zu den festgehaltenen Berichten ist eine äußerst wirksame Bescheinigung für die Genauigkeit eines Zeugenberichts. Der Historiker hat sich jedoch auch mit dem Augenzeugen zu befassen, der bewußt oder unbewußt Falsches berichtet, obwohl er dem Ereignis beigewohnt hat und in der Lage wäre, die Tatsachen wahrheitsgetreu wiederzugeben.

Die neutestamentlichen Berichte über Christus kamen bereits in Umlauf, als seine Zeitgenossen noch am Leben waren. Diese konnten die Genauigkeit der Berichte bestätigen oder kritisieren. In ihrem Einsatz für das Evangelium hatten sich die Apostel (selbst wenn sie ihren schärfsten Gegnern gegenübertraten) auf das allgemeine Wissen über Jesus bezogen. Sie sagten nicht einfach: „Wir haben dies oder das gesehen oder gehört ..." Mitten ins Gesicht ihrer Kritiker sagten sie: „Ihr wißt auch von diesen Dingen ... ihr habt sie gesehen; ihr wißt selbst darüber Bescheid." Man mußte aufpassen und sich genau an die Tatsachen halten, wenn man seinen Gegnern mit einem „Ihr wißt ja auch davon" entgegentrat. Entsprach es nicht in allen Einzelheiten den Tatsachen, hatte man sich bloßgestellt.

In Apostelgeschichte 2,22 wird uns berichtet, wie Petrus den Juden entgegentrat. Er sagte: „Ihr Leute von Israel, hört, was ich euch zu sagen habe! Jesus von Nazaret kam zu euch im Auftrag Gottes; das konntet ihr an den wunderbaren Taten sehen, die Gott durch ihn geschehen ließ. Ihr habt alles miterlebt" (Gute Nachricht). Es heißt hier nicht: „Wir haben alles miterlebt." Vielmehr werden sie ausdrücklich daran erinnert, daß sie selbst Zeugen der Wunder und Zeichen gewesen sind. Hätten sie die Wunder und Zeichen nicht gesehen, hätte Petrus den Ort weder lebend verlassen, noch hätten Tausende von Menschen zu Christus gefunden. Paulus handelte genauso. In Apostelgeschichte 26 lesen wir, wie Paulus vor König Agrippa tritt. Was uns dort berichtet wird, hört sich in freier Wiedergabe etwa so an: Paulus spricht: „Ich bin froh, König Agrippa, daß man mich vor dich gebracht hat, weil dir die Gebräuche der Juden geläufig sind." Dann begann er, Zeugnis von Christus zu geben und den christlichen Glauben zu verteidigen. Festus unterbrach ihn mit lauter Stimme und rief ihm zu: „Du bist von Sinnen, Paulus! Die große Gelehrsamkeit bringt dich zum Wahnsinn." Sie wußten, daß er ein gelehrter Mann war, daß er unter Gamaliel und in Tarsus studiert hatte. Paulus entgegenete: „Ich bin nicht von Sinnen, hochedler Festus, sondern ich rede Worte der Wahrheit und der Besonnenheit." Beachten Sie, wie Paulus sich nun verhält. Er sagt: „Denn der König weiß um diese Dinge, zu dem ich auch mit Freimütigkeit rede; denn ich bin überzeugt, daß ihm nichts hiervon verborgen ist, denn dies ist nicht in einem Winkel geschehen."

Wenn ich den Wahrheitsgehalt geschichtlicher Überlieferungen prüfen möchte, stelle ich verschiedene Fragen über den Verfasser. Erstens: Besitzt er einen guten Charakter? Zweitens: Läßt sich in seinem Bericht eine gewisse Folgerichtigkeit erkennen; ist er von vorne bis hinten sorgfältig und genau verfaßt? Drittens: Ist es zu einer Gegenüberstellung gekommen? Das heißt, ist das Material zu einer Zeit geschrieben oder vorgelegt worden, als Zeugen der beschriebenen Ereignisse und Aussagen noch am Leben waren?

Über den Wert, der dem Ursprung der neutestamentlichen Berichte zukommt, sagt der britische Neutestamentler F.F. Bruce von der Universität Manchester:

Die Prediger der ersten Stunde hatten es nicht nur mit freundlich gesinnten Augenzeugen zu tun. Es gab auch solche, die ihnen nicht so gut gesonnen waren, aber doch mit den Hauptereignissen des Dienstes Jesu und seines Todes vertraut waren. Die Jünger konnten sich keine Ungenauigkeiten leisten (von willkürlicher Manipulation der Tatsachen ganz zu schweigen). So etwas wäre sofort von denen aufgedeckt worden, die nur auf eine solche Gelegenheit warteten. Im Gegenteil, eine Stärke der apostolischen Predigten ist gerade der überzeugende Appell an die Mitwisserschaft der Zuhörer. Die Apostel sagten nicht nur: „Wir sind Zeugen dieser Dinge." Sie sagten auch: „Wie ihr selbst wißt" (Apostelgeschichte 2,22). Wäre jemand geneigt gewesen, hinsichtlich wichtiger Fakten von den Tatsachen abzuweichen, so hätte die mögliche Anwesenheit feindlich gesinnter Zuhörer einen derartigen Versuch verhindert (Bruce, a.a.O., S. 33).

Der Neutestamentler Robert Grant von der Universität Chicago zieht folgenden Schluß:

Zum Zeitpunkt, als sie (die synoptischen Evangelien) niedergeschrieben wurden oder vermutlich niedergeschrieben wurden, gab es Augenzeugen, deren Zeugnis nicht völlig unbeachtet blieb ... Dies bedeutet, daß die Evangelien als weitgehend verläßliche Zeugen über das Leben, den Tod und die Auferstehung Jesu angesehen werden müssen (Robert Grant, *Historical Introduction to the New Testament,* New York: Harper and Row 1963, S. 302).

Obwohl die große Zahl neutestamentlicher Augenzeugen keine hundertprozentige Garantie für die Zuverlässigkeit der Überlieferung ist, wäre es doch äußerst schwer, die Behauptung aufrechtzuerhalten, jedem der Augenzeugen sei der gleiche Verwechslungsfehler unterlaufen. Die Augenzeugenberichte, nach denen Christus nach seiner Auferstehung lebend gesehen wurde, wären – besonders angesichts der umfassenden Zeugnisse – für ein Gericht sehr überzeugend.

Das von McCormick verfaßte „Handbuch über das Gesetz des Beweises" *(Handbook of the Law of Evidence)* stellt eine ausgezeichnete Abhandlung über die Analyse des Beweises dar. Es weist darauf hin, daß gerichtliche Institutionen ausdrücklich auf den zuverlässigsten Informationsquellen bestehen. Dies kommt in der Regel zum Ausdruck, daß ein Zeuge ein mit den Sinnen wahrnehmbares Ereignis persönlich wahrgenommen haben muß (McCormick's *Handbook of the Law of Evidence,* Edward W. Cleary, Hrsg., St. Paul: West Publishing Co., 1972, S. 586f.).

Kein Gericht wird Berichte vom Hörensagen als Beweismittel akzeptieren. In den *Bundesbeweisregeln* heißt es, daß ein Zeuge nur von dem Zeugnis ablegen kann, was er persönlich miterlebt hat, nicht aber von dem, was er indirekt von anderer Seite erfahren hat (*Federal Rules of Evidence,* Regel 801 und 802).

Was den Wert eines Zeugnisses „nach eigenem Wissen" betrifft, betont Dr. John Montgomery, daß die neutestamentlichen Schriften aus juristischer Sicht der Forderung nach einem Beleg aus erster Hand gerecht werden. Er schreibt, die neutestamentliche Überlieferung sei

> vollkommen abgesichert durch die ständigen Erklärungen der Schreiber, das fortzusetzen, was wir gehört haben, was wir mit eigenen Augen gesehen und angesehen und was unsere Hände betastet haben (John Warwick Montgomery, *Legal Reasoning and Christian Apologetics",* S. 88f.).

Im Neuen Testament werden uns Berichte aus erster Hand gegeben. So zum Beispiel, nachdem der auferstandene Herr den beiden Marias begegnet war. Als die beiden Frauen zum Grab kamen, erschien ihnen der Engel und sagte: „Er ist nicht hier, denn er ist auferstanden." Als sie sich auf den Weg machten, um dies seinen Jüngern zu verkünden, hatten sie Jesus noch nicht gesehen, sie hatten nur von ihm gehört. Dann, als ihnen der Herr persönlich begegnete, wurde aus dem Hörensagen ein zuverlässiger Augenzeugenbericht (Matthäus 28,1-10).

Da wir gerade über Augenzeugenberichte sprechen, sollten wir auch die psychologische Perspektive ein wenig beachten. In der heutigen Gesetzgebung eröffnet sich ein ganz neues Feld, das sich mit der psychologischen Struktur des Zeugen befaßt und damit, was er behalten kann und was nicht. Dr. Elizabeth Loftus, Professorin für Psychologie an der Universität Washington, schrieb in einer Zeitschrift: „Menschen, die Zeugen schrecklicher Ereignisse sind, erinnern sich weniger genau an die Einzelheiten, als wenn sie über gewöhnliche Vorkommnisse zu berichten hätten. Streß oder Angst beeinträchtigt die Aufnahmefähigkeit und folglich das Gedächtnis. Streß kann auch die Fähigkeit eines Menschen herabsetzen, sich eine Beobachtung oder etwas, was in einer Periode relativer Gemütsruhe gelernt wurde, in Erinnerung zu rufen" (Elizabeth S. Loftus, „The Eyewitness on Trial", *Trials,* Bd. 16, Nr. 10, Oktober 1980, S. 30-35).

Ihre Beobachtungen sprechen dafür, daß es sich bei den neutestamentlichen Schriften um Augenzeugenberichte handelt. An keiner Stelle finden wir nämlich Einzelheiten furchterregender Szenen beschrieben. Wir spüren vielmehr, daß die Jünger Jesu viel Zeit mit jemandem verbracht haben, den sie kannten und liebten. Mehrmals sagte

Jesus: „Fürchtet euch nicht." Sie müssen also unter innerem Druck gestanden und sich geängstigt haben. Immer wieder – und das durch 40 Tage hindurch – war ihnen aber der Herr erschienen, und das hatte sie in ihren Erinnerungen gewisser gemacht.

Die große Zahl neutestamentlicher Zeugen und die vielen Male, wo Jesus Menschen erschienen ist – einmal waren es fünfhundert, die ihn zugleich sahen – sind keine hundertprozentige Garantie für die Genauigkeit der Berichte. Die Behauptung, allen Augenzeugen wäre der gleiche Wahrnehmungsfehler unterlaufen, ließe sich aber wohl schwerlich aufrechterhalten und widerspräche allem, was wir aus der Geschichte kennen. Nehmen wir an, wir haben in einer bestimmten Angelegenheit fünfhundert Zeugen. Alle sind vor Gericht geladen, und jedem stehen jeweils nur sechs Minuten zur Verfügung. Wenn Sie fünfhundert Menschen je sechs Minuten Zeit geben, benötigen Sie für die Zeugenvernehmung dreitausend Minuten. Geteilt durch sechzig Minuten sind das fünfzig Stunden an Augenzeugenberichten – und das allein für die Auferstehung.

Es gibt einen Punkt im internen Beweistest, der oft übersehen wird – die Auswirkungen der Auferstehung Jesu auf das Leben der Apostel. Dies wird ausführlich in meinen Büchern *More Than a Carpenter,* („Mehr als ein Zimmermann") (Wheaton, IL: Tyndale House Publishers 1977) und *Evidence That Demands a Verdict* (San Bernardino, CA: Here's Life Publishers, Inc., 1979) behandelt. Doch weil die Auferstehung Jesu etwas so Einzigartiges und für den christlichen Glauben Grundsätzliches darstellt, lassen Sie mich an dieser Stelle kurz darauf eingehen.

Es gibt zwei entscheidende Fragen in bezug auf die Zuverlässigkeit der biblischen Berichte, die uns heute vorliegen: Erstens: Entspricht das uns heute bekannte Material dem, was vor zweitausend Jahren niedergeschrieben wurde? Mit anderen Worten: ist die ursprüngliche Botschaft im Laufe der Jahrhunderte unverändert geblieben? Zweitens: Entsprachen die Aufzeichnungen den Tatsachen, oder waren sie von den Nachfolgern Jesu ihrem eigenen theologischen Verständnis angepaßt worden, indem die Botschaft verzerrt oder übertrieben dargestellt oder nach eigenem Gutdünken ausgeschmückt oder zurechtgeschneidert wurde? Befassen wir uns mit der zweiten Frage:

Aus verläßlicher historischer Quelle wissen wir, daß elf von zwölf jüdischen Männern als Märtyrer ihr Leben lassen mußten, weil sie für etwas eintraten, was sie gesehen hatten: ein leeres Grab und den auferstandenen Jesus von Nazareth, der am Kreuz gestorben war. In den ersten vierzig Tagen nach seiner Auferstehung waren diese Männer mit Jesus gegangen, hatten mit ihm gelebt und gegessen (Apostelgeschichte 1,3). Seine Auferstehung war von vielen überzeugenden Beweisen begleitet. Der Begriff „überzeugender Beweis" wurde in der damaligen Zeit vor Gericht gebraucht und hieß soviel wie überwältigende, zwingende Zeugenaussage.

Kritiker werden sagen, die Apostel seien für eine Lüge gestorben, doch wenn die Auferstehung eine Lüge gewesen wäre, hätten sie das gewußt!

Andre Kole gilt als bedeutendster Zauberkünstler. Oft nennt man ihn den Magier der Magiere. Niemals hat ihn ein anderer Zauberkünstler überlisten können. Mehr als 1400 magische Effekte sind von ihm erfunden und verkauft worden.

Bevor Andre Christ wurde, hatte er Psychologie studiert. Auch hatte er sich über Sinnestäuschung und Magie unterrichten lassen. Er wurde herausgefordert, seine Kenntnisse auf die Wunder Jesu anzuwenden, um sie fortzuerklären. Andre nahm die Herausforderung an. Bei manchen Wundern gelang es ihm scheinbar, eine Erklärung zu finden, aber bei den meisten mußte er kapitulieren. Zu mir sagte er einmal: „Bei einem war es mir völlig unmöglich, irgendeine Erklärung zu finden, Josh."

„Und was war das?" fragte ich ihn.

„Die Auferstehung", war seine Antwort. Er erklärte mir, daß es auch mit den modernsten illusionistischen Effekten unmöglich wäre, so etwas zu simulieren, und daß Jesus seinen Jüngern auf keinen Fall etwas vorgemacht hatte. Es seien einfach zu viele Beweisfaktoren vorhanden. Außerdem wären die Jünger die ersten gewesen, die den Betrug durchschaut hätten, wenn es eine Täuschung gewesen wäre.

Wäre es tatsächlich so gewesen, daß Tausende von Menschen im Laufe der Geschichte für eine Lüge gestorben wären, so hätten sie es doch in der festen Überzeugung getan, für die Wahrheit zu sterben. Wenn die Auferstehung aber eine Täuschung gewesen wäre, so wären sie nicht nur Opfer eines Betrugs gewesen, sondern die Apostel wären in dem festen Bewußtsein in den Tod gegangen, für eine Lüge zu sterben.

„Kein Mensch wäre gewillt zu sterben, wenn er nicht die Wahrheit auf seiner Seite wüßte“, sagte der frühe Kirchenvater Tertullian. Was also war mit diesen Menschen geschehen? Der Schriftsteller Dr. Michael Green aus England sagt dazu: „Der Auferstehungsglaube machte aus völlig verzweifelten Nachfolgern eines gekreuzigten Rabbi mutige Zeugen und Märtyrer der Urgemeinde. Dieser Glaube war es, der die Nachfolger Jesu von den Juden unterschied und sie zur Auferstehungsgemeinde werden ließ. Man konnte sie einsperren, auspeitschen, nichts hätte sie dazu gebracht, ihre Überzeugung aufzugeben, daß er am dritten Tag auferstanden war“ (Michael Green, „Editor's Preface“, in: *I Believe in the Resurrection of Jesus* von George Eldon Ladd, Grand Rapids, MI: William B. Eerdmans Publishing Co. 1975, S. 3).

Kenneth Scott Latourette, viele Jahre hindurch Professor für Geschichte an der Yale Universität, bemerkte in diesem Zusammenhang: „Aus entmutigten, aller Hoffnung beraubten Männern und Frauen, die traurig an die Tage zurückdachten, als sie noch gehofft hatten, Jesus sei der Erlöser Israels, wurde eine Gemeinschaft begeisterter Zeugen“ (Kenneth Scott Latourette, *A History of Christianity,* New York: Harper and Row Publishers 1937, 1:59).

Dr. Simon Greenleaf war ein führender Jurist in den USA, hatte sich als Professor der Rechtswissenschaft an der Harvard Universität einen Namen gemacht und war darauf spezialisiert, Zeugen vor Gericht auf ihre Glaubwürdigkeit zu testen. Er konnte sagen, wann ihre Aussagen nicht der Wahrheit entsprachen. Nachdem er sich mit dem Christentum und der Auferstehung Jesu auseinandergesetzt hatte, wurde er ein überzeugter Christ. In der Folgezeit schrieb er ein Buch, in dem er die Beweise dafür erläutert, daß es sich bei der Auferstehung um ein wohlbegründetes historisches Ereignis handelt (Simon Greenleaf, *An Examination of the Testimony of the Four Evangelists by the Rules of Evidence Administered in the Courts of Justice,* Grand Rapids, MI: Baker Book House, Neuauflage 1965 [erste Veröffentlichung 1874], S. 29).

Greenleaf machte folgende Aussage als Verfechter der Glaubwürdigkeit und Echtheit der Zeugnisse der Apostel: „Die Annalen militärischer Kriegsführung weisen kaum etwas Vergleichbares auf: heldenhaftes Durchhaltevermögen, Geduld und unbeugsamer Mut. Sie hatten allen Grund, die Ursache ihres Geschicks und die Zeugnisse über die herrlichen Tatsachen und Wahrheiten, die sie behaupteten, sorgfältig zu überprüfen“ (ebd.).

Kritiker geben auch zu bedenken, daß es nicht unbedingt für die Richtigkeit einer Sache sprechen muß, wenn Menschen dafür ihr Leben einsetzen.

Ja, viele Menschen haben für große Ideen ihr Leben gelassen. Die Apostel aber starben für jemand, der selbst am Kreuz gestorben war! Gehen wir in die Zeit vor Christus zurück. Versuchen wir herauszufinden, weshalb viele Juden Jesus damals nicht als Messias anerkannten. Die Juden lehrten nämlich, es würden zwei Erlöser kommen, nicht einer. Der eine, der leidende Messias, sterbe für die Sünden Israels, während der andere, der Sohn Davids, als politisch regierender Messias das Volk von den Unterdrückern befreien werde. Jesus widersprach dieser Ansicht. Er sprach nur von einem Erlöser, einem Erlöser allerdings, der zweimal kommen würde. Er sagte von sich selbst: „Ich bin gekommen ..." (Johannes 10,10) und: „... so komme ich wieder ..." (Johannes 14,3).

Noch vor der Zeit Jesu hatte sich unter den Führern des Judentums Selbstgerechtigkeit ausgebreitet. Jesus verglich die religiöse Oberschicht der Juden mit weißgetünchten Totenkammern. Da sich Israel unter römischer Herrschaft befand, überlegten die Führer der Juden, wie sie das Volk am besten in der Treue zur eigenen Nation halten konnten. Wohlweislich lehrte man die Leute deshalb, man brauche keinen leidenden Messias. Wenn der Messias käme, dann als machtvoller Befreier mit politischem Auftrag. Er würde Wagen und Rosse von den Bergen herbringen und jede nur mögliche Waffe benutzen, um das Land von den römischen Unterdrükkern zu befreien. Diese Lehre war weitverbreitet. Die Leute glaubten daran. Deshalb war es für die Apostel so schwer zu verstehen, als Jesus sagte, daß er nach Jerusalem gehen müsse, um zu leiden, am Kreuz zu sterben und begraben zu werden. Das konnten sie nicht fassen. Warum? Weil ihnen von Kindesbeinen an eingeprägt worden war, daß der Messias als politischer Führer kommen würde. Etwas Großes würde geschehen. Sie würden dabei sein und mit ihm herrschen. Das waren ihre Überlegungen.

Professor E.F. Scott weist darauf hin, wenn er sagt: „Für die Mehrheit des Volkes war der Messias noch immer derselbe, der er auch für Jesaja und dessen Zeitgenossen gewesen war: der Sohn Davids, der dem jüdischen Volk zu Wohlstand und Sieg verhelfen würde. Im Lichte dessen, was wir den Evangelien entnehmen können, gibt es wohl kaum einen Zweifel daran, daß die allgemeine Auffassung über den Messias die eines nationalen und politischen Befreiers gewesen ist" (Ernest Findlay Scott, *Kingdom and the Messiah,* Edinburgh: T. and T. Clark 1911, S. 55).

Dr. Joseph Klausner, ein jüdischer Gelehrter, stellte fest, „daß der Messias nicht nur mehr und mehr zu einem überlegenen politischen Führer wurde, sondern auch zu einem Mann mit außergewöhnlichen moralischen Eigenschaften (Joseph Klausner, *The Messianic Idea in Israel,* New York: Mac Millan Publishing Co., Inc., 1955, S. 23).

Dr. Jacob Gardenhus, ebenfalls Jude, erläutert, daß Israel den Messias als Befreier von der römischen Unterdrückung erwartete. Der Tempel für den Opferdienst war unversehrt, und die Römer mischten sich in die religiösen Angelegenheiten der Juden nicht ein. Die messianische Hoffnung bezog sich im Grunde nur auf die Befreiung der Nation. Man erwartete einen Erlöser vom Joch der Unterdrücker.

In der jüdischen Enzyklopädie steht zu lesen: „Die Juden sehnten sich nach dem verheißenen Erlöser aus dem Hause David, der sie vom Joch der verhaßten fremden Eindringlinge befreien und mit der gottlosen Welt und ihrer Herrschaft ein Ende machen würde, um stattdessen sein gerechtes Friedensreich aufzurichten" (*The Jewish Encyclopedia,* New York: Funk and Wagnalls Co. 1906, Bd. 8, S. 508).

Dies war auch die Erwartung der Jünger. Sie dachten an keinen leidenden Messias. Keineswegs! Was sie erwarteten, war ein politisch orientierter, mächtiger Befreier ihrer Nation. Als Jesus gestorben war, ohne ein machtvolles Reich aufgerichtet zu haben, verließ sie der Mut. Ihre große Sache war mit Jesus gestorben. Völlig entmutigt gingen sie in ihre gewohnte Umgebung zurück.

Dann aber geschah etwas, das ihr Leben innerhalb weniger Tage völlig veränderte. Alle, bis auf einen, wurden Märtyrer für die Sache eines Mannes, den sie vergeblich im Grab gesucht hatten, der ihnen nach seinem Tod lebendig erschienen war. Nichts anderes als die Auferstehung hätte diese ängstlichen, entmutigten Männer zu furchtlosen Zeugen machen können, die unerschrocken ihr Leben für die Verbreitung seiner Botschaft einsetzten. Waren sie einmal überzeugt, dann standen sie auch zu ihrer Überzeugung. Zwölf verschiedene Männer – elf von ihnen starben den Märtyrertod, ohne ihren Herrn ein einziges Mal zu verleugnen, ungeachtet der schrecklichen Folterqualen eines solchen gewaltsamen Todes.

Harold Mattingly schreibt in seinem Buch über römische Geschichte: „Die Apostel Petrus und Paulus besiegeln ihr Zeugnis mit ihrem Blut" (Harold Mattingly, *Roman Imperial Civilization,* London: Edward Arnold Publishers, Ltd., 1967, S. 226). Tertullian schreibt: „Kein Mensch wäre bereit zu sterben, wenn er nicht die Wahrheit auf seiner Seite wüßte“ (Gaston Foote, *The Transformation of the Twelve,* Nashville: Abingdon Press 1958, S. 12). Sie gingen in den Tod, um ihre Wahrhaftigkeit zu bestätigen. Ich würde ihnen eher Glauben schenken als so manchem unserer heutigen Zeitgenossen, die kaum bereit sind, einen Finger für ihre Überzeugung zu rühren, geschweige denn, Verfolgung und Tod dafür in Kauf zu nehmen.

Der interne Beweistest zeigt, daß die Dokumente nicht lange nach den beschriebenen Ereignissen verfaßt wurden, zu einer Zeit also, als noch viele Augenzeugen am Leben waren. Für mich ist daraus der unwiderlegbare Schluß zu ziehen, daß die neutestamentliche Beschreibung der Person Christi glaubwürdig und zuverlässig ist. Ich kann darauf bauen und einem solchen Herrn mein Leben weihen.

Der ehemalige Historiker Will Durant, der speziell in historischer Forschung ausgebildet war und sich sein Leben lang mit der Analyse alter Schriftstücke befaßte, schreibt in diesem Zusammenhang:

> „Trotz der Voreingenommenheit und Vorbehalte der Evangelisten muß gesagt werden, daß sie vieles festhielten, was sicherlich verschwiegen worden wäre, wenn es sich bei den Berichten um bloße Phantastereien gehandelt hätte, wie etwa die Konkurrenz der Apostel um den höchsten Platz im Reich des Messias, ihre Flucht nach der Festnahme Jesu, die Verleugnung des Petrus, die Tatsache, daß Jesus in Galiläa keine Wunder wirken konnte, der Hinweis auf die Annahme mancher Juden, Jesus sei von Sinnen, sein Bekenntnis, der Zeitpunkt des Jüngsten Tages sei ihm verborgen, der Hinweis auf die Augenblicke, in denen er zornig wurde, sein verzweifelter Schrei am Kreuz. Niemand, der diese Berichte liest, kann bezweifeln, daß hinter ihnen eine reale Person steht. Daß ein paar einfache Männer in der Lage gewesen sein sollen, innerhalb einer Generation eine so machtvolle und anziehende Persönlichkeit, eine solch hohe Ethik und eine so begeisternde Vision menschlicher Bruderschaft zu erfinden, wäre in der Tat ein größeres Wunder als die in den Evangelien bezeugten Wunder Jesu. Auch nach zwei Jahrhunderten differenzierter Bibelkritik sind das Leben Jesu, sein Wesen und seine Lehre in den Grundzügen unleugbar geblieben und stellen den faszinierendsten Aspekt in der Geschichte des abendländischen Menschen dar“ (Will Durant, „Caesar and Christ“, *The Story of Civilization,* New York: Simon and Schuster 1944, 3:557).

Als Drittes möchte ich den *externen Beweistest* erwähnen. Er geht der Frage nach, ob das interne Zeugnis der jeweiligen Dokumente durch weiteres historisches Material bestätigt wird oder nicht, fragt demnach: Welche Quellen gibt es außer den zu analysierenden Schriften, die deren Genauigkeit, Verläßlichkeit und Echtheit dokumentieren?

Zwei Freunde des Apostels Johannes bestätigen zum Beispiel den Inhalt dessen, was Johannes in seinem Evangelium berichtet. Der Historiker Eusebius hat uns den Bericht eines dieser Freunde – Papias, Bischof von Hierapolis (gestorben nach 130 n.Chr.) – überliefert:

Der Ältere (der Apostel Johannes) pflegte auch zu sagen: „Markus, der Petrus als Dolmetscher zur Seite gestanden hatte, schrieb alles, was er von ihm (Petrus) gehört hatte, genau auf, ob es nun Worte oder Taten Christi waren, nur die Reihenfolge stimmte nicht. Denn er hatte Jesus weder persönlich gehört noch mit ihm gelebt, doch später, wie ich schon erwähnt habe, begleitete er Petrus. Dieser hatte die Lehren Jesu je nach Notwendigkeit in seine Reden einfließen lassen, nicht aber mit der ausdrücklichen Absicht, eine Sammlung von Aussprüchen des Herrn zusammenzustellen. Markus unterlief also kein Irrtum, als er einiges so niederschrieb, wie er es gehört hatte. Bei allem hatte er eines immer vor Augen: nichts auszulassen von dem, was er gehört hatte, und keine falsche Aussage in seine Niederschrift zu übernehmen" (Eusebius, *Kirchengeschichte* III, 39, vgl. S. 53).

Der zweite, Irenäus, seit 177/78 Bischof von Lyon, hat uns die Schriften von Polykarp, Bischof von Smyrna, überliefert. Er war 86 Jahre lang Christ und ein Schüler des Apostels Johannes. Irenäus schreibt:

Die Evangelien stehen auf so festem Grund, daß selbst die Ketzer sie bezeugen müssen. Auf ihnen aufbauend, war jeder von ihnen bemüht, seine eigene spezifische Glaubenslehre zu errichten (Irenäus, *Adversus haereses,* 3:1:1).

Polykarp hielt die Aussagen über Christus in den vier Evangelien für so genau (gesichert), daß selbst die Ketzer die festgehaltenen Ereignisse nicht in Abrede stellen konnten. Anstatt nun die Berichte der vier Evangelisten anzugreifen, was zwecklos gewesen wäre, begannen sie, die Lehren Christi auf ihre Weise zu interpretieren. Sie konnten nicht behaupten: „Jesus hat nicht gesagt daß ..." Folglich sagten sie: „Jesus hat mit diesen Worten gemeint, daß ...", und dann folgte ihre eigene Erklärung. Man tut gut daran, solchen eigenwilligen Interpretationen kein Gehör zu schenken.

Auch die Archäologie bringt oft starke externe Beweise hinzu. Sie trägt zur Bibelkritik bei, indem sie Beweise für die Genauigkeit der berichteten Ereignisse auffindet. Der Archäologe Joseph Free schreibt: „Die Archäologie hat unzählige Schriftabschnitte bestätigt, die von Kritikern als historisch unhaltbar oder im Widerspruch zu den Tatsachen stehend zurückgewiesen worden waren" (Joseph Free, *Archaeology and Bible History,* Wheaton, IL: Scripture Press 1969, S. 1).

In den biblischen Berichten heißt es immer wieder: „Wir sind Zeugen dessen". So erwähnt Lukas in einem Vers fünfzehn Tatsachen, deren Exaktheit nachprüfbar ist. „Aber im fünfzehnten Jahr (1) der Regierung des Kaisers Tiberius (2), als Pontius Pilatus (3) Statthalter (4) von Judäa (5) war und Herodes (6) Vierfürst (7) von Galiäa (8) und sein Bruder Philippus (9) Vierfürst (10) von Ituräa (11) und der Landschaft Trachonitis (12), und Lysanias (13) Vierfürst (14) von Abilene (15) ..." (Lukas 3,1).

Fünfzehn historische Bezüge in einem einzigen Vers! Alle lassen sich nachprüfen.

Lukas wurde einstmals mangelnde Genauigkeit unterstellt, weil er die Herrscher von Philippi als „Prätoren" bezeichnet hatte (Apostelgeschichte 16,20). Nach Meinung der Gelehrten wurde die Stadt aber von „Duovirn" regiert. Lukas behielt auch hier recht. Funde brachten den Erweis, daß der Titel „Prätor" bei der Obrigkeit römischer Kolonien durchaus gebräuchlich war.

Lukas wählte für Gallio den Titel „Prokonsul" (Apostelgeschichte 18,12). Auch diese Bezeichnung hat sich als richtig erwiesen. In der Inschrift von Delphi heißt es: „Da Lucius Junius Gallio, mein Freund und Prokonsul von Achaia ..."

Die Inschrift von Delphi (52 n.Chr.) gibt uns einen festen Anhaltspunkt dafür, wann die eineinhalbjährige Tätigkeit des Apostels Paulus in Korinth stattgefunden hat. Wir wissen aus anderen Quellen, daß Gallio am ersten Juli in sein Amt als Prokonsul eingeführt wurde und daß er dieses Amt nur ein Jahr lang innehatte. Zu seiner Amtszeit war Paulus in Korinth tätig.

Lukas nennt Publius, den einflußreichsten Mann in Malta, den „Ersten der Insel" (Apostelgeschichte 28,7). Auf Inschriften, die bei Ausgrabungen zu Tage befördert wurden, wird er ebenfalls als „erster Mann" bezeichnet.

Noch etwas spricht für die Zuverlässigkeit dessen, was Lukas berichtet. Er verwendet die Bezeichnung „Politarchen" für die obersten zivilen Beamten von Thessalonich (Apostelgeschichte 17,6). Da nirgendwo in der klassischen Literatur von „Politarchen" die Rede ist, wurde Lukas auch hier ein Irrtum unterstellt. Inzwischen hat man aber neunzehn Inschriften gefunden, die diesen Titel bestätigen. Interessanterweise beziehen sich fünf davon auf leitende Personen der Stadt Thessalonich.

Aus Apostelgeschichte 14,1-6 geht hervor, daß Lukas Lystra und Derbe zu Lykaonien zählt, Ikonium dagegen nicht. Diese Zuordnung wurde von Archäologen zunächst in Frage gestellt. Sie gründeten ihre Ansicht auf römische Schriften wie die des Cicero, der Ikonium in der Landschaft Lykaonien ansiedelte. Somit wurde die Apostelgeschichte als unzuverlässig eingestuft. Sir William Ramsay grub jedoch ein Denkmal aus, auf dem Ikonium als phrygische Stadt bezeichnet war. Spätere Funde bestätigten dies.

Lukas spricht unter anderem davon, daß zu Beginn des öffentlichen Wirkens Johannes des Täufers im Jahre 27 n.Chr. „Lysanias Vierfürst (Tetrarch) von Abilene“ war (Lukas 3,1). Der einzige Lysanias, der von antiken Historikern erwähnt wird, war bereits im Jahre 36 v.Chr. ermordet worden. In der Nähe von Damaskus fand man jedoch eine Inschrift, die zwischen 14 und 29 n.Chr. datiert wird. In ihr wird ein „Freigelassener des Tetrarchen Lysanias“ erwähnt.

Es ist nicht verwunderlich, daß E.M. Blaiklock, Professor für Klassische Philologie an der Universität Auckland, den Schluß zieht: „Lukas ist ein perfekter Historiker, der es verdient, mit den bedeutendsten griechischen Schriftstellern auf eine Stufe gestellt zu werden.“

Ein verläßliches Bild

F.F. Bruce von der Universität Manchester erläutert:

> „Da man den Mangel an Genauigkeit, den man Lukas unterstellt hatte, durch bestimmte Inschriften widerlegen konnte, ist es sicher legitim zu sagen, daß die Archäologie die neutestamentlichen Berichte bestätigt hat.“

Weiter sagt Bruce in diesem Zusammenhang:

> „Ein Mann, dessen Gewissenhaftigkeit sich in überprüfbaren Angelegenheiten bewiesen hat, ist mit größter Wahrscheinlichkeit auch in Angelegenheiten verläßlich, bei denen diese Überprüfungsmöglichkeit fehlt. Genauigkeit ist eine Geisteshaltung. Wir alle wissen sicher aus mehr oder minder glücklicher Erfahrung, daß manche Menschen grundsätzlich immer gewissenhaft sind, während auf andere ständig das Gegenteil zutrifft. Die Berichte, die Lukas uns gibt, lassen darauf schließen, daß wir in ihm einen grundsätzlich gewissenhaften Schreiber vor uns haben“ (Josh McDowell, *The Resurrection Factor,* San Bernardino, CA: Here's Life Publishers, Inc., 1981, S. 34f.).

Es gab eine Zeit in meinem Leben, in der ich versucht habe, die geschichtliche Gültigkeit der Schrift anzuzweifeln. Inzwischen bin ich aber zu dem Schluß gekommen, daß sie historisch verläßlich ist. Wenn jemand die Bibel in dieser Hinsicht als unzuverlässig verwirft, muß er gleichzeitig den größten Teil der antiken Literatur verwerfen. Immer wieder erlebe ich, daß Menschen versucht sind, weltliche Literatur nach anderen Kriterien zu beurteilen als die Bibel. Wir müssen aber für jede Art von Literatur den gleichen Bewertungsmaßstab anwenden, ob sie nun religiösen Inhalts ist oder nicht. Nachdem das geschehen ist, können wir mit Recht sagen: „Die Bibel ist in ihrem Zeugnis über Jesus glaubwürdig und historisch zuverlässig."

Jetzt verstehe ich, weshalb der Historiker für Klassische römische Geschichte, Dr. A.N. Sherwin-White, schreibt: „Es gibt für die neutestamentliche Apostelgeschichte überzeugende Beweise ihrer Geschichtlichkeit ... Jeder Versuch, ihre grundsätzliche historische Echtheit – auch in den Einzelheiten – anzuzweifeln, muß heute als ungerechtfertigt gelten. Für die Historiker römischer Geschichte war das schon lange eine erwiesene Tatsache" (A.N. Sherwin-White, *Roman Society and Roman Law in the New Testament,* Oxford: Clarendon Press 1963, S. 189).

Dr. Clark Pinnock, Professor für Exegese an der McMasters Universität in Kanada, erklärte nach sorgfältigen Untersuchungen: „Es existiert kein Dokument der alten Welt, das über eine Anzahl so ausgezeichneter historischer Textzeugnisse verfügt und eine so herausragende Zahl historischer Daten aufzuweisen hat, aufgrund derer man ein vernünftiges Urteil fällen kann. Kein aufrichtiger Mensch kann eine solche geschichtliche Quelle außer acht lassen. Mangelndes Vertrauen in die historischen Grundlagen des christlichen Glaubens ist in irrationalen Vorurteilen begründet" (Clark Pinnock, *Set Forth Your Case,* Nutley, NJ: Craig Press 1968, S. 58).

Abschließend kann gesagt werden, daß uns das Neue Testament ein verläßliches Bild der Person Christi vor Augen führt. Der historische Bericht über ihn läßt sich nicht einfach durch ein gewisses Wunschdenken oder durch historische oder textliche Manipulation außer Kraft setzen.

Wurde das Kommen Mohammeds in der Bibel prophezeit?

Moslems geben vor, das Kommen Mohammeds sei in der Bibel vorausgesagt worden. Um diese These zu erhärten, wird Sure 7,157 angeführt. Dort heißt es:

„Denen, die dem Gesandten, dem heidnischen Propheten, folgen, den sie bei sich in der Thora und im Evangelium verzeichnet finden."

Wenn dies der Wahrheit entspricht, dann müßten wir in den mosaischen und neutestamentlichen Prophetien Hinweise auf Mohammed finden. Die islamische Glaubensgemeinschaft hat sich eifrig bemüht, Bibelstellen zu finden, die diesen Glauben stützen könnten. Der Koran geht davon aus, daß diese Prophetien ohne große Schwierigkeiten in der Thora und in den Evangelien aufzufinden sind. Doch mußten die Moslems zu ihrer Überraschung feststellen, daß die vielen Prophetien auf Jesus und nicht auf Mohammed hindeuten.

Es gibt in der moslemischen Welt unterschiedliche Ansichten darüber, welche Bibelstellen auf Mohammed hindeuten. Die Mehrheit hält 5. Mose 18,18 für die entsprechende Schriftstelle der Thora (jüdische Bezeichnung für die fünf Bücher Mose). Im Neuen Testament soll es sich bei dem verheißenen „Tröster", von dem in Johannes 14-16 die Rede ist, um Mohammed handeln. Patrick Cate sagt hierzu:

Wie es eine Vielzahl moslemischer Ansichten über das „Tahrif" (Verfälschung biblischer Texte) gibt, so existieren auch sehr unterschiedliche Meinungen über die biblischen Voraussagen zum Kommen Mohammeds. Einige finden viele Bibelstellen, andere finden wenige und wieder andere finden keine einzige Stelle, die sie auf Mohammed deuten können. Je weniger sie an eine Verfälschung der Bibel glauben, desto weniger Voraussagen scheinen sie zu finden (Cate, *Dissertation,* S. 78).

Angebliche Hinweise im Alten Testament

„Einen Propheten wie dich will ich ihnen aus der Mitte ihrer Brüder erstehen lassen. Ich will meine Worte in seinen Mund legen, und er wird zu ihnen alles reden, was ich ihm befehlen werde" (5. Mose 18,18).

Moslems halten dies für einen klaren Hinweis auf das Kommen Mohammeds, von Mose vorausgesagt. Folgende Begründungen werden hierfür gegeben:

1. Der Koran wird als Gottes Wort angesehen. Weil Mohammed alle Worte, die ihn erreichten, mündlich weitergegeben hat, hat er die Worte Gottes aus seinem Mund hervorgehen lassen, wie es die genannte Schriftstelle voraussagt.

2. Der verheißene Prophet sollte aus den Brüdern Israels hervorgehen, also aus dem Stamm der Ismaeliten, weil Israel (Jakob) und Ismael beide von Abraham abstammten. Die Stämme, die aus den zwölf Söhnen Ismaels

hervorgingen, sind folglich „Brüder“ der Stämme, die von den zwölf Söhnen Israels abstammten. Da Mohammed als einziger Ismaelit für sich ein Prophetenamt in der Reihe der alttestamentlichen Propheten beanspruchte, kann sich die Voraussage nach moslemischer Sicht nur auf ihn beziehen.

3. Mohammed war angeblich Mose so ähnlich, daß sich die Prophezeihung nur auf ihn beziehen kann.

Wenn man jedoch Schriftstellen in Betracht zieht, darf man sie nicht aus ihrem Zusammenhang reißen. Es heißt hier, der Prophet würde

„aus der Mitte ihrer Brüder“

erstehen. Nach moslemischer Ansicht handelt es sich bei diesen Brüdern um die Ismaeliten. Ismael war Isaaks Halbbruder, den Hagar dem Abraham geboren hatte. Von Ismael stammt das Volk der Araber ab.

Obwohl das Volk Israel von Isaak abstammte, war es Jakob, der den Namen „Israel“ erhielt, nicht Isaak. Israel und Ismael sind folglich keine Brüder, sondern Onkel und Neffe.

Um die Aussage „ihre Brüder“ richtig zu verstehen, muß man den Zusammenhang kennen. In 5. Mose 18,1 f. erfahren wir, auf wen die Bezeichnung „Brüder“ zutrifft:

Die Priester, die Leviten, der ganze Stamm Levi sollen keinen Anteil noch ein Erbe mit Israel haben ... ein Erbteil inmitten seiner Brüder soll er nicht haben (5. Mose 18,1f.).

Hieraus ersehen wir, daß „Brüder“ sich auf die Stämme Israels bezieht (in diesem Fall ohne die Leviten). Wenn von ihren „Brüdern“ die Rede ist, sind immer die Brüder aus dem Hause Jakob gemeint, das heißt die zwölf Stämme Israels, niemals der Bruder Isaaks und dessen Nachkommen. Dies geht auch deutlich aus anderen Schriftstellen hervor, wo das Wort „Brüder“ gebraucht wird, um zwischen einem Stamm Israels und den restlichen elf zu unterscheiden. Hier ein Beispiel:

„Aber die Söhne Benjamin wollten nicht auf die Stimme ihrer Brüder, der Söhne Israel, hören“ (Richter 20,13).

In diesem Fall wird der Ausdruck „ihre Brüder“ dazu benutzt, den Stamm Benjamin von den anderen Stämmen Israels zu unterscheiden (weitere Schriftstellen, die diese Tatsache bestätigen, sind: 2. Samuel 2,26; 2. Könige 23,9; Nehemia 5,1). Einen in diesem Zusammenhang wichtigen Schriftabschnitt finden wir in 5. Mose 17,14f.):

Wenn du in das Land kommst, das der HERR, dein Gott, dir gibt, und es in Besitz genommen hast und darin wohnst und sagst: „Ich will einen König über mich setzen, wie alle Nationen, die rings um mich her sind!", dann sollst du nur den König über dich setzen, den der HERR, dein Gott, erwählen wird. Aus der Mitte deiner Brüder sollst du einen König über dich setzen. Du sollst nicht einen Ausländer über dich setzen, der nicht dein Bruder ist.

Aus den „Brüdern" sollte der zu wählende König stammen. Kein Fremder kam für dieses Amt in Frage. Propheten, Priester oder Könige – alle mußten zum Stamm der Israeliten gehören. Strenge nationale Einheit und Identität sind für das Judentum charakteristisch, ob dies nun in ihren Schriften oder in ihren Traditionen zum Ausdruck kommt. Der Zusammenhang, in dem das Wort „Brüder" gebraucht wird, macht deutlich, daß es sich hierbei nur um die Stämme Israels handeln kann.

In 5. Mose 18,18 heißt es: „Einen Propheten wie dich". Der angekündigte Prophet sollte wie Mose sein. Nach moslemischer Ansicht ist Mohammed Mose wesentlich ähnlicher, als es Jesus ist, in dem die Christen diese Verheißung erfüllt sehen. Hier einige Ähnlichkeiten zwischen Mose und Mohammed:

1. Mose und Mohammed waren Gesetzesgeber sowie militärische und geistliche Führer ihrer Völker.

2. Mose und Mohammed wurden von ihrem eigenen Volk zunächst zurückgewiesen und flohen ins Exil. Beide kehrten jedoch nach einigen Jahren zurück, um die religiösen und weltlichen Führer ihres Volkes zu werden.

3. Mose und Mohammed leisteten die nötige Vorarbeit, damit Palästina unmittelbar nach ihrem Tod von ihren Nachfolgern, Josua bzw. Omar, erfolgreich erobert werden konnte.

Gleichzeitig lassen die islamischen Propagandazentren verlauten, Mose und Jesus seien so verschieden voneinander, daß mit diesem Propheten unmöglich Jesus gemeint sein könne. Folgende Unterschiede werden aufgezählt:

1. Mose war nur ein Prophet, Jesus dagegen ist der Sohn Gottes.

2. Mose starb eines natürlichen Todes, aber Jesus wurde am Kreuz hingerichtet.

3. Mose war der nationale Führer Israels, was Jesus zu keiner Zeit seines irdischen Dienstes gewesen ist.

Wir fragen uns, ob diese Ähnlichkeiten und Unterschiede in irgendeiner Weise als Beleg dafür gelten können, daß Mohammed und Mose in ihrem Prophetenamt gleichzusetzen sind. In Wirklichkeit verhilft uns diese Argumentation nicht dazu, die Identität des Propheten zu bestimmen. Außerdem ist keiner der erwähnten Unterschiede zwischen Mose und Jesus von grundsätzlicher Bedeutung. Die Bibel bezeichnet Jesus sowohl als Propheten als auch als Sohn Gottes (vgl. Matthäus 13,57; 21,11; Johannes 4,44; 1. Johannes 5,20). Der gewaltsame Tod Jesu ist für die zu untersuchende Frage unerheblich. Viele Propheten wurden von den Juden wegen ihrer Aussagen getötet (vgl. Matthäus 23,31; Sure 2,91). Im übrigen lehrt uns die Bibel, daß der gesamten christlichen Gemeinde, die für dieses Zeitalter an die Stelle des Volkes Israel getreten ist, die besondere Gunst Gottes gilt. Wie Mose das Volk Israel zu Lebzeiten führte, so leitet Jesus das Volk Gottes von seinem Thron im Himmel aus. In dieser Beziehung ist Jesus tatsächlich wie Mose.

Wenn wir in dieser Richtung weiterdenken, lassen sich viele Ähnlichkeiten zwischen Mose und Jesus erkennen, zu denen Mohammed im Gegensatz steht. Hier sind einige davon:

1. Mose und Jesus gehörten zum Volk Israel – Mohammed war ein Ismaelit (wie wir gesehen haben, ist diese Tatsache von grundlegender Bedeutung, um Mohammed richtig einzuordnen).

2. Mose und Jesus verließen Ägypten, um die Werke Gottes zu tun – Mohammed war niemals in Ägypten. Über Mose lesen wir: „Durch den Glauben verließ er Ägypten“ (Hebräer 11,27). Von Jesus heißt es: „Aus Ägypten habe ich meinen Sohn gerufen“ (Matthäus 2,15).

3. Mose und Jesus gaben Ehre und Macht auf, um die Armut ihres Volkes mitzutragen – Mohammed war von anderer Art. Über Mose lesen wir: „(Er) zog es vor, lieber mit dem Volk Gottes Ungemach zu leiden ..., indem er die Schmach des Christus für größeren Reichtum hielt als die Schätze Ägyptens“ (Hebräer 11,25f.). Von Jesus heißt es: „Denn ihr kennt die Gnade unseres Herrn Jesus Christus, daß er, da er reich war, um euretwillen arm wurde, damit ihr durch seine Armut reich werdet“ (2. Korinther 8,9).

Es bestehen also Ähnlichkeiten zwischen Mose und Jesus, die auf Mohammed nicht zutreffen. Dies beweist, auf welch schwachen Füßen der Vergleich zwischen Mose und Mohammed steht. Wie können wir nun herausfinden, welcher Prophet Mose gleicht?

Da es im Laufe der Zeiten zahlreiche Propheten gegeben hat, muß man annehmen, daß es sich hier um einen Propheten handelt, der Mose in einzigartiger Weise ähnlich war. Die außergewöhnlichen und unvergleichlichen Merkmale seines Prophetenamtes müßten denen des Mose gleich sein. Wir würden erwarten, daß Gott uns in seiner Prophetie irgendeinen Hinweis auf die besonderen Merkmale dieses Propheten gibt, der sein würde wie Mose. Tatsächlich müssen wir nur den Zusammenhang beachten, in dem die Prophezeiung zu finden ist. Dort stoßen wir auf einen Vers, der uns eine genaue Beschreibung des zu erwartenden Propheten gibt. Es heißt dort:

„Einen Propheten wie mich wird dir der HERR, dein Gott, aus deiner Mitte, aus deinen Brüdern, erstehen lassen. Auf ihn sollt ihr hören nach allem, was du vom HERRN, deinem Gott, am Horeb erbeten hast am Tag der Versammlung, indem du sagtest: Ich möchte die Stimme des HERRN, meines Gottes, nicht länger hören, und dieses große Feuer möchte ich nicht mehr sehen, damit ich nicht sterbe" (5. Mose 18,15f.).

In 5. Mose 34,10 f. lesen wir, daß zu Moses Sendung Zeichen und Wunder gehörten. Die herausragenden Merkmale, die Mose als Propheten kennzeichnen, werden deutlich erwähnt: er kannte den Herrn von Angesicht zu Angesicht und vollbrachte große Zeichen und Wunder. Auf einen Propheten wie Mose muß das ebenfalls zutreffen. Besaß Mohammed diese außergewöhnlichen Eigenschaften, an denen man den verheißenen Propheten erkennen sollte?

Erstens: Gott sprach unmittelbar zu Mose. Mose war somit ein direkter Mittler zwischen Gott und dem Volk Israel. Die Botschaften des Korans sind Mohammed angeblich vom Engel Gabriel überbracht worden. Wie die Moslems selbst zugeben, hatte Mohammed niemals einen direkten Zugang zu Gott.

Zweitens: Mohammed vollbrachte keine Zeichen und Wunder. Die Überlieferung berichtet zwar von einigen phantastischen Wundern, doch diese sind mythischen Ursprungs. Der Koran sagt ausdrücklich, daß Mohammed keine übernatürlichen Taten vollbrachte. In Sure 6,37 fragen Mohammeds Gegner: „Warum ist denn auf ihn (zur Bestätigung seiner Sendung) kein Zeichen von seinem Herrn herabgesandt worden?" Mohammed soll darauf lediglich geantwortet haben, Gott hätte leicht ein solches Zeichen bewirken können, wenn er es gewollt hätte, doch habe er es nicht getan. In derselben Sure sagt Mohammed: „Ich habe nicht, worüber ihr ungeduldig seid", was sich auf Zeichen und Wunder bezieht. Im weiteren ist davon die Rede, daß der Streit zwischen ihm und ihnen längst beigelegt worden wäre, wenn er diese Zeichen hätte vorweisen können. Mohammeds Gegner antworten darauf, sie würden glauben, wenn Gott Zeichen schicke. Mohammed entgegnete nur, Gott habe diese zurückgehalten, weil sie ohnehin nicht glauben würden.

Wir stellen also fest, daß Mohammed kein direkter Mittler zwischen Gott und Mensch gewesen ist und zur Bestätigung seines Dienstes keine Zeichen und Wunder vollbracht hat. Nach den Worten aus 5. Mose 34,11 müßte ein Prophet wie Mose aber wie dieser Zeichen und Wunder tun. Da dies nicht der Fall ist, stellt sich ein zweiter folgenschwerer Einwand der Behauptung entgegen, Mohammed sei der verheißene Prophet aus 5. Mose 18,18.

Üblicherweise wurde Jesus Christus als der Prophet anerkannt, der in 5. Mose 18,15-18 vorausgesagt wird. Es gibt viele biblische und historische Zeugnisse, die diesen Glauben stützen. Wichtig ist in diesem Zusammenhang, daß die Juden in Christus sehr wohl die Erfüllung der erwähnten Prophetie sahen. Ihr Fehler war es, in diesem Propheten nicht auch den Messias zu erkennen.

Widerspruch entzündet sich auch an der Tatsache, daß Jesus einen gewaltsamen Tod erlitt, während es in 5. Mose 18,20 nur von den falschen Propheten heißt, daß sie sterben werden. Nun, jeder Prophet mußte einmal sterben (Ausnahme: Elia, s. 2. Könige 2,11), und viele von ihnen starben den Märtyrertod, wie Koran und Bibel gemeinsam bezeugen. Ihr leiblicher Tod war kein Beweis dafür, daß sie nicht im Auftrag Gottes gehandelt und geredet hatten. Gott hat selbstverständlich nicht gemeint, daß ein wahrer Prophet niemals sterben würde! Vielmehr wollte er zum Ausdruck bringen, daß falsche Propheten auf ewig verlorengehen – und daß mit ihnen ihre falschen Voraussagen zunichte werden. Erst der Tag des Gerichts wird offenbaren, wer zu diesen falschen Propheten gehört.

Letztlich befassen wir uns mit dem Versprechen Gottes, sich einen Propheten wie Mose zu erwecken, einen Propheten, der einen neuen Bund vermitteln würde. Dieser Bund sollte zur Bestätigung seines göttlichen Ursprungs von Zeichen begleitet sein. Die Bibel bestätigt klar, daß es sich bei diesem Propheten um Jesus Christus handelt. Der Apostel Petrus erwähnt ausdrücklich, daß das Kommen Jesu von allen Propheten vorausgesagt wurde (Apostelgeschichte 3,18). Zum Beweis, daß auch Mose in die Reihe dieser Propheten gehört, bezieht er sich ausdrücklich auf die Worte in 5. Mose 18,18 (Apostelgeschichte 3,22). Jesus selbst nahm für sich in Anspruch: „Mose hat von mir geschrieben" (Johannes 5,46). An keiner anderen Stelle in den fünf Büchern Mose findet sich ein so deutlicher Hinweis auf das Kommen Jesu wie in den Worten aus 5. Mose 18,18. Petrus stellte diese Aussage als die Prophezeihung heraus, die in den Schriften des Mose das Kommen Jesu Christi am stärksten kennzeichnet.

In Apostelgeschichte 7,37 wird berichtet, daß auch Stephanus sich auf die Worte aus 5. Mose 18,18 beruft. Er beweist damit, daß Mose in die Reihe derer gehört, „die die Ankunft des Gerechten zuvor verkündigten" (Apostelgeschichte 7,53), nämlich die Ankunft Jesu, den die Juden damals gerade erst verraten und getötet hatten.

Die ersten Christen hatten das Wirken Jesu miterlebt und waren in den neuen Bund hineingerufen worden, den Jesus als Mittler zwischen Gott und seinem Volk gestiftet hatte. Für sie bestand kein Zweifel daran, daß Jesus der Prophet war, dessen Kommen in 5. Mose 18,18 vorausgesagt worden war. Sie wußten auch: dem Propheten Jeremia war offenbart worden, daß jener Prophet, der Mose gleich sein würde, einen neuen Bund zwischen Gott und seinem Volk vermitteln würde.

Siehe, Tage kommen, spricht der HERR, da schließe ich mit dem Haus Israel und mit dem Haus Juda einen neuen Bund: nicht wie der Bund, den ich mit ihren Vätern geschlossen habe an dem Tag, als ich sie bei der Hand faßte, um sie aus dem Land Ägypten herauszuführen, – diesen meinen Bund haben sie gebrochen, obwohl ich doch ihr Herr war, spricht der HERR. Sondern das ist der Bund, den ich mit dem Haus Israel nach jenen Tagen schließen werde, spricht der HERR: Ich werde mein Gesetz in ihr Inneres legen und werde es auf ihr Herz schreiben. Und ich werde ihr Gott sein, und sie werden mein Volk sein. Dann wird nicht mehr einer seinen Nächsten oder einer seinen Bruder lehren und sagen: Erkennt den HERRN! Denn sie alle werden mich erkennen von ihrem Kleinsten bis zu ihrem Größten, spricht der HERR. Denn ich werde ihre Schuld vergeben und an ihre Sünde nicht mehr denken (Jeremia 31,31-34).

Der Bund sollte anderer Art sein als der Bund des Mose, aber der Prophet, durch den er vermittelt würde, sollte Mose gleich sein. „Und darum ist er Mittler eines neuen Bundes" (Hebräer 9,15). Wir lesen, wie der alte Bund besiegelt wurde:

Darauf nahm Mose das Blut, besprengte damit das Volk und sagte: Siehe, das Blut des Bundes, den der HERR auf all diese Worte mit euch geschlossen hat (2. Mose 24,8).

Anders als die Israeliten im alten Bund, die vom Herrn abfielen, wurde das Volk Gottes durch diesen neuen Bund „zu der Gemeinde der Erstgeborenen [gebracht], die in den Himmeln angeschrieben sind; und zu Gott, dem Richter aller, und zu den Geistern der vollendeten Gerechten; und zu Jesus, dem Mittler des neuen Bundes; und zum Blut der Besprengung, das besser redet als das Blut Abels“ (Hebräer 12,23f.).
Als Mose mit Gott von Angesicht zu Angesicht gesprochen hatte, „da wußte Mose nicht, daß die Haut seines Gesichtes strahlend geworden war, als er mit ihm geredet hatte“ (2. Mose 34,29). Das Angesicht Jesu Christi „leuchtete wie die Sonne“, als es die Herrlichkeit des unsichtbaren Gottes widerspiegelte (Matthäus 17,2). Kein anderer Prophet konnte eine derartige Auszeichnung für sich beanspruchen – niemand sonst kannte Gott auf diese Weise von Angesicht zu Angesicht, so daß sein Angesicht leuchtete, während er mit Gott sprach.

Es kann deshalb kein Zweifel daran bestehen, daß der in 5. Mose 18,18 verheißene Prophet nicht Mohammed, sondern Jesus Christus ist.

Wir werden im folgenden anhand der neutestamentlichen Schriften sehen, daß sich in Jesus alle Prophetie erfüllte, die Gott jemals in seinen Schriften gegeben hat. Denn alle Verheißungen, Offenbarungen und Segnungen Gottes weisen hin auf ihn, den Urgrund aller Liebe und Gnade, die Gott den Menschen erwiesen hat.

Wir werden noch klarer erkennen, daß es in der Thora und im Evangelium nur einen einzigen Retter gibt, einen einzigen Mann, durch den das Wohlwollen Gottes erlangt werden kann. Zwar hat es im Laufe der Zeiten viele Propheten – sowohl falsche als auch echte – gegeben, doch gibt es für uns nur einen einzigen Herrn und Heiland – Jesus Christus. Auch hier werden wir sehen, wieviel Gott daran liegt, allen Menschen diese Wahrheit nahezubringen, damit sie an Jesus Christus glauben und ihm in sein himmlisches Königreich folgen.

Angebliche Hinweise im Neuen Testament

Die neutestamentlichen Aussagen, die von Moslems am häufigsten auf Mohammed gedeutet werden, finden sich dort, wo in den Abschiedsreden Jesu im Johannes-Evangelium vom „Tröster“ die Rede ist. In manchen Übersetzungen heißt es in diesem Zusammenhang „Zusprecher“ oder „Beistand“. Der Ausdruck „Tröster“ ist den Moslems jedoch vertrauter und deshalb hilfreich, um mit ihnen ins Gespräch zu kommen. Es handelt sich um folgende Verse:

„Und ich will den Vater bitten, und er wird euch einen andern *Tröster* geben, daß er bei euch sei in Ewigkeit: den *Geist der Wahrheit,* welchen die Welt nicht empfangen kann, denn sie sieht ihn nicht und kennt ihn nicht. Ihr kennt ihn; denn er bleibt bei euch und wird in euch sein" (Johannes 14,16f.*)
„Aber der *Tröster,* der *heilige Geist,* den mein Vater senden wird in meinem Namen, der wird euch alles lehren und euch an alles erinnern, was ich euch gesagt habe" (Johannes 14,26).
„Wenn aber der *Tröster* kommen wird, den ich euch senden werde vom Vater, der *Geist der Wahrheit,* der vom Vater ausgeht, der wird Zeugnis geben von mir" (Johannes 15,26).
„Aber ich sage euch die Wahrheit: Es ist gut für euch, daß ich weggehe. Denn wenn ich nicht weggehe, kommt der *Tröster* nicht zu euch. Wenn ich aber gehe, will ich ihn zu euch senden" (Johannes 16,7).

Moslems behaupten gewöhnlich, statt des griechischen Ausdrucks *parakletos* (was soviel wie „Tröster", „Beistand", „Fürsprecher" bedeutet, jemand, der den Menschen wieder mit Gott vereint) habe hier ursprünglich ein anderes Wort gestanden, mit dem Jesus namentlich auf Mohammed hingewiesen habe, nämlich *periklutos.* Dies sei die ins Griechische übersetzte Bedeutung des Namens Mohammed, nämlich „der Gepriesene".

Für diese Behauptung gibt es keinerlei Beweis. Wir besitzen Tausende von neutestamentlichen Manuskripten, die lange vor der Gründung des Islam geschrieben wurden. In ihnen kommt das Wort *periklutos* nirgendwo vor. Selbst beim flüchtigen Lesen der Texte wird deutlich, daß in diesem Zusammenhang nur *parakletos* den richtigen Sinn ergibt.

Viele Moslems geben zu, daß „Tröster" das korrekte Wort ist, deuten diese Bezeichnung aber auf Mohammed. Er sei es, von dem Jesus hier spreche. Die christliche Gemeinde jedoch sieht im „Tröster" den Heiligen Geist, der zu Pfingsten ausgegossen wurde, um in den Gläubigen zu wohnen.

Im Licht der klaren Hinweise im Johannes-Evangelium, daß es sich bei dem Tröster um den Heiligen Geist handelt (Johannes 14,16f.26; 15,26; 16,13), fällt jede andere Deutung schwer. Eine sorgfältige Untersuchung der biblischen Aussagen wird uns helfen, als Tröster den Heiligen Geist zu erkennen.

---

* Alle Schriftstellen dieses Kapitels sind nach der Lutherbibel, Deutsche Bibelgesellschaft, Stuttgart 1984, zitiert.

Aus den vier angegebenen Stellen ist zu ersehen, daß „Tröster", „heiliger Geist" und „Geist der Wahrheit" austauschbare Begriffe sind, die Jesus zur Bezeichnung derselben Person verwendet. Dabei zeigt es sich, daß der Tröster ein *Geist* ist, also kein Wesen aus Fleisch und Blut. Einige moslemische Kritiker behaupten, es müsse sich bei dem Tröster um einen Mann handeln, weil Jesus immer den maskulinen Genus verwendet, wenn er darauf Bezug nimmt. Aber sowohl in der Bibel als auch im Koran wird von Gott immer in der maskulinen Form gesprochen, und doch ist Gott Geist (Johannes 4,24). In gleicher Weise spricht Jesus immer vom Tröster als *Geist* und nicht als Wesen aus Fleisch und Blut.

Wenn wir Johannes 14,16f. einer genauen Exegese unterziehen, entdekken wir acht Gründe, weshalb Mohammed nicht der Tröster sein kann:

1. „... er wird *euch* einen andern Tröster geben."

Jesus verheißt seinen Jüngern, Gott würde *ihnen* den Tröster senden. Petrus, Johannes und alle übrigen Jünger würden den Geist der Wahrheit empfangen – nicht aber die Bewohner von Mekka, Medina oder Arabien.

2. „... er wird euch einen *andern* Tröster geben."

Würde es stimmen, daß das ursprüngliche Wort *periklutos* lautete und von den Christen in *parakletos* umgeändert worden wäre, dann müßte dieser Vers lauten: „Er wird euch einen andern Gepriesenen senden". Diese Aussage fügt sich nicht in den Zusammenhang ein und wird auch an keiner Stelle der Bibel bestätigt. Jesus wird niemals *periklutos* genannt (das Wort selbst kommt in der Bibel nicht vor). Es ist höchst unwahrscheinlich, daß er gesagt hat: „Ich will euch einen andern Gepriesenen senden", wenn er sich selbst niemals so bezeichnet hat.

Aus Johannes 16,12f. geht hervor, daß *parakletos* das richtige Wort ist. Es heißt an dieser Stelle: „Ich habe euch noch viel zu sagen; aber ihr könnt es jetzt nicht ertragen. Wenn aber jener, der Geist der Wahrheit, kommen wird, wird er euch in alle Wahrheit leiten." Jesus will damit sagen: „Bis jetzt bin ich euer Tröster, euer *parakletos* gewesen, und ich habe euch noch viel zu sagen. Aber ich sende euch den Geist der Wahrheit, einen anderen Tröster, einen anderen *parakletos*".

In 1. Johannes 2,1 lesen wir, daß Christen bei Gott, dem Vater, einen „Fürsprecher" haben, „Jesus Christus, der gerecht ist". Im griechischen Text steht hier für „Fürsprecher" das Wort *parakletos.* Jesus ist also unser *parakletos,* unser Fürsprecher.

3. „... daß er bei euch sei *in Ewigkeit*."

Mohammed blieb nicht für immer bei seinem Volk. Er starb im Jahre 632 n.Chr. Sein Grab, in das sein Körper vor mehr als 1300 Jahren gelegt wurde, befindet sich in Medina. Jesus sagte dagegen von dem Tröster, er werde seine Jünger nie verlassen, sondern ewig bei ihnen bleiben.

4. „... den Geist der Wahrheit, den die Welt *nicht* empfangen kann."

Nach dem Koran gilt Mohammeds Botschaft ohne Ausnahme allen Menschen (Sure 34,28). Wenn dem so ist, kann Mohammed nicht der verheißene Tröster sein. Jesus nämlich sagt vom Tröster, dem Geist der Wahrheit, daß die Welt als Ganzes ihn nicht empfangen kann.

5. „Ihr *kennt* ihn."

Aus dieser Aussage geht klar hervor, daß die Jünger den Geist der Wahrheit kannten. Da Mohammed aber mehr als 500 Jahre nach ihnen geboren wurde, kann er hier unmöglich gemeint sein. Die weiteren Ausführungen werden uns verdeutlichen, in welcher Weise den Jüngern der Geist der Wahrheit bekannt war. An dieser Stelle können wir recht deutlich sehen, daß es sich bei dem Tröster um einen Geist handelt, der sich bereits in der Gegenwart der Jünger befand.

6. „... er bleibt *bei* euch."

In welcher Weise blieb der Tröster bei ihnen? Aus verschiedenen Versen, besonders aus Johannes 1,32, geht hervor, daß Jesus den Geist in sich trug, folglich war er auch bei den Jüngern.

7. „... und wird *in* euch sein."

Spätestens an dieser Stelle gerät die moslemische Anschauung, mit dem Tröster sei Mohammed gemeint, mächtig ins Wanken. So, wie der Geist *in* Jesus war, würde er auch *in* seinen Jüngern sein. Im griechischen Urtext steht an dieser Stelle *en,* was „inwendig in" bedeutet. Wörtlich übersetzt sagt Jesus also: „Er wird inwendig in euch sein."

8. Der letzte Hinweis bekräftigt Punkt 1. Ist Ihnen aufgefallen, wie oft Jesus seine *eigenen* Jünger meint, wenn er davon spricht, auf wen der Tröster einwirken wird? *„Ihr* kennt ihn ... er bleibt bei *euch* und wird in *euch* sein." Kann noch ein Zweifel daran bestehen, daß die Jünger den Tröster kurz nach dem Fortgang Jesu erwarten sollten? Der Text läßt keine andere Deutung zu.

Lesen wir, wie Jesus diesen Geist empfing: „Und der heilige Geist fuhr hernieder in leiblicher Gestalt auf ihn wie eine Taube" (Lukas 3,22). Es wird uns berichtet, daß der Tröster, der Heilige Geist, kurz nach der Himmelfahrt (wie Jesus es vorausgesagt hatte) in ähnlicher Weise zu den Jüngern kam: „Und es erschienen ihnen Zungen zerteilt, wie von Feuer, und er setzte sich auf einen jeden von ihnen, und sie wurden alle erfüllt von dem heiligen Geist“ (Apostelgeschichte 2,3f.). Dieser Heilige Geist war in Jesus während seines Erdenlebens gegenwärtig und somit *bei* den Jüngern. Seit Pfingsten jedoch war er *in* den Jüngern.

Innerhalb der kurzen Frist von zehn Tagen nach der Himmelfahrt Jesu empfingen die Jünger den verheißenen Tröster. Jesus hatte ihnen geboten, so lange in Jerusalem zu warten, bis der Tröster, der Heilige Geist, kommen würde (Apostelgeschichte 1,4-8). Das geschah, als sie alle in der Stadt beieinander waren und beteten (Apostelgeschichte 2,1-4). Kann an dieser Stelle wohl jemand auf Mohammed gewartet haben? Ganz und gar nicht.

Gehen wir nun zu Johannes 16,7 zurück: „Aber ich sage euch die Wahrheit: Es ist gut für euch, daß ich weggehe. Denn wenn ich nicht weggehe, kommt der Tröster nicht zu euch. Wenn ich aber gehe, will ich ihn zu euch senden.“ Die volle Bedeutung dieses Verses wird durch die Aussage Jesu in Johannes 16,12 erkennbar: „Ich habe euch noch viel zu sagen; aber ihr könnt es jetzt nicht ertragen.“ Jesus hatte den Jüngern gesagt, es sei gut für sie, wenn er wegginge. Für die Jünger war das alles schwer zu verkraften. Es waren ja gewöhnliche Menschen, die noch nicht befähigt waren, die Worte Jesu zu verstehen oder in die Tat umzusetzen. Der Geist der Wahrheit war zu dieser Zeit nur in Jesus, nicht aber in seinen Jüngern. Noch konnten sie seinen geistlichen Lehren nicht folgen. Nach der Himmelfahrt Jesu empfingen sie den Geist Gottes und konnten von nun an seine Lehren verstehen und weitergeben, denn der Geist der Wahrheit war nun auch in ihnen. Deswegen sagte Jesus: „Es ist gut für euch, daß ich weggehe.“ Lesen wir, wie Paulus das Geheimnis des Geistes erklärt:

> „Was kein Auge gesehen hat und kein Ohr gehört hat und in keines Menschen Herz gekommen ist, was Gott bereitet hat denen, die ihn lieben.“ Uns aber hat es Gott offenbart durch seinen Geist; denn der Geist erforscht alle Dinge, auch die Tiefen der Gottheit. Denn welcher Mensch weiß, was im Menschen ist, als allein der Geist des Menschen, der in ihm ist? So weiß auch niemand, was in Gott ist, als allein der Geist Gottes. Wir aber haben nicht empfangen den Geist der Welt, sondern den Geist aus Gott, daß wir wissen können, was uns von Gott geschenkt ist (1. Korinther 2,9-12).

Paulus macht deutlich, daß der Geist bereits ausgegossen worden ist. Wäre er nicht ausgegossen, wäre der Fortgang Jesu für die Jünger kein Gewinn gewesen.

Es ist deshalb offensichtlich, daß Mohammed nicht der von Jesus verheißene Geist der Wahrheit, der Tröster, sein kann. Wer ist es dann? Er ist wahrhaftig der Geist des lebendigen Gottes, wie einige der zitierten Bibelverse verdeutlichen. Als der Tröster zu den Jüngern kann, war sein Kommen von einem mächtigen Brausen begleitet, als habe sich ein gewaltiger Wind erhoben. Als die Juden das hörten, kamen sie schnell, um zu sehen, was vorging. Der Apostel Petrus erklärte dann der versammelten Menge:

„... das ist's, was durch den Propheten Joel gesagt worden ist: Und es soll geschehen in den letzten Tagen, spricht Gott, ich will ausgießen von *meinem Geist* auf alles Fleisch" (Apostelgeschichte 2,16f.).

Der Tröster, der Geist Gottes, war, wie Jesus es versprochen hatte, auf die Jünger gekommen. Von nun an sollte er jedem gläubigen Christen gegeben werden, überall in der Welt. Beachten Sie, wie bewußt Petrus hier das Kommen des Geistes, des Trösters, sogleich mit der Himmelfahrt Christi in Verbindung bringt:

„Diesen Jesus hat Gott auferweckt; dessen sind wir alle Zeugen. Da er nun durch die rechte Hand Gottes *erhöht* ist und empfangen hat den verheißenen *heiligen Geist* vom Vater, hat er diesen ausgegossen, wie ihr hier seht und hört" (Apostelgeschichte 2,32f.).

Ohne Zweifel war das Kommen des Trösters an die Person des auferstandenen, erhöhten und verherrlichten Christus gebunden. Der Tröster wird auch der „Geist Christi" genannt (Römer 8,9). Weshalb dies so ist, verdeutlichen die folgenden Aussagen Jesu:

1. „Er wird *mich verherrlichen*" (Johannes 16,14).
2. „... der wird Zeugnis geben von *mir*" (Johannes 15,26).
3. „Und wenn er kommt, wird er der Welt die Augen auftun über die Sünde...: daß sie nicht an *mich* glauben" (Johannes 16,8f.).
4. „Er wird *mich* verherrlichen; denn von dem *Meinen* wird er's nehmen und euch verkündigen" (Johannes 16,14).
5. „... der wird euch alles lehren und euch an alles erinnern, was *ich* euch gesagt habe" (Johannes 14,26).

Es ist offensichtlich das Bestreben des Trösters, Menschen zu Jesus zu ziehen, damit sie ihn als Retter und Herrn erkennen. Der Tröster wurde ausgesandt, damit Menschen die Herrlichkeit Jesu erkennen und damit diese Herrlichkeit dann auch in ihnen sichtbar wird. Dies zeigt sich eindrucksvoll an dem, was Johannes berichtet:

„Dies verstanden seine Jünger zuerst nicht, jedoch als Jesus verherrlicht war, da dachten sie daran, daß dies von ihm geschrieben war und man so mit ihm getan hatte" (Johannes 12,16).

Ohne den Geist konnten die Jünger Jesu nicht verstehen, was er tat. Doch als sie den Heiligen Geist empfangen hatten, nachdem Jesus verherrlicht war, erinnerten sie sich daran, wie Jesus es gesagt hatte. Johannes macht das noch an anderer Stelle deutlich:

Aber am letzten Tag des Festes, der der höchste war, trat Jesus auf und rief: Wen da dürstet, der komme zu mir und trinke! Wer an mich glaubt, wie die Schrift sagt, von dessen Leibe werden Ströme lebendigen Wassers fließen. Das sagte er aber von dem Geist, den die empfangen sollten, die an ihn glaubten; denn der Geist war noch nicht da; denn Jesus war noch nicht verherrlicht (Johannes 7,37-39).

Sobald Jesus verherrlicht war, wurde der Heilige Geist ausgegossen, um den Menschen auf Erden an der himmlischen Herrlichkeit Jesu Anteil zu geben. Petrus sagt (Apostelgeschichte 2,33), daß Gott, nachdem Jesus zur Rechten Gottes *erhoben* worden ist, den Heiligen Geist bereitwillig gibt, so, wie er es allen wahren Gläubigen verheißen hat.

Weiter sagt Petrus: „Der Gott unserer Väter hat seinen Knecht Jesus verherrlicht" (Apostelgeschichte 3,13). Wir können diese Herrlichkeit Jesu weder sehen noch begreifen, solange wir hier auf Erden sind (Jesus selbst hat gesagt: „Ich nehme nicht Ehre von Menschen" [Johannes 5,41]). Doch er hat uns den Geist gesandt, damit wir seine Herrlichkeit mit den Augen des Glaubens wahrnehmen können. Jesus sagte zu seinen Jüngern über den Heiligen Geist:

„Er wird mich verherrlichen, denn von dem Meinen wird er's nehmen und euch verkündigen. Alles, was der Vater hat, das ist mein. Darum habe ich gesagt: Er wird's von dem Meinen nehmen und euch verkündigen" (Johannes 16,14f.).

Jesus sprach vom „Tröster", als er seinen Jüngern das Kommen des Heiligen Geistes ankündigte, denn dieser Geist sollte alle wahrhaftigen Nachfolger Jesu trösten und erneuern. Dies zählt zu den wichtigsten und eindringlichsten Lehren, die Jesus über den Tröster gab. Der Tröster wurde in die Welt gesandt – gleich nachdem Jesus in den Himmel aufgefahren war –, damit Menschen zu ihm gezogen würden, damit die, die vom Wirken des Trösters erreicht worden waren, Nachfolger Jesu würden.

Nicht auf Mohammeds Kommen weist die Bibel hin, sondern jede Prophetie, jedes Werkzeug Gottes, jeder wahre Prophet und Geist schaut auf zu dem Abglanz der Herrlichkeit des Vaters, zu dem, der auf dem Thron sitzt, dem Herrn Jesus Christus.

Jesus Christus ist zum Himmel aufgefahren – Gott der Vater nahm ihn zu sich. Allein Jesus Christus ist der Erretter der Welt. Nur ihm ist es gegeben, in die heilige Gegenwart des Vaters zu treten und dort zu seiner eigenen herrlichen Majestät zu stehen. Ebenso ist nur er allein bevollmächtigt, die sündige Menschheit wieder mit Gott zu versöhnen. Eines Tages werden alle ihn sehen, wenn er in Herrlichkeit erscheint, um die Seinen zu sich zu rufen – alle, die in der Vergangenheit sehnsüchtig auf sein Kommen gewartet haben und alle, die ihn heute vom Himmel zurückerwarten. Sie werden bei Jesus in der Herrlichkeit sein, die ihm Gott der Vater vor Grundlegung der Welt verliehen hat.

Mose freute sich, als er von dem verheißenen Propheten, von Jesus Christus, sprach. Und auch der Tröster, der Heilige Geist, offenbart seine Kraft mit Freuden in allen, die ihn aufnehmen. Die Engel und vollendeten Heiligen sehen dem großen Tag entgegen, an dem sich jedes Knie beugen und jede Zunge bekennen wird, daß Jesus Christus der Herr ist – zur ewigen Ehre Gottes, des Vaters.

Das Barnabas-Evangelium

Moslems halten den christlichen Bericht über das Leben Jesu in den Evangelien nicht für authentisch, sondern meinen, die Wahrheit sei im sogenannten Barnabas-Evangelium zu finden. Dieses Evangelium, angeblich im ersten nachchristlichen Jahrhundert vom Apostel Barnabas geschrieben, enthält Prophezeihungen über das Kommen Mohammeds, einen Angriff gegen Paulus und seinen Dienst sowie Lehren, die sich gegen die Göttlichkeit Jesu, seine Einzigartigkeit und seinen messianischen Auftrag wenden. Deutlich zeichnet sich der Einfluß dieses Werkes auf die Geschichte des Korantextes ab. Auch die moslemische Behauptung, das Kommen Mohammeds als Prophet sei vorausgesagt, hat hier seinen maßgeblichen Ursprung.

Der Islam ist überzeugt, daß die Christenheit die Lehre des pro-islamischen Barnabas-Evangeliums bewußt zurückdrängte, um dem christlichen Evangelium zum Durchbruch zu verhelfen. Es gibt jedoch keinerlei Beweis für diese moslemische Behauptung – weder für die Existenz eines historischen Dokuments, das vom Apostel Barnabas verfaßt ist, noch für das Unterdrücken eines solchen Dokuments durch die frühchristliche Gemeinde.

Dies ist ein sehr wichtiger Punkt. Aus dem Barnabas-Evangelium stammen viele der historischen Belege, die Moslems benutzen, um die Lehren des Korans über und gegen die Bibel zu rechtfertigen (vielleicht stammt sogar der größte Teil daraus). Es hat in den vergangenen Jahren – in viele Sprachen übersetzt – eine weite Verbreitung in der islamischen Welt gefunden.

Seit dem Jahre 1973 ist das von Lonsdale und Laura Ragg ins Englische übersetzte Barnabas-Evangelium in großer Zahl durch die Begum Aisha Bawany Wakf aus Pakistan neu aufgelegt worden.

Moslems haben sich überzeugen lassen, daß dieses Buch die letzte Wahrheit über das Leben und die Lehre Jesu Christi enthält. Es steht darin geschrieben, daß Jesus nicht der Sohn Gottes war, daß er nicht gekreuzigt wurde und daß er das Kommen Mohammeds angekündigt hat. So glauben manche Moslems, daß es sich hierbei um das echte Evangelium *(Injil)* handelt, das Jesus empfangen haben soll. Das Barnabas-Evangelium dagegen erhebt diesen Anspruch nicht. Es unterscheidet sich selbst von dem Buch, das Jesus angeblich eingegeben wurde:

> Der Engel Gabriel reichte ihm ein Buch, das wie ein Spiegel leuchtete. Der Inhalt dieses Buches kam in das Herz Jesu herab, so daß er wissen konnte, was Gott getan und gesagt hatte. Er erkannte den Willen Gottes in so vollkommener Weise, daß alles frei und offen vor ihm lag, wie er auch zu mir gesagt hat: „Glaube mir, Barnabas, ich kenne jeden Propheten und jede Prophetie und weiß, daß alles, was ich sage, jenem Buch entstammt" (Barnabas 10).

Andere Moslems sind der Meinung, das Barnabas-Evangelium sei das „ursprüngliche Testament", das von den Christen durch das „Neue Testament" ersetzt worden sei. Das läßt auf eine große Unkenntnis schließen. Diese Kritiker kennen weder das Barnabas-Evangelium, noch ist ihnen die Zusammensetzung der christlichen Bibel in ihrer Gesamtheit bekannt.

Dieses Kapitel soll keineswegs eine tiefgehende Analyse der wissenschaftlichen Untersuchungen sein, die über den Ursprung und Hintergrund des Barnabas-Evangeliums angestellt worden sind. Viel verdanken wir in dieser Hinsicht dem Ehepaar Ragg, die das Evangelium zuerst ins Englische übertragen haben. Männer wie Gairdner, Jomier und Slomp haben in hohem Maße dazu beigetragen, die Wahrheit aufzuspüren und wesentliches Beweismaterial bereitzustellen, um das Barnabas-Evangelium als Fälschung zu entlarven. Wir tragen einige der Beweise, die sich aus diesen Untersuchungen ergeben haben, zusammen, damit auch unsere moslemischen Freunde wissen, wie das Barnabas-Evangelium in bezug auf den historischen Hintergrund und die darin enthaltenen Ungenauigkeiten zu bewerten ist.

Wer war Barnabas?

Barnabas begegnen wir zuerst in der Apostelgeschichte. James Cannon schrieb in *Moslem World* folgenden Bericht über das Leben des Barnabas:

> Die Apostelgeschichte des Neuen Testaments weiß von einem wohlhabenden Juden aus Zypern zu berichten, einem großherzigen und beliebten Leviten, Freund und Gönner des Paulus. Wie diesem wurde ihm der Titel eines Apostels zuerkannt, obwohl er nicht zu den zwölf Jüngern gehörte. Es wird uns lediglich berichtet, daß er zusammen mit Paulus im missionarischen Dienst stand und sich schließlich von ihm trennte. Dann ist noch einmal beiläufig in zwei Briefen des Paulus von ihm die Rede. Mehr erfahren wir im Neuen Testament nicht über ihn (James Cannon, „The Gospel of Barnabas“, *Moslem World,* III. 32, 1942, S. 167f.).

Geschichtlicher Hintergrund

Das nächste Mal finden wir Barnabas in einem Erlaß erwähnt, der vermutlich Ende des fünften Jahrhunderts vom Papst Gelasius I herausgegeben worden ist. Darin wird das Barnabas-Evangelium wegen seines ketzerischen Inhalts für Christen verboten. Das Buch war gnostischer Herkunft, das heißt, der Schreiber lehnte grundlegende christliche Lehren ab, wie zum Beispiel die Göttlichkeit Jesu. Die Gnostiker lehrten, alles Körperliche sei schlecht, allein die geistliche Welt sei von Bedeutung. Diese Denkweise ließ sie die Menschwerdung Jesu verneinen, ließ sie also verneinen, daß Gott Fleisch wurde. Ebenso waren sie gegen die Lehren des Apostels Paulus und seinen Dienst negativ und kritisch eingestellt. Diese Haltung läßt sich gut mit der moslemischen Lehre vereinbaren.

Zu dieser Erwähnung aus dem fünften Jahrhundert kommentiert Cannon:

> Es besteht Grund zu der Annahme, daß ein gnostisches Barnabas-Evangelium – wenn auch unter dem Bann der Kirchenleitung – gegen 550 bis 600 n. Chr. im Umlauf war, also ungefähr zur Zeit Mohammeds. Es ist denkbar, daß aus dieser Quelle Spuren einer vermutlich orthodoxen christlichen Tradition zu Mohammed gedrungen sind, der sie seinem schmalen Bestand an christlichem Gedan-

kengut zuordnete. In der Tat lassen sich die auffallenden Sinnwidrigkeiten, die der Koran über Christus gibt, nur so erklären, daß Mohammed die christliche Überlieferung nur bruchstückhaft und vom Hörensagen kannte.
(Von diesem verlorengegangenen gnostischen Evangelium blieb uns nur ein einziger, unwichtiger Satz in Griechisch erhalten. Nach einer Überlieferung heißt es, als man den vermeintlichen Leichnam des Barnabas wieder ausgegraben habe, sei an der Brust des Toten ein Matthäus-Evangelium befestigt gewesen, in dem Nachteiliges über Paulus gestanden habe.) Hierbei kann es sich um ein apokryphes Werk unter dem Decknamen des Matthäus gehandelt haben, niemals aber um das kanonische Matthäus-Evangelium. Der uns heute vorliegende Text des Barnabas-Evangeliums enthält in seinen Eröffnungs- und Schlußversen ebenfalls eine Abgrenzung von Paulus. In der gesamten gnostischen Literatur ist Paulus immer wieder die Zielscheibe der Angriffe.
Das verschwundene gnostische Barnabas-Evangelium hätte mit einer moslemischen Version des Evangeliums vermutlich viel mehr Ähnlichkeit, als sich heute zwischen ihm und den neutestamentlichen Schriften feststellen läßt. Auf Darstellungen wie die „schmerzlose Geburt" und die besondere Art der Eschatologie [der Lehre vom Endschicksal des einzelnen Menschen und der Welt], auf die Ausscheidung Johannes des Täufers und das nur scheinbare Sterben Jesu berufen sich die Gnostiker wohl ebenso wie die Moslems.
Das nächste Mal erscheint der Name Barnabas im sogenannten Dekret des Gelasius. Dieses enthält eine Liste erlaubter und verbotener Bücher, wobei das Barnabas-Evangelium unter die verbotenen Schriften fällt. Man kann mit Sicherheit annehmen, daß die mutmaßlich gnostischen Lehren dieses Buches der Grund für das Verbot waren. Der Erlaß war speziell gegen die Gnostiker gerichtet, und das betreffende Buch ist darin zusammen mit anderer, besser bekannter gnostischer Literatur aufgeführt. Einige Punkte fallen hier ins Auge:
1. Der erstmalige Gebrauch des Titels „Barnabas-Evangelium".
2. Der gnostische Hintergrund des Buches. Dies ist von Bedeutung, weil die Verneinung der Göttlichkeit Jesu, die wir in der Gnostik finden, mit dem übereinstimmt, was wir von einem moslemisch geprägten Bericht über das Leben Christi erwarten würden. Moslems bejahen Jesus als historische Persönlichkeit und großen Propheten, erkennen aber seine Göttlichkeit und seinen messianischen Auftrag nicht an.
3. Die Datierung des Dekrets. Nach der katholischen Überlieferung soll dieser Erlaß von Gelasius I stammen, Papst von 492 bis 496. Die moderne kritische Wissenschaft bietet überzeugende Beweise dafür, daß das vollständige Gelasianische Dekret nicht früher angesetzt werden kann, unabhängig davon, ob wirklich Gelasius mit dieser oder einer kürzeren und früheren Liste in Verbindung zu bringen ist (James Montague Rhodes, *The Apocryphal New Testament,* Oxford: The Clarendon Press 1924, S. 21) (ebd., S. 168f.).

Bevor wir die nächste historische Erwähnung des Barnabas-Evangeliums betrachten, sollte gesagt werden, daß außer dem, was uns die

Bibel berichtet, nichts über das weitere Ergehen des Apostels Barnabas bekannt ist. Eine ziemlich verläßliche Überlieferung erwähnt einen Barnabas in Alexandrien und in Rom. Tatsächlich kam ein anderes apokryphes Buch, das Sendschreiben des Barnabas, aus Alexandrien. Man darf es jedoch nicht mit dem Barnabas-Evangelium verwechseln, um das es uns hier geht. Das apokryphe Sendschreiben hat keine Beziehung zur islamischen Gemeinde. Allein im Barnabas-Evangelium glauben die Moslems das eigenliche, wahre Evangelium vor sich zu haben.

Im 18. Jahrhundert ist wieder von diesem Evangelium die Rede, als eine italienische Abschrift davon aufgefunden wird. Doch ohne Zweifel handelt es sich dabei um eine Fälschung, die niemals aus dem ersten Jahrhundert stammen kann.

Diese Handschrift enthält eine ganze Reihe von Versen aus dem Koran. Daraus ergeben sich zwei wichtige Punkte. Zunächst muß man festhalten, daß dieser Bericht später als der Koran verfaßt worden ist, der im siebten Jahrhundert entstand. Da sich die Schrift auf den Koran bezieht, kann sie in *keinem* historischen Zusammenhang mit dem ursprünglichen apokryphen Barnabas-Evangelium stehen, das im Dekret des Gelasius Erwähnung findet. Es ist jedoch nicht auszuschließen, daß der Verfasser der gefälschten Schrift aus dem 18. Jahrhundert mit seinen sektiererischen Lehren ein ähnliches Anliegen hatte.

In dieser italienischen Abschrift des Barnabas-Evangeliums sind nicht nur Koran-Zitate zu finden, sondern auch Aussprüche des italienischen Dichters Dante Alighieri, der im 13. Jahrhundert die „Göttliche Komödie" schrieb.

Cannon bemerkt hierzu:

Trotz zahlloser Kontakte zwischen Christen und Moslems in der Zeit der Kreuzzüge und des moslemischen Einfalls in Europa gibt es keinen Hinweis darauf, daß den Parteien ein solches Buch bekannt war. Franz von Assisi (1182-1226) hörte nichts davon, obwohl er sich einen Monat lang am Hofe des Sultans von Ägypten aufhielt. Raymundus Lullus (1232/33-1315/16) versuchte als erster, mit Moslems in eine geistig-geistliche Auseinandersetzung zu treten, die sich jeder Gewaltanwendung fernhielt. Er widmete sein langes Leben der Untersuchung aller Arten moslemischer Lehre. Auch er gibt keinerlei Hinweis darauf, je von einem solchen Werk gehört zu haben, obwohl er sich in drei verschiedenen Lebensabschnitten in direktem Kontakt und in der Auseinandersetzung mit gebildeten Moslems befunden hat (ebd., S. 169f.).

Die italienische Handschrift ist das einzige bekannte Exemplar. Im Jahre 1784 war auch von einer spanischen Übersetzung der italienischen

Schrift die Rede, doch ist diese seitdem verschwunden. Niemand aber hat jemals ein arabisches Original erwähnt oder gesehen. Es gibt keinen Beweis für dessen Existenz.

Untersuchung des Barnabas-Evangeliums

Wurde das Barnabas-Evangelium wirklich von Barnabas verfaßt?

Das Buch gibt vor, ein „Evangelium" zu sein, und behauptet, daß sein Verfasser der Apostel Barnabas ist. Um dies zu überprüfen, müssen wir einige Vergleiche anstellen zwischen dem, was wir aus der Bibel über den echten Apostel Barnabas wissen, und dem, was über den angeblichen Verfasser des Barnabas-Evangeliums bekannt ist. Am Anfang und Ende dieses sogenannten Evangeliums finden wir zwei Bemerkungen, die für unsere Untersuchung hilfreich sind. Es heißt dort:

> Viele, vom Satan verblendet, predigen unter frommem Vorwand eine höchst gottlose Lehre, indem sie Jesus den Sohn Gottes nennen, die von Gott für alle Zeiten angeordnete Beschneidung verwerfen und jede Art von unreiner Speise erlauben. Auch Paulus wurde (durch diese Lehre) irregeführt (Barnabas, Einführung).
>
> Andere lehrten, daß er wirklich starb, aber auferstand. Wieder andere predigten und predigen es noch, daß Jesus der Sohn Gottes ist. Zu diesen Irregeleiteten gehört auch Paulus (Barnabas 222).

Der Verfasser des Buches scheut sich nicht, die Lehren des Paulus zu verunglimpfen, besonders dort, wo sie sich auf die Beschneidung beziehen, auf die Kreuzigung, den Tod und die Auferstehung Jesu und auf den Glauben der Christen, daß Jesus Gottes Sohn ist. Das Buch ist voll von Abhandlungen über Dinge, die besonders Paulus zur Last gelegt werden. Es kann deshalb kein Zweifel daran bestehen, daß der Verfasser dieses Buches sich in seinen Ansichten grundlegend von Paulus unterscheidet und daß seine Auffassung im völligen Gegensatz zu dem steht, was Paulus predigt und lehrt. Diese Tatsache ist ein starker Beweis gegen die Echtheit des Buches.

Wenn wir betrachten, was die Bibel von Barnabas berichtet, stellen wir fest, daß dieser erst nach der Auferstehung Jesu, als die frühchristliche Gemeinde sich im Land Palästina verbreitete, als einer der Apostel erwähnt wird. Als ein Zeichen des Vertrauens und der Liebe gegenüber seinen Glaubensbrüdern verkaufte Barnabas ein Feld, das ihm gehörte, und gab den Erlös den Aposteln, damit diese das Geld nach eigenem Ermessen an bedürftige Brüder verteilen konnten. Dieser Liebeserweis war eine große Ermutigung für die Gläubigen, und so gaben ihm die Apostel den Namen „Bar-nabas“, was „Sohn des Trostes“ bedeutet. Vorher hatte man ihn nur unter seinem gewöhnlichen Namen Joseph gekannt (Apostelgeschichte 4,36f.).

An dieser Stelle unterläuft dem Verfasser des Barnabas-Evangeliums ein schwerer Fehler, der sich durch das ganze Werk zieht. Er gibt nicht nur vor, daß Barnabas einer der zwölf Jünger sei, die Jesus während seines irdischen Dienstes begleiteten, sondern auch, daß Barnabas damals schon diesen Namen getragen habe. An verschiedener Stelle wird erwähnt, daß Jesus ihn mit diesem Namen angesprochen haben soll. Schon bald nach Beginn des Buches ist dies erstmals dargestellt. Es heißt:

Jesus antwortete: „Sei nicht so betrübt, Barnabas; denn welche Gott vor Erschaffung der Welt erwählt hat, werden nicht verderben“ (Barnabas 19).

Der verdrehte zeitliche Ablauf, der hier zutage tritt, macht es unmöglich, Barnabas als den tatsächlichen Autor des Buches anzunehmen. Denn erst *nach* der Himmelfahrt Jesu gaben ihm die Apostel den Beinamen „Sohn des Trostes“, nachdem er durch sein freigebiges Handeln die Herzen der ersten Christen ermutigt hatte. In dem Barnabas-Evangelium aber spricht Jesus ihn etwa drei Jahre *vor* der Himmelfahrt so an. Hieraus ergibt sich ein schwerwiegender Einwand gegen die Behauptung, das Buch sei vom Apostel Barnabas verfaßt worden.

Das nächste Mal hören wir von Barnabas inmitten der frühchristlichen Gemeinde, als uns berichtet wird, daß Paulus zum ersten Mal die Apostel in Jerusalem besuchte. Die Apostel wußten, daß Paulus früher ein unerbittlicher Verfolger der jüdischen Christen gewesen war (hauptsächlich deshalb, weil sie an Jesus als den Sohn Gottes glaubten). Jetzt hatten sie und auch andere Christen Zweifel, ob er wirklich einer der Ihren war. Angesichts der Angriffe, denen Paulus im Barnabas-Evangelium ausgesetzt ist, ist es sehr aufschlußreich, festzustellen, wer nach dem neutestamentlichen Bericht die schwere Aufgabe übernommen hat, die Brüder in Jerusalem von dem Gesinnungswandel des Paulus zu überzeugen. Es heißt dort:

Barnabas aber nahm ihn und brachte ihn zu den Aposteln und erzählte ihnen, wie er auf dem Weg den Herrn gesehen habe und daß der zu ihm geredet und wie er in Damaskus freimütig im Namen Jesu gesprochen habe (Apostelgeschichte 9,27).

Wir müssen uns nun einem zweiten schwerwiegenden Beweis zuwenden, der sich gegen die Annahme richtet, daß Barnabas der Autor des Buches sei, das ihm zugeschrieben wird. Nur sieben Verse vorher lesen wir, daß Paulus in den Synagogen von Damaskus öffentlich über Jesus predigte, „daß dieser der Sohn Gottes ist“ (Apostelgeschichte 9,20). Als Paulus nach Jerusalem kam, war es Barnabas, der ihn eindringlich als wahren Jünger Jesu verteidigte.

In welch einem Kontrast steht das zu den Angriffen, denen Paulus im Barnabas-Evangelium wegen seines Bekenntnisses zu Jesus als Sohn Gottes ausgesetzt ist! Der echte Barnabas stand Paulus zur Seite. Paulus aber lehrte in aller Öffentlichkeit, daß Jesus Gottes Sohn ist. Barnabas war es, der in Jerusalem für Paulus eintrat und keine Mühe scheute, um die Jünger davon zu überzeugen, daß auch Paulus jetzt ein Jünger Jesu war.

In diesem Kapitel soll aufgezeigt werden, daß das Barnabas-Evangelium erst *1400 Jahre* nach Christus geschrieben wurde und daß der Autor – wer immer es gewesen sein mag – seine Fälschung einfach dem Apostel Barnabas zuschrieb. Jene Wissenschaftler, die weiter oben erwähnt wurden, welche sich intensiv mit dem Ursprung und Hintergrund des Barnabas-Evangeliums befaßt haben, versuchten auch zu ergründen, weshalb der wirkliche Verfasser dieses Buches gerade Barnabas als Autor angab.

Als die Christen in Jerusalem erfuhren, daß die Gemeinde in Antiochien wuchs, entschieden die Apostel, Barnabas solle hingehen und die Neubekehrten im Glauben unterweisen. Er zog hin und begann, seinen Auftrag in Antiochien zu erfüllen. Um dabei die Begleitung eines im Glauben bewährten und erfahrenen Bruders zu haben, machte er sich auf den Weg nach Tarsus in Mittelasien, um *Paulus* aufzusuchen. Mit ihm reiste er dann nach Antiochien zurück, um die dortige Gemeinde im Glauben weiterzuführen. Über ihren gemeinsamen Dienst wird uns berichtet:

Es geschah ihnen aber, daß sie ein ganzes Jahr in der Gemeinde zusammenkamen und eine zahlreiche Menge lehrten und daß die Jünger zuerst in Antiochien Christen genannt wurden (Apostelgeschichte 11,26).

Danach machten Paulus und Barnabas sich auf den Weg nach Jerusalem, um den Brüdern Hilfe zu bringen, die unter den Folgen der Hungersnot zu leiden hatten, die unter dem römischen Kaiser Klaudius ausgebrochen war (Apostelgeschichte 11,28-30). Anschließend kehrten

Paulus und Barnabas nach Antiochien zurück (Apostelgeschichte 12,25), um die Gemeinde weiter zu leiten. Auch in den Provinzen von Galatien (einem Teil der heutigen Türkei), wohin die Gemeinde sie anschließend entsandte, verkündeten sie das Evangelium.

Wohin sie auch kamen, immer predigten Paulus und Barnabas Jesus als den auferstandenen Sohn Gottes (Apostelgeschichte 13,33). Trotzdem will der Verfasser des Barnabas-Evangeliums uns davon überzeugen, wir hätten, was diese Lehre betrifft, einen Erzfeind des Apostels Paulus vor uns! Und das, obwohl uns im Neuen Testament ausdrücklich bezeugt wird, daß *beide* verkündigt haben, daß die Beachtung der strengen religiösen Vorschriften der Juden (zum Beispiel der Beschneidung) nicht heilsnotwendig ist und von den Nichtjuden nicht gefordert werden darf. Nachfolgend finden wir einen interessanten Hinweis auf ihren gemeinsamen Dienst:

> Und einige kamen von Judäa herab und lehrten die Brüder: Wenn ihr nicht beschnitten worden seid nach der Weise Moses, so könnt ihr nicht errettet werden. Als nun ein Zwiespalt entstand und ein nicht geringer Wortwechsel zwischen ihnen und Paulus und Barnabas, ordneten sie an, daß Paulus und Barnabas und einige andere von ihnen zu den Aposteln und Ältesten nach Jerusalem hinaufgehen sollten wegen dieser Streitfrage (Apostelgeschichte 15,1f.).

Gemeindeglieder, die ehemals gesetzestreue Juden waren, behaupteten, daß nur errettet würde, wer beschnitten sei. Wen finden wir hier in eine heiße Debatte mit ihnen verwickelt? Niemand anderes als Paulus und Barnabas!

Im Barnabas-Evangelium lesen wir, Paulus verwerfe die Beschneidung, was eine „frevelhafte Lehre" sei. In Wirklichkeit wies Paulus aber nur zurück, daß die Beschneidung als heilsnotwendige Handlung dargestellt wurde (vgl. Galater 5,2-6). Auch in dieser Frage war Barnabas sein treuer Mitstreiter.

Nach dem Barnabas-Evangelium soll Jesus zu seinen Jüngern gesagt haben:

> Fürchten soll sich, wer nicht beschnitten ist an seiner Vorhaut. Ihm bleibt das Paradies verschlossen (Barnabas 23).

Die Beschneidung ist nach dem Barnabas-Evangelium also ein wesentlicher Bestandteil und eine Grundvoraussetzung für die Errettung: eine Lehre, zu der sich der Verfasser des Buches offensichtlich bekennt. Der wirkliche Barnabas jedoch kämpfte an der Seite von Paulus gegen die

Behauptung, ohne Beschneidung gäbe es kein ewiges Heil. Daraus wird deutlich, daß der echte Barnabas nicht der Schreiber des Buches sein kann, das seinen Namen trägt. Nicht nur wurde das Buch gefälscht, auch der Name des Barnabas wurde mißbraucht.

Die Herausgeber des Barnabas-Evangeliums (Begum Aisha Bawany Wakf) sind sich der Tatsache wohl bewußt, daß der Hauptzweck des Barnabas-Evangeliums darin liegt, dem „Paulinischen Christentum" entgegenzuwirken. In einem Anhang mit dem Titel „Leben und Botschaft des Barnabas" behaupten sie, die Auseinandersetzung um die Beschneidung offenbare eine zunehmende Kluft zwischen Paulus und Barnabas. Sie berufen sich auf die Worte in Apostelgeschichte 15,2 (s.o.) und wagen die Behauptung: „Nach dieser Spaltung trennten sich die Wege von Paulus und Barnabas" (6. Auflage, S. 279). In Wirklichkeit bestand in dieser Frage zwischen Paulus und Barnabas *keine* Uneinigkeit. Unstimmigkeiten gab es lediglich zwischen einer Gruppe von Gläubigen aus Judäa auf der einen Seite, die der Beschneidung zuviel Gewicht beimaßen, und Paulus und Barnabas auf der anderen Seite, die entschieden dagegen waren, daß man die in Christus gewonnene Freiheit wieder durch wertlose gesetzliche Regelungen einschränken wollte. Da die 6. Auflage des Barnabas-Evangeliums inzwischen zur Standardausgabe geworden ist, muß klar und deutlich gesagt werden, daß die wahre Beziehung zwischen Paulus und Barnabas in diesem Nachwort völlig falsch dargestellt worden ist.

Es gibt keinerlei Anhaltspunkte dafür, daß zwischen Paulus und Barnabas jemals lehrmäßige Auseinandersetzungen bestanden haben. Einmal ist von einer kleineren persönlichen Meinungsverschiedenheit die Rede, weil Paulus nicht wollte, daß Johannes Markus mit ihnen eine Missionsreise unternahm. Dieser nämlich hatte sich auf einer früheren Reise nicht als zuverlässig erwiesen (Apostelgeschichte 15,38-40). Dies war jedoch eine rein persönliche Angelegenheit, die wieder geklärt worden war, wie wir aus anderen Schriftstellen entnehmen können (Kolosser 4,10; 2. Timotheus 4,11). Ein anderes Mal wird uns berichtet, daß Barnabas sich einer falschen religiösen Abgrenzung schuldig machte, weil er – wie andere jüdische Christen in Antiochien – nicht gemeinsam mit unbeschnittenen Heidenchristen essen wollte (Galater 2,13). Paulus verurteilte diese Haltung sehr, doch ging es auch hier nicht um eine Lehrmeinung, sondern um die Gemeinschaft aller Christen – ohne

Rücksicht auf deren Herkunft. Keine dieser kleineren Auseinandersetzungen berührte die grundsätzlichen Glaubenslehren, für die sich beide unbeirrt einsetzten: die Kreuzigung und Auferstehung Jesu Christi, der grundlegende Glaube an Jesus als Gottes Sohn und die Ablehnung der Beschneidung als heilsnotwendige religiöse Handlung. Es ist bewiesen, daß gerade Barnabas diese Lehren, die Paulus weitergab, verteidigte.

Ein weiterer Punkt innerhalb des Buches selbst läßt erkennen, daß es nicht vom Apostel Barnabas geschrieben worden ist. Im Barnabas-Evangelium gibt Jesus durchgängig zu verstehen, er sei nicht der Messias. Im selben Buch aber wird ihm im Vorwort der Titel „Christus" zuerkannt. *Christos* ist die griechische Übersetzung für „Messias", während „Jesus Christus" die verdeutschte Form des griechischen *Iesous Christos* darstellt. Das aber heißt nichts anderes als „Jesus, der Messias". Dieser sehr deutliche Widerspruch, der innerhalb des Barnabas-Evangeliums zu finden ist, beweist wiederum, daß der Apostel Barnabas nicht der Verfasser dieser Schrift sein kann. Er nämlich kam von Zypern, einer Insel, auf der hauptsächlich Griechisch gesprochen wurde. Folglich war Griechisch seine Muttersprache. Ihm wäre niemals der Fehler unterlaufen, Jesus zunächst als Christus zu bezeichnen, ihn aber anschließend als Messias zu verleugnen.

Stammt das Barnabas-Evangelium aus dem Mittelalter?

Viele Beweise sprechen dafür, daß das Barnabas-Evangelium im Mittelalter entstanden ist, also mehr als tausend Jahre nach Christus und viele hundert Jahre nach Mohammed.

Das Jobeljahr. Zur Zeit des Mose erging der Befehl Gottes, alle fünfzig Jahre ein „Jobeljahr" zu feiern: (Das hebräische Wort *Jobel* bedeutet ursprünglich „Widderhorn". Da man dieses Jahr durch das Blasen des Jobel-Horns eröffnete, wurde das Jahr auch Jobeljahr genannt.)

Ein Jobeljahr soll dieses, das Jahr des fünfzigsten Jahres, für euch sein (3. Mose 25,11).

Jahrhundertelang fand dieses Gebot Beachtung. Die römisch-katholische Kirche übernahm es schließlich für den christlichen Glauben. Um das Jahr 1300 erließ Papst Bonifazius VIII ein Dekret, nach dem das Jobeljahr alle hundert Jahre einmal gefeiert werden sollte. Es war nie zuvor so gewesen, daß dieses Jahr nur einmal in hundert Jahren gefeiert werden sollte. Nach dem Tode von Bonifazius bestimmte sein Nachfolger, Papst Clemens VI, im Jahre 1343, es wieder alle fünfzig Jahre zu feiern, wie die Juden es seit Mose gehalten hatten. Nach dem Barnabas-Evangelium soll Jesus aber gesagt haben:

> Dann wird Gott in aller Welt angebetet, und Er wird allen Gnade erweisen. Das Jobeljahr – jetzt einmal in hundert Jahren – wird dann, bewirkt vom Messias, jedes Jahr und an allen Orten stattfinden (Barnabas 82).

Für dieses bemerkenswerte Zusammentreffen gibt es nur eine Erklärung. Der Verfasser des Barnabas-Evangeliums läßt Jesus vom Jobeljahr – alle hundert Jahre einmal – sprechen, weil er den Erlaß des Papstes Bonifazius kannte. Wie hätte er aber etwas davon wissen sollen, wenn er nicht um die gleiche Zeit oder in der Zeit danach gelebt hätte? Diese geschichtliche Unstimmigkeit läßt darauf schließen, daß das Barnabas-Evangelium nicht vor dem vierzehnten Jahrhundert n.Chr. entstanden ist.

Demnach ist das Barnabas-Evangelium frühestens siebenhundert Jahre nach der Zeit Mohammeds geschrieben worden. Es besitzt also keinerlei authentisch-historischen Wert. Obwohl das Kommen Mohammeds darin namentlich von Jesus angekündigt wird (ein Grund dafür, daß es in der islamischen Welt heute ein Bestseller ist), sind diese „prophetischen Aussagen“ wertlos, denn erst nach dem Tode Mohammeds wurden sie niedergeschrieben. Das Barnabas-Evangelium enthält viele Abhandlungen und Anweisungen, die mit den Grundzügen der islamischen Lehre übereinstimmen – doch auch diese sind wegen des späten Entstehungsdatums des Buches ohne Wert.

Von Dante übernommene Zitate. Der Italiener Dante, bezeichnenderweise ein Zeitgenosse des Papstes Bonifazius, schrieb im 14. Jahrhundert seine berühmte „Göttliche Komödie“, eine erdichtete Geschichte über Hölle, Fegefeuer und Paradies, die dem Glauben der katholischen Kirche seiner Zeit entsprach.

Nach dem Barnabas-Evangelium soll Jesus über die Propheten des Alten Bundes gesagt haben:

> Bereit und mit frohem Herzen gingen sie in den Tod, weil sie keine falschen, lügnerischen Götter angebetet und nicht gegen das Gesetz verstoßen hatten, das Gott seinem Diener Mose gegeben hatte (Barnabas 23).

Den Ausdruck „falsche und lügnerische Götter“ *(dei falsi e lugiardi)* finden wir im Barnabas-Evangelium auch an anderer Stelle. In Kapitel 78 werden wiederum Jesus diese Worte in den Mund gelegt; in Kapitel 217 schreibt der Verfasser, Herodes diene diesen „falschen, lügnerischen Göttern". Diesen Ausdruck finden wir indessen weder in der Bibel, noch im Koran, wohl aber bei Dante (Inferno 1,72)! Viele Beschreibungen der Hölle im Barnabas-Evangelium (59f.) erinnern an die, die in Dantes *Inferno* gegeben werden (3. Gesang).

Auch die Bezeichnung „rasender Hunger" *(rabbiosa fame),* die im 1. Gesang von Dantes *Inferno* vorkommt, findet sich im Barnabas-Evangelium wieder. Die übrigen Beschreibungen der Hölle im Barnabas-Evangelium weisen eine auffallende Ähnlichkeit mit der Ausdrucksweise Dantes auf. So sprechen beide von den „Kreisen der Hölle". Der Verfasser des Barnabas-Evangeliums läßt Jesus zu Petrus sagen:

> Darum wisse, es gibt nur eine Hölle, doch besteht sie aus sieben Kreisen, die untereinander angeordnet sind. Da es sieben Arten von Sünde gibt und sieben von Satan vorgesehene Höllentore, so gibt es darin auch sieben Strafen (Barnabas 135).

Dies ist genau die Beschreibung, die Dante im 5. und 6. Gesang des *Inferno* gibt. Es ließen sich noch viele Beispiele aufzeigen, doch aus Platzgründen soll hier nur noch ein einziges Zitat angeführt werden, auf das man in diesem Zusammenhang allerdings nicht verzichten kann. Es handelt sich um eine Aussage im Barnabas-Evangelium, die mit Dante übereinstimmt, aber dem Koran widerspricht. Wir lesen im Koran, daß es sieben Himmel gibt:

> Er ist es, der euch alles, was auf der Erde ist, geschaffen und sich hierauf zum Himmel aufgerichtet und ihn zu sieben Himmeln geformt hat. Er weiß über alles Bescheid (Sure 2,29).

Im Gegensatz hierzu sagt das Barnabas-Evangelium, daß es neun Himmel gibt und daß das Paradies – wie Dantes Lichthimmel – sich über allen im zehnten Himmel befindet. Das Barnabas-Evangelium läßt Jesus sagen:

> Das Paradies ist so groß, daß niemand es messen kann. Wahrlich, ich sage euch, es gibt neun Himmel ... Ich sage euch, das Paradies ist größer als die ganze Erde und alle Himmel zusammen (Barnabas 178).

Der Verfasser des Barnabas-Evangeliums kannte das Werk Dantes und scheute sich nicht, daraus zu zitieren.

An vielen Stellen des Barnabas-Evangeliums wird Jesus die Aussage zugeschrieben, daß nicht er der Messias sei, sondern daß Mohammed der Messias sein würde. Immer wieder wird dieses Thema aufgenommen. Nachfolgend ein Beispiel:

Jesus gab zu und sagte (damit) die Wahrheit: „Ich bin nicht der Messias, sondern ich bin als Prophet des Heils zu Israel herabgekommen. Der Messias wird nach mir kommen" (Barnabas 42,82).

Andere Stellen des Barnabas-Evangeliums leugnen ebenfalls, daß Jesus der Messias war. Es war die ausdrückliche Absicht des Verfassers, Mohammed als Messias nachzuweisen, dessen Rang und Autorität sich Jesus unterstellen mußte. Hier hat sich der Autor in seinem Eifer für den Islam zu weit vorgewagt, denn der Koran erkennt Jesus als Messias an und nimmt damit die biblische Lehre auf (Johannes 4,25f., Matthäus 16,20). Folgendes Zitat mag das verdeutlichen:

Maria! Gott verkündet dir ein Wort von sich, dessen Name Jesus Christus (der Messias) ist, der Sohn der Maria. Er wird im Diesseits und im Jenseits angesehen sein (Sure 3,45).

Das Barnabas-Evangelium ist in der Absicht geschrieben worden, ein vorbildliches, rein „islamisches" Evangelium zu schaffen. In ihm wird Jesus als der *Isa* des Korans dargestellt, nicht aber als Jesus, der Herr, den wir aus den christlichen Evangelien kennen. Da das Barnabas-Evangelium Jesus aber nicht als Messias gelten läßt, was sowohl dem Koran als auch der Bibel widerspricht, sollte das Buch von Christen und Moslems als Fälschung entlarvt und verworfen werden.

Wer ist der Autor dieser Fälschung?

Es sind nur zwei Manuskripte des Barnabas-Evangeliums bekannt, die schon existierten, bevor Nachschriften mit dem uns heute vorliegenden Text angefertigt wurden. Die italienische Fassung wird in einer Wiener Bibliothek aufbewahrt; von der spanischen sind nur noch Fragmente vorhanden. Georg Sale erwähnt in den Erläuterungen zum Barnabas-Evangelium in seinem Werk *Preliminary Discourse to the Koran* („Präliminarien zum Koran"), er habe persönlich eine komplette Ausgabe der spanischen Fassung gesehen. Wahrscheinlich hat es sich dabei um das Original gehandelt. In der Einführung zu dieser Ausgabe heißt es, sie sei aus dem Italienischen übersetzt worden. Zahlreiche Rechtschreibfehler in der italienischen Fassung lassen aber darauf schließen, daß Italienisch wohl nicht die Muttersprache des Autors war und daß er Spanisch besser beherrschte als Italienisch. Trotz allem ist die Möglichkeit nicht auszuschließen, daß ein Spanier sich daran gewagt hat, ein italienisches

„Original" zusammenzustellen. Versuchen wir zu erklären, wie es zu dieser Vermutung kommt:

Erstens zitiert der Autor oft die Vulgata (lateinische Bibelübersetzung). Viele seiner Geschichten entstammen dem Neuen Testament. Vermutlich fand er es einfacher, sich für seine selbsterdachte Fassung eines in Latein abgefaßten Hilfsmittels zu bedienen.

Zweitens mag er gedacht haben, eine italienische Fassung wirke authentischer. Es wird nämlich in der Einführung zur spanischen Fassung des Buches behauptet, der Papst habe das Original des Barnabas-Evangeliums in seiner Bibliothek versteckt gehalten, bis es unter recht fraglichen Umständen von einem gewissen Fra Marino entdeckt worden sei. Von ihm heißt es, er sei nach Lesen des Buches zum Islam übergetreten.

Manches führt zu der Annahme, daß das Buch zuerst in Spanien von einem Spanier geschrieben wurde, in welcher Sprache es auch ursprünglich verfaßt sein mag. Hören wir, was Jesus nach dem Barnabas-Evangelium gesagt haben soll:

Denn wer ein Stück Gold erhalten will, muß dafür sechzig Heller geben (Barnabas 54).

In der italienischen Fassung wird der Gold-Dinar („denarius") in sechzig Heller („minuti") unterteilt. Diese Münzen waren zur Zeit der Westgoten in Spanien üblich und lassen auf einen spanischen Hintergrund des Barnabas-Evangeliums schließen.

Der Schreiber des Barnabas-Evangeliums bleibt unbekannt, eins aber ist sicher: der Apostel Barnabas war es nicht. Mit großer Wahrscheinlichkeit handelt es sich bei dem Verfasser um einen spanischen Moslem, der – betroffen von der Rückeroberung Spaniens durch die Christen – den Versuch einer persönlichen Revanche unternahm, indem er ein gefälschtes Evangelium herausbrachte. Um seiner Fälschung den Anschein der Echtheit zu geben, schrieb er das Werk Barnabas zu. Wahrscheinlich hat er, um die Täuschung perfekt zu machen, das Buch zunächst in Italienisch verfaßt. Gleichzeitig stellte er eine spanische Fassung (Übersetzung) her, die in seinem eigenen Land Verbreitung finden sollte. Es kann sich vielleicht um Fra Marino oder um den Übersetzer Mustafa de Aranda gehandelt haben. Auf jeden Fall war es jemand, dessen Heimat eher im mittelalterlichen Spanien zu suchen ist als im Palästina der Zeit Jesu Christi.

Welchen Anspruch das Barnabas-Evangelium auch immer erhebt,

welchen Anschein es sich auch geben mag, eine allgemeine Untersuchung seines Inhalts und seiner Urheberschaft zeigt, zu welchem Zweck es geschrieben wurde. Es ist ein Versuch, das Leben Jesu so darzustellen, daß es sich dem Koran und der islamischen Tradition anpaßt.

Die Kreuzigung und Auferstehung Jesu in Koran und Bibel

Der biblische Bericht von der Kreuzigung

Die Heilige Schrift gibt die wichtigsten historischen Ereignisse aus dem Leben und Wirken Jesu wieder und übermittelt uns seine Lehre. Aus ihr wissen wir, daß sein irdisches Leben 33 Jahre währte und daß er durch die römischen Herrscher Israels gekreuzigt wurde. Die Kreuzigung war durch die jüdischen Führer veranlaßt worden. Sie haßten ihn, weil er von sich behauptete, der Messias zu sein, und weil er sie in aller Öffentlichkeit als Heuchler angeprangert hatte. Die Bibel betrachtet sein Sterben am Kreuz nicht als den Märtyrertod eines Propheten, sondern als die bewußte Erfüllung von Gottes ausdrücklichem Heilsplan für die Errettung einer gefallenen Menschheit. Sie läßt uns wissen, daß Jesus sein Leben bereitwillig als Sühne für die Sünden der Menschen gab, daß er am dritten Tag von den Toten auferstand und über Sünde und Tod triumphierte. Vierzig Tage später fuhr er in den Himmel auf und setzte sich zur Rechten der Majestät Gottes.

Die christliche Gemeinde in der ganzen Welt hat durch zwei Jahrtausende hindurch eine ungeteilte Lehre über die Kreuzigung, den Tod und die Auferstehung Jesu Christi vertreten. Bis heute ist das für uns Christen keine Streitfrage. Wir alle sind überzeugt, daß er für unsere Sünden gekreuzigt wurde und zu unserer Rettung auferstand.

Diese Übereinstimmung ist das Ergebnis der eindeutigen biblischen Berichte über diese Tatsache. Nachfolgend einige Schriftstellen, in denen die Kreuzigung, der Tod und die Auferstehung Jesu klar bezeugt werden. Zehn Tage nach der Himmelfahrt Jesu wandte sich der Apostel Petrus an die Juden in Jerusalem, die sich dort an einem ihrer Hauptfeiertage versammelt hatten. Er sagte ihnen:

> Diesen Mann (Jesus), der nach dem bestimmten Ratschluß und nach Vorkenntnis Gottes hingegeben worden ist, habt ihr durch die Hand von Gesetzlosen an das Kreuz geschlagen und umgebracht (Apostelgeschichte 2,23).

Mit diesen Worten wird uns unwiderlegbar der Kreuzestod Jesu Christi bezeugt. Der Apostel Paulus sagt hierzu:

(Er) erniedrigte ... sich selbst und wurde gehorsam bis zum Tod, ja, zum Tod am Kreuz (Philipper 2,8).

Petrus bezeugt bei anderer Gelegenheit:

Im Namen Jesu Christi, des Nazoräers, den ihr gekreuzigt habt, den Gott auferweckt hat aus den Toten (Apostelgeschichte 4,10).

In einem der Evangelien lesen wir auch, wie einige der Frauen, die Jesus zu seinen Lebzeiten nachgefolgt waren, von einem Engel angesprochen wurden, als sie am Tag seiner Auferstehung zu seinem Grab kamen. Es heißt dort:

Fürchtet euch nicht, denn ich weiß, daß ihr Jesus, den Gekreuzigten, sucht. Er ist nicht hier, denn er ist auferstanden, wie er gesagt hat. Kommt her, seht die Stätte, wo der Herr gelegen hat, und geht schnell hin und sagt seinen Jüngern, daß er von den Toten auferstanden ist (Matthäus 28,5-7).

In allen diesen Texten wird uns bestätigt, daß Jesus den Kreuzestod erlitt, dann aber durch die Kraft Gottes auferweckt wurde (vgl. 1. Korinther 15). Die Gemeinde Jesu Christi hat in der Bibel einen eindeutigen Bericht vor sich, dessen Zeugnis im Laufe der Geschichte bei Christen jeder Prägung unbestritten geblieben ist. Mögen auch manche den Aussagen der Bibel nicht glauben, so ist doch der von ihr erhobene Anspruch nicht zu bestreiten.

Die Leugnung der Kreuzigung im Koran

Ein einziges Mal wird im Koran von der Kreuzigung Jesu gesprochen. Dieser Bericht widerspricht jedoch dem, der im Neuen Testament gegeben wird. Im Koran lesen wir:

Sie sagten: „Wir haben Christus Jesus, den Sohn der Maria und Gesandten Gottes, getötet.“ – Aber sie haben ihn (in Wirklichkeit) nicht getötet und (auch) nicht gekreuzigt. Vielmehr erschien ihnen (ein anderer) ähnlich (so daß sie ihn mit Jesus verwechselten und töteten). Und diejenigen, die über ihn (oder: darüber) uneins sind, sind im Zweifel über ihn (oder: darüber). Sie haben kein Wissen über ihn (oder: darüber), gehen vielmehr Vermutungen nach. Und sie haben ihn nicht mit Gewißheit getötet (d.h. sie können nicht mit Gewißheit sagen, daß sie ihn getötet haben). Nein, Gott hat ihn zu sich (in den Himmel) erhoben. Gott ist mächtig und weise (Sure 4,157f.).

Diese Worte waren eine Reaktion auf die Prahlerei der Juden, sie hätten Jesus Christus getötet. Im Koran wird sowohl die Kreuzigung als auch der Tod Jesu verneint.

Daher besteht an dieser Stelle ein eindeutiger Widerspruch zwischen der Bibel und dem Koran. Wir sollten nicht nur in Betracht ziehen, daß uns die Bibel in der Kraft göttlicher Autorität einen historischen Bericht über die Kreuzigung gibt, sondern auch, daß dieser Bericht aus eindeutigen Worten besteht. Der Koran unterstreicht nachdrücklich, daß Christus nicht gekreuzigt wurde, obwohl die Erklärung dafür recht zweifelhaft ist. Wir möchten im folgenden beweisen, daß der Koran nicht alle historischen Tatsachen über die Kreuzigung und Auferstehung Jesu Christi berücksichtigt hat.

Aus dem zitierten Korantext muß der unvermeidliche Schluß gezogen werden, daß Jesus nie gekreuzigt wurde. Dieser Tatbestand wurde zur Grundlage für die orthodoxe islamische Meinung über das Schicksal Jesu. Im Anschluß an die Worte, die im Koran die Kreuzigung Jesu leugnen, heißt es: „*Vielmehr erschien ihnen (ein anderer) ähnlich.*“ Demnach erweckte Gott bei den Juden den irrigen Eindruck, sie hätten tatsächlich Jesus gekreuzigt. Dies wird von den meisten orthodoxen Moslems so verstanden, daß Gott einer anderen Person das Aussehen von Jesus gab und daß diese Person an Jesu Statt gekreuzigt wurde. Die Worte „*Gott hat ihn zu sich (in den Himmel) erhoben*“ besagen dann, daß Jesus zu Gott erhoben wurde, ohne zuvor den Tod zu erleiden. Diese Substitutionstheorie (die Behauptung, daß ein Mensch stellvertretend und unerkannt für Jesus starb) bildet im orthodoxen Islam seit der Zeit Mohammeds die Grundlehre über das Schicksal Jesu, obwohl unter Moslems offenbar bis zum heutigen Tag in dieser Frage Streitigkeiten bestehen. Wir wollen im folgenden einige orthodoxe islamische Koranausleger zu Wort kommen lassen. Einer von ihnen kommentiert zu Sure 4,157:

> Danach erhob Gott – der zu tun vermag, was immer er will – Jesus zu sich (in den Himmel) und rettete ihn vor der Kreuzigung. Auf irgendeine Weise hat man denjenigen, der später gekreuzigt wurde, dann für Christus gehalten (Maududi, *The Meaning of the Qur'an,* S. 390).

Aus den Worten des Kommentators läßt sich sogleich eine gewisse Unsicherheit ablesen, denn er spricht davon, ein anderer sei „auf irgendeine Weise“ für Jesus gehalten worden. Ähnlich ungewiß sind die Ausführungen eines weiteren Koranauslegers:

Nicht Jesus war es, der hingerichtet wurde, sondern ein anderer, mit dem Gott auf wunderbare Weise für Ersatz sorgte (wie und in welcher Weise ist eine andere Sache, der Koran sagt darüber nicht) Maulana Abdul Majid Daryabadi, *Holy Qur'an,* Karachi: Taj Company, Ltd., 1970, S. 96).

Diese Kommentatoren äußern sich nur vage über das, was damals wirklich geschah. Der Grund ist, daß die Worte *„Vielmehr erschien ihnen (ein anderer) ähnlich"* zweideutig sind. Kein Kommentator ist deshalb in der Lage, dogmatische Aussagen über die Interpretation dieses Textes aufzustellen. Obwohl die gesamte Substitutionstheorie somit auf einer unsicheren Grundlage steht, wollen wir sie auf einer ganz anderen Ebene untersuchen. Wir wollen die schwerwiegenden ethischen Folgen betrachten, die sich daraus ergeben.

Die islamische Theorie vom „Ersatz-Jesus"

Die Behauptung, Gott habe das Aussehen eines Menschen verändert, um ihm Ähnlichkeit mit Jesus zu geben, läßt sofort den Gedanken aufkommen, daß der Allerhöchste es nicht als betrügerisch und falsch erachtet, darauf hinzuwirken, daß ein Mensch mit einem anderen verwechselt wird. Wir bezeichnen es als Betrug, die Unterschrift auf einem Scheck zu fälschen oder sich als jemand anderes auszugeben. Diese moslemische Theorie legt Gott eine solche Schuld zur Last.

Wir können die Antwort, die so häufig darauf gegeben wird, nämlich, daß Gott tun könne, was er wolle, und lediglich seine Macht demonstriert habe, nicht gelten lassen. Selbstverständlich hat Gott Kraft, alles zu tun, was er will, doch ebenso wie ein gottergebener Mensch seine Kraft nicht zum Rauben, Plündern, Schlagen und Zerstören einsetzt, so hat auch Gott, der Heilige und Gerechte (Jesaja 5,16) keine Freude an irgendeinem Unrecht. Unter keinen Umständen kann und will Gott seine Macht durch etwas unter Beweis stellen, das moralisch nicht zu rechtfertigen ist. Die Annahme, daß Gott das Aussehen eines unbeteiligten Zuschauers verändert haben soll, um diesem Ähnlichkeit mit Jesus zu verleihen, ist in unseren Augen Gotteslästerung. Damit würden Gott Handlungen zugeschrieben, die unter uns Menschen als verwerflich gelten würden. Da Christen an die absolute Wahrhaftigkeit und Gerechtigkeit Gottes glauben, müssen sie diesen Gedanken entschieden zurückweisen.

Einige moslemische Autoren und Traditionalisten waren sich der Mängel einer Theorie durchaus bewußt, die besagt, Gott selbst habe den schrecklichen Tod eines unschuldigen Zuschauers verursacht, um Jesus vor dem Kreuz zu retten. Sie stellten deshalb die Theorie auf, Gott habe Judas Ischariot das Aussehen Jesu verliehen. Auf diese Weise hofften sie, diese offensichtliche Täuschung ein wenig zu mildern, da es Judas Ischariot war, der Jesus verraten hatte. Könnte er als Opfer gelten, wäre Gott nicht mehr der Vorwurf zu machen, daß ein unschuldiger Zuschauer leiden und sterben mußte. Es ist jedoch weder im Koran noch in irgendeinem Buch aus vorislamischer Zeit ein Hinweis zu finden, der diese Annahme stützt. „Not macht erfinderisch", kann man in diesem Zusammenhang sagen (das Barnabas-Evangelium läßt Judas zum Opfer werden, nachdem der „wunderbare Gott in wunderbarer Weise" gehandelt hatte, um ihm das Aussehen Jesu zu geben).

Andere Moslems sagen, Judas oder irgendein anderer Zuschauer habe Jesus ähnlich gesehen, so daß er mit diesem verwechselt worden sei. Anhänger dieser Theorie machen den Versuch, die beiden genannten Schwierigkeiten zu umgehen, nämlich die von Gott verursachte Täuschung und die Hinrichtung eines Unschuldigen. Doch diese Annahme muß aus mindestens zwei Gründen zurückgewiesen werden. Zum einen deshalb, weil Jesu Mutter und zwei seiner engsten Freunde am Fuß des Kreuzes standen. Sollten auch sie den Irrtum nicht bemerkt haben? Zum anderen, weil der Koran uns sagt, daß bei den Juden der Eindruck erweckt wurde, sie hätten Jesus gekreuzigt. Aus diesen Worten ist zu schließen, daß die Verwechslung durch ein bewußtes göttliches Eingreifen bewirkt wurde.

Die Frage ergibt sich, ob das Opfer dieser Verwechslung unter dem Eindruck gestanden hat, selbst Jesus zu sein und wie Jesus auszusehen. Mit Sicherheit hätte sich das Opfer sonst gewehrt und gegen die Ungerechtigkeit aufbegehrt. Statt dessen lesen wir, was der Gekreuzigte sagte, als er die Mutter Jesu und dessen engsten Jünger am Fuß des Kreuzes erblickte:

> Als nun Jesus die Mutter sah und den Jünger, den er liebte, dabeistehen, spricht er zu seiner Mutter: „Frau, siehe, dein Sohn!" Dann spricht er zu dem Jünger: „Siehe, deine Mutter!" (Johannes 19,26f.).

Wer außer Jesus hätte so sprechen können? Angesichts der klaren Aussagen Jesu vor dem Hohenpriester und dem römischen Statthalter Pontius Pilatus kann kein Zweifel daran bestehen, daß es nur Jesus selbst gewesen sein kann, der verhört und anschließend gekreuzigt wurde.

Wenn nun Gott beabsichtigte, Jesus zu sich in den Himmel zu nehmen, warum war es dann notwendig, den Juden zuliebe einen unschuldigen Zuschauer leiden zu lassen? Wir sehen keinen Sinn darin. Warum sollte Gott einen Unschuldigen (unschuldig insofern, als er nichts getan hatte, was man Jesus zur Last legte) einen so qualvollen Tod am Kreuz sterben zu lassen? Nur um den Juden die Genugtuung zu geben, sie hätten Jesus gekreuzigt? Wir Christen glauben an einen Gott voll ewiger Weisheit, können aber in diesen Aussagen keine Weisheit erkennen.

Zudem, wenn dem Mann, der gekreuzigt wurde, das Aussehen Jesu gegeben worden war, ist keinem Menschen ein Vorwurf daraus zu machen, daß er ihn wirklich für Jesus hielt. Alle Jünger Jesu müssen von seinem Tod am Kreuz überzeugt gewesen sein, denn überall, wohin sie kamen, predigten sie von seiner Kreuzigung. Drei Jahre lang waren sie Jesus nachgefolgt. Verkündeten sie bis zum Ende ihres Lebens und oft unter dem Einsatz ihres Lebens einen Betrug des Allmächtigen? Kann man so etwas wirklich glauben?

Die Substitutionstheorie besagt, daß Gott herzlos und unredlich handeln kann. Vor uns erscheint das Bild eines Gottes, der ungerührt den Tod eines unschuldigen Zuschauers zuläßt und ebenso kalt gegenüber dem Kummer der Jünger Jesu ist. Diese Theorie widerspricht der neutestamentlichen Beschreibung vom Wesen Gottes. Nach dem Evangelium hat der ewigliebende Gott seinen eigenen Sohn für uns alle dahingegeben, damit wir mit ihm selbst versöhnt würden.

„Hazrat Isa ist tot!“ – Eine moderne Alternative

Seitdem christliche Missionare im letzten Jahrhundert ernsthaft begonnen haben, das Evangelium im Raum des Islam zu verkündigen, haben viele Moslems nach einer Lehre gesucht, die die Substitutionstheorie ersetzen könnte. Obwohl der Koran Jesus den anderen Boten Gottes, die ihm vorausgingen, gleichstellt (Sure 5,75), wird ihm doch wegen seiner jungfräulichen Geburt, seiner Himmelfahrt und Wiederkehr eine viel höhere, einzigartige Stellung zugebilligt. Diese Lehren sprechen mehr für die christliche Überzeugung, daß Jesus der Sohn Gottes ist, als für die moslemische Auffassung, er sei nur ein Prophet.

Bedenken wir, daß die anderen Propheten auf natürliche Weise geboren wurden und daß sie sterben mußten (Ausnahme: Elia, s. 2. Könige 2,11). Sollte Jesus einer von ihnen sein, so überlegten sich diese Moslems, mußte sein Leben auf eine Lebensführung wie die der Propheten herabgewürdigt werden. Dann muß aufgezeigt werden, daß er ein gewöhnliches Leben führte und eines natürlichen Todes starb. Um das zu erreichen, haben einige Moslems eine Theorie entwickelt, die besagt, daß Jesus (Hazrat Isa) tot sei. Sie behaupteten, er sei einige Jahre nach seiner angeblichen Himmelfahrt eines natürlichen Todes gestorben.

1978 erhob sich in Südafrika ein großer Streit über die beabsichtigte Herausgabe eines Buches mit dem Titel „Der Koran und seine Botschaft" *(The Message of the Qur'an)*. Es handelte sich dabei um eine englische Übersetzung des Korans von Muhammad Asad. Dieser Übersetzung ist ein Kommentar beigegeben. Die Debatte entzündete sich an dem Kommentar zum Koranvers über die Kreuzigung Jesu, Sure 4,157. Asad kommentiert:

> Nirgendwo im Koran findet sich eine Rechtfertigung für die allgemeine Auffassung, daß Gott Jesus lebend und in seiner sichtbaren Existenz in den Himmel „emporgehoben" hat (S. 135).

Viele orthodox ausgerichtete moslemische Publikationen in Südafrika, wie „The Majlis" und „The Muslim Digest" wenden sich entschieden gegen diese Interpretation. Ganze Ausgaben wurden diesem Thema gewidmet, um Beweise für die Substitutionstheorie erschöpfend darzustellen. Sie forderten jene Moslems, die die „Jesus ist tot-Theorie" vertraten, auf, sich öffentlich zu ihren Aussagen zu bekennen. Keiner war jedoch dazu bereit. Einer von ihnen, der seine Anonymität unter dem Decknamen „Special Correspondent" zu bewahren versuchte, schrieb 1978 in der September-Ausgabe der Zeitschrift *Al-Qalam* („Das Wort") einen Artikel mit der Überschrift: *„Gehört die Frage, ob Hazrat Isa (Jesus) lebt oder tot ist, überhaupt zum Glauben?"* Wir entnehmen ihm das nachfolgende Zitat, in dem interessanterweise klar zum Ausdruck kommt, daß die Bedeutung von Sure 4,157 falsch interpretiert werden kann:

> „Raf" (Himmelfahrt) und „wafat" (Tod) des Hazrat Isa (Jesus) werden im Koran mit Versen beschrieben, die man „Mutashabihat" nennt. Ihre wahre Bedeutung „kennt nur Allah" (vgl. Sure 3,7; S. 15).

Der islamische Rat von Südafrika hat sich ausdrücklich von den Ansichten Asads distanziert und sich für das ausgesprochen, was von der überwiegenden Mehrzahl der Moslems gelaubt wird, nämlich, daß Jesus von Gott zum Himmel emporgehoben wurde, ohne (am Kreuz) zu sterben, und daß er zur Erde zurückkehren wird (*The Muslim Digest,* Okt./Nov. 1978, S. 3).

Obwohl wir nicht an die Substitutionstheorie glauben, sind wir doch der Meinung, daß sie die einzige wäre, die aus den vagen Aussagen des Korans abzuleiten wäre, niemals aber die Auffassung vom späteren natürlichen Tod Jesu. Diese müssen wir aus folgenden Gründen zurückweisen.

1. *Entstehung.* Die Theorie ist relativ jung. Im frühen Islam hat man sich in allen Überlieferungen, wenn sie auch bisweilen verwirrende und widersprüchliche Aussagen enthielten, in der einen oder anderen Weise für die Substitutionstheorie ausgesprochen.

2. *Ursache.* Die Theorie fußt nicht auf einer gewissenhaften Durchforschung der im Koran und in der Überlieferung (Hadith) vorhandenen Quellen und Beweise, sondern ist aus einer negativen Reaktion auf den Glauben der Christen entstanden.

3. *Glaubwürdigkeit.* Nirgendwo findet sich ein geschichtlicher Hinweis darauf, daß Jesus länger als 33 Jahre auf Erden lebte. Es gibt keinen Beweis für die Theorie, daß Jesus nach der Zeit seiner bezeugten Kreuzigung und Himmelfahrt sein irdisches Leben weitergelebt und seinen Dienst auf Erden fortgeführt hätte (in diesem Punkt hält sich auch die Substitutionstheorie an die geschichtlichen Tatsachen). Überdies geht aus der Bibel und dem Koran klar hervor, daß Jesus ausdrücklich zum Volk Israel gesandt war (Matthäus 15,24; Sure 61,6). Ein längerer Dienst in irgendeinem anderen Gebiet, wie manchmal angenommen wird, kommt deshalb nicht in Frage.

Die christliche Gemeinde hat sich nach der Himmelfahrt Jesu schnell ausgebreitet. Wäre Jesus in Israel weiter am Leben gewesen und hätte er seinen prophetischen Dienst fortgeführt, hätte dieses erstaunliche Wachstum nicht stattgefunden. Christen haben wegen vieler Gründe Widerstand erfahren, aber nie deshalb, weil Jesus angeblich sein irdisches Leben fortgesetzt hätte.

Fragen wir doch die Vertreter dieser Theorie nach dem Ort, dem Zeitpunkt und den Umständen von Jesu Tod! Solange sie uns keine Fakten vorlegen können, müssen wir ihre Annahme als Trugschluß zurückweisen. Sie beruht nicht auf Tatsachen, sondern dient ausschließlich islamischen Interessen.

Außerdem entsprechen diese Aussagen nicht dem Sinn von Sure 4,157. Befürworter dieser Theorie verstehen die Koranworte „Gott nahm ihn auf zu sich“ so, daß Gott einige Jahre später, am Ende von Jesu irdischem Leben, ihn auf geistige Weise zu sich nahm. Aus zwei Gründen muß diese abweichende Interpretation zurückgewiesen werden. Erstens wird mit dem arabischen Wort „rafaa“ eine körperliche Auffahrt bezeichnet. Zweitens steht dieser Eingriff Gottes, der im Koran gelehrt wird, in unmittelbarem Kontrast zum Versuch der Juden, Jesus zu kreuzigen. Der Satz ist sicher als Erklärung dafür zu verstehen, *weshalb* Jesus nicht getötet wurde, nämlich weil Gott ihn in diesem Augenblick zu sich nahm. Bewußt werden diese Worte mit einem „aber“ eingeleitet. Daraus geht hervor, daß das Folgende als unmittelbares Eingreifen Gottes zu verstehen ist, um die Kreuzigung Jesu zu verhindern. Die einzig sinnvolle Interpretation der Worte aus Sure 4,157 ist die, daß Gott Jesus lebend in den Himmel aufnahm.

Die islamische Ohnmachtstheorie und ihr Ursprung

Viele Moslems sind sich der Schwachpunkte durchaus bewußt, die sich aus den unterschiedlichen Erklärungen von Sure 4,157 ergeben. Sie sind deshalb zu dem verzweifelten Entschluß gekommen, die moslemischen Theorien möglichst zu umgehen und stattdessen den christlichen Glauben anzugreifen.

Ahmet Deedat aus Durban, Südafrika, gehört zu dieser Gruppe von Moslems. 1975 hat der Mitverfasser dieses Buches, John Gilchrist, mit ihm in Benoni, Südafrika, ein Symposium abgehalten zum Thema „Wurde Christus gekreuzigt?“ Er bat Deedat, sich auf eine gründliche Darstellung der Aussagen, die der Koran über die Kreuzigung Jesu gibt, zu beschränken. Stattdessen wiederholte Deedat den Inhalt seines gleichnamigen Büchleins (Ahmed H. Deedat, *Was Christ Crucified?*, Durban: Islamie Propagation Centre) und griff die biblischen Aussagen an. Er versuchte zu beweisen, daß Jesus nicht am Kreuz gestorben, sondern lediglich ohnmächtig geworden sei. Er sei freigekommen und habe sich dann später erholt. – Der einzige Weg, seinen Zuhörern diese Meinung aufzudrängen, bestand darin, tunlichst die vielen biblischen Beweise vom Kreuzestod Jesu außer acht zu lassen.

In dem Buch *Christianity Explained to Muslims* („Der christliche

Glaube – für Moslems erklärt") behandelt Lewis Bevan Jones in dem Kapitel „The Historicity of the Crucifixion" („Die Kreuzigung als geschichtliche Tatsache") die Auffassung der islamischen Ahmadiyya-Sekte. Er schreibt:

Es gehört zum Glauben der Moslems, nicht an den Tod Jesu zu glauben, zumindest nicht *nach Ansicht des vorherrschenden, orthodoxen Islam.* Nationalistisch gesinnte Moslems von heute behaupten hingegen, Jesus sei gestorben, aber nicht am Kreuz.

Hier begegnen wir einem erstaunlichen Phänomen im Islam: die Mehrheit aller Moslems hat immer daran festgehalten und bekennt sich auch heute noch dazu, daß Jesus, um es mit dem Koran zu sagen, von Gott zum Himmel „emporgehoben" wurde, so daß er damals auf Golgatha dem Kreuzestod entging. *Jetzt aber hat die Ahmadiyya-Sekte diesem jahrhundertealten überlieferten Glauben die Meinung entgegengesetzt, Jesus sei schließlich doch gestorben, und zwar eines natürlichen Todes – wann und wo wird nicht gesagt.* Beide Gruppen versuchen ihre Meinung mit Koranversen zu erhärten, die sich auf dieses Thema beziehen. Wir haben uns deshalb ziemlich eingehend mit den Worten zu befassen, die an den betreffenden Stellen gebraucht werden.

Es handelt sich dabei um folgende Passagen:

„Heil sei über mir am Tag, da ich geboren wurde, am Tag, da ich sterbe (amutu) und am Tag, da ich (wieder) zum Leben auferweckt werde" (Sure 19,34).

„Und die Juden planten, und Gott plante. Doch das, was Gott plant, ist das Beste. Bedenke, was Gott sagt: O Jesus, wahrlich, ich will Dir Anlaß geben, zu sterben ... und will dich emporheben ... zu mir und dich retten vor denen, die nicht glauben" [an dieser Stelle fehlt im amerikanischen Original die Angabe der Sure; sie ist deshalb aus dem Amerikanischen rückübersetzt].

„Und (weil sie) sagten: Wir haben Christus Jesus, den Sohn der Maria und Gesandten Gottes, getötet. – Aber sie haben ihn (in Wirklichkeit) nicht getötet und (auch) nicht gekreuzigt. Vielmehr erschien ihnen (ein anderer) ähnlich (so daß sie ihn mit Jesus verwechselten und töteten). Und diejenigen, die über ihn (oder: darüber) uneins sind, sind im Zweifel über ihn (oder: darüber). Sie haben kein Wissen über ihn (oder: darüber), gehen vielmehr Vermutungen nach. Und sie haben ihn nicht mit Gewißheit getötet (d.h. sie können nicht mit Gewißheit sagen, daß sie ihn getötet haben). Nein, Gott hat ihn zu sich (in den Himmel) erhoben. Gott ist mächtig und weise" (Sure 4,157f.).

(Jesus spricht) „Und ich war Zeuge über sie, solange ich unter ihnen weilte. Nachdem du mich abberufen hattest, warst du es, der auf sie aufpaßte. Du bist über alles Zeuge" (Sure 5,117). (Lewis Bevan Jones, a.a.O., S. 75f.).

Bevan Jones führt dann seine Darstellung der islamisch-orthodoxen Meinung, daß Jesus nicht getötet, sondern in den Himmel aufgenommen wurde, noch weiter aus. Die „Ohnmachtstheorie", die die Rationalisten vertreten, kommentiert Jones wie folgt:

In letzter Zeit haben moslemische Rationalisten versucht, die Aussagen des Korans mit ihren Auffassungen in Einklang zu bringen. Die Ahmadiyya-Sekte versucht sich einzureden, daß sie endlich eine korrekte Interpretation des arabischen Urtextes gefunden hat. Mit ihrer Meinung verwirft sie nicht nur die traditionelle islamische Sicht, sondern zielt auch sehr geschickt mitten ins Zentrum des christlichen Glaubens.
Nach Mirza (Prinz) Ghulam Ahmad von Qadian, „starb Jesus nicht am Kreuz, sondern wurde ohnmächtig von seinen Jüngern heruntergeholt. Innerhalb von vierzig Tagen wurde er durch eine wundersame Salbe, in Persisch *marham-i-'Isa* („die Salbe Jesu") genannt, wieder geheilt. Dann ging er gen Osten zu den zehn verlorenen Stämmen des Hauses Israel, um einen Missionsauftrag zu erfüllen. Für Ahmad sind das die Völker von Afghanistan und Kaschmir. Schließlich starb Jesus im Alter von 120 Jahren und wurde in der Kahn Vau Street in Srinagar, der Hauptstadt von Kaschmir, begraben."
Es ist zu beobachten, daß der Mirza (Prinz) die Aussagen, die der Koran über den Tod Jesu macht, unbeachtet läßt, so daß die Verwirrung in der Frage, wer nun wirklich am Kreuz starb, noch immer kein Ende gefunden hat (vgl. S. 77). Stattdessen propagiert er, Jesus sei am Kreuz nur ohnmächtig geworden und habe später das Bewußtsein wiedererlangt, *eine Aussage, die im Koran keinerlei Unterstützung findet.* Doch diese Überlegungen stammen nicht von ihm selbst, sondern sind – bis in die Einzelheiten hinein – westliches Gedankengut (ebd., S. 82f.).

Die Ohnmachtstheorie entbehrt jeder biblischen Grundlage und widerspricht dem Glauben der Moslems. Ungeachtet aller moslemischen Auffassungen über die Himmelfahrt und Wiederkunft Jesu ist es aber nach Meinung des Verfassers des erwähnten Artikels in „Al-Qalam" (s.S. 121) eine unbestrittene Tatsache, daß Jesus nach Aussage des Korans niemals gekreuzigt worden ist. *Gekreuzigtsein* bedeutet, *an einem Kreuz zu hängen.* Der Koran bestreitet deshalb ganz klar, daß Jesus jemals an ein Kreuz gehängt wurde. Nach Deedats Theorie geschah das aber doch. So versucht er, die Schwierigkeiten zu umgehen, indem er sagt, Gekreuzigtsein bedeute, an einem Kreuz zu *sterben.* Man könne nicht davon sprechen, jemand sei gekreuzigt worden, wenn er nicht auch am Kreuz gestorben sei!

Diesem Gedanken liegt der Versuch zugrunde, die Ohnmachtstheorie mit der Leugnung der Kreuzigung Jesu, wie sie im Koran zu finden ist, in Einklang zu bringen. Deedat behauptet, wenn es bewiesen sei, daß Jesus lebendig vom Kreuz herabgenommen wurde, würde dies zeigen, daß er niemals gekreuzigt worden sei. In seiner Darlegung heißt es sogar: *„Auch wenn Jesus ans Kreuz geschlagen wurde – ist er doch nicht gekreuzigt worden"* (S. 33). Angenommen, das Wort „kreuzigen" bedeutet immer auch „am Kreuz sterben“, welches andere Verb hätten wir, um den bloßen Vorgang, jemand an ein Kreuz zu nageln, zu beschreiben? (Obwohl Deedat den Anspruch erhob, bewiesen zu haben, daß Jesus nicht gekreuzigt wurde, faßte die Zeitung „Benoni City Times“ am Freitag nach dem Symposium bezeichnenderweise seine Ausführungen in dem Satz zusammen: „Er [Jesus] wurde zwar gekreuzigt, starb aber nicht, wandte Deedat ein.“)

Viele moslemische Autoren haben der Versuchung nicht widerstehen können, sich Deedats Auffassung anzuschließen und die biblische Grundaussage von der Kreuzigung Jesu zu unterhöhlen. Sie gehen davon aus, man könne die Texte der Evangelien so verändern und entstellen, daß der Eindruck entsteht, Jesus habe die Kreuzigung überlebt (vgl. A.D. Ajijola, *The Myth of The Cross,* Lahore: Islamic Publications, Ltd., 1975; Ulfat Aziz-us-Sammad, *A Comparative Study of Christianity and Islam,* Lahore: Sh. Muhammad Ashraf 1976; W.J. Sheard, *The Myth of the Crucified Saviour,* Karachi: World Federation of Islamic Missions 1967). W.J. Sheard hat dabei die ganze Verfänglichkeit dieser Theorie dargelegt und offen zugegeben, daß die Texte der Bibel – bei unparteiischer Exegese – diese Interpretation nicht zulassen. Er sagt auf Seite 1 seines Büchleins:

> Dem Wahrheitssuchenden bleibt nur der eine Weg: er muß zwischen den Zeilen der verschiedenen Evangelien lesen, um die Wahrheit herauszufinden.

Sheard wußte, daß der Tod Jesu am Kreuz zur klaren biblischen Lehre gehört und daß er durch unparteiische, objektive Schriftstudien zu dieser Folgerung kommen mußte. Doch wie Deedat, Ajijola und andere war Sheard nicht daran interessiert, das tatsächlich Geschriebene zu erforschen und zu verstehen. Er konzentrierte sich auf das, was er zwischen den Zeilen zu erkennen glaubte.

Woher stammt nun diese Theorie? Wie Jones erwähnt, ist sie nicht erst jetzt entstanden:

> Sie wurde vor mehr als einem Jahrhundert von dem deutschen Rationalisten Venturini vorgebracht. Er verfaßte ein romanhaftes Werk, in dem er zu bedenken gab, daß das Sterben bei einer Kreuzigung sehr langsam vor sich geht und daß Jesus deswegen nicht tot, sondern lediglich ohnmächtig gewesen sei, als er nach etwa sechs Stunden vom Kreuz abgenommen wurde. Anschließend soll man ihn in eine kühle Höhle gelegt und durch heilende Salben und wohlriechende Kräuter wieder belebt haben. Dr. Paulus und auch der berühmte Schleiermacher waren Befürwor-

ter dieser phantastischen Idee, die dann aber von niemand Geringerem als dem Skeptiker Strauss lächerlich gemacht wurde (Bevan Jones, a.a.O., S. 82).

In Bezug auf Ahmad, der sich diesen Gedanken zu eigen machte, sagt er:

Man muß sich hierbei vor Augen führen, daß Ahmad auf diese Weise nicht nur die Geschichtlichkeit der Auferstehung leugnet, sondern gleichzeitig zum Ausdruck bringen wollte, daß Jesus tot ist. Alle Ahmadis wiederholen also nur, was er lehrte (ebd., S. 84).

Wenn dem durchschnittlichen Moslem bewußt wäre, daß dies die grundlegende Lehre der Qadianis ist, die zu der von Mirza Ghulam Ahmad begründeten *Ahmadiyya-Bewegung* gehören, würden sie ihr keinerlei Glauben schenken. Die Ahmadiyya-Bewegung wird von vielen Moslems als eine Gruppierung gesehen, die sich außerhalb des wahren moslemischen Glaubens bewegt. Dies hat seinen Grund darin, daß ihre Lehre in manchen Dingen dem traditionellen Islam zuwiderläuft, obwohl sie ihm an den meisten Punkten gleicht. Die hervorstechendsten Unterschiede findet man gerade im Hinblick auf Lehraussagen, die den Islam gegen das Christentum stützen wollen. Das hat seinen Grund darin, daß das Charakteristische der Ahmadiyya-Bewegung oder der Qadianis darin liegt, daß sie sich besonders entschieden gegen den christlichen Glauben aussprechen. Und das ist nicht die Meinung der Christen oder meisten Moslems, sondern eine Lehre der Qadianis. Nachstehend die Aussage des ehemaligen Vorsitzenden der Ahmadiyya-Bewegung von Lahore:

Alle diese Fakten beweisen endgültig die Wahrheit der im heiligen Koran enthaltenen Aussage, daß Jesus nicht getötet wurde, daß er auch nicht den Kreuzestod erlitt. Er wurde nur für tot gehalten, so daß er mit dem Leben davonkam. Später starb er dann eines natürlichen Todes, wie es auch der Heilige Koran bestätigt (Moulvi Muhammad Ali, *Muhammad and Christ,* Lahore: Ahmadiyya Anjuman-I-Ishaet-I-Islam, 1921, S. 141).

Derselbe Autor schreibt in seinem Korankommentar über Sure 4,157:

Das Wort (der Koran) stellt die Tatsache, daß Jesus an ein Kreuz genagelt wurde, nicht in Abrede, wohl aber seinen Tod als Folge der Kreuzigung ... Die Umstände, die mit der Kreuzigung in Zusammenhang zu bringen sind, sind weit davon entfernt, den Tod Jesu am Kreuz zu belegen. Sie haben klar bewiesen, daß er lebend vom Kreuz herabgenommen wurde (Moulvi Muhammad Ali, *The Holy Qur'an,* Lahore: Ahmadiyya Anjuman-I-Ishaet-I-Islam, 1920, S. 241. 243).

In der Ahmadiyya-Schrift über das Leben und die Stellung Jesu finden wir eine ähnliche Feststellung. Es heißt dort:

Es erscheint unangemessen, die Kreuzigung Jesu als historische Tatsache zu bezweifeln, wohl aber können Einwände gegen die in den Evangelien berichteten Einzelheiten erhoben werden. Auch kann begründet werden, daß er nicht am Kreuz starb (Khwaja Nazir Ahmad, *Jesus in Heaven on Earth,* Lahore: Woking Muslim Mission and Literary Trust 1972, S. 185).

Zweifellos hat Deedat diese Theorie der Qadianis sowohl Christen als auch Moslems nahebringen wollen. Bei der Lektüre von Deedats Büchlein fällt auf, daß seine Argumente, wo sie nicht Ahmads Buch entliehen sind, denen des Qadiani-Autors ähneln.

Ein moslemischer Autor hat in einem kürzlich erschienenen Buch die ganze Ohnmachtstheorie zurückgewiesen. Er spricht von einem „giftigen Versuch ..., einen neuen historischen Kurs anzusteuern, der besagt, Jesus sei zwar ans Kreuz gebracht, dann aber halbtot befreit worden. Anschließend sei er einem langsamen, endgültigen Tod entgegengegangen und an einem geheimen Ort in Kaschmir begraben worden" (Syed M.B. Alam, *Nuzul-e-Esa: The Descension of Jesus Christ,* Delhi: Dini Book Depot S. 46).

Die Qadianis behaupten, daß sowohl die Bibel als auch der Koran Anhaltspunkte für die Ohnmachtstheorie liefern. Damit setzen sie sich über die klaren Aussagen hinweg, die in der Bibel und im Koran dieser Theorie widersprechen. Die Bibel sagt, Jesus wurde gekreuzigt und getötet (Apostelgeschichte 2,23), der Koran behauptet das Gegenteil (Sure 4,157). Im folgenden Kapitel gehen wir näher auf die Ohnmachtstheorie ein, wie sie von Ahmed Deedat – im Einklang mit der Ahmadiyya-Bewegung – vertreten wird.

Ahmed Deedats Schrift „Wurde Christus gekreuzigt?"

Im folgenden gehen wir auf die wichtigsten Punkte ein, die Deedat in seiner Schrift „Wurde Christus gekreuzigt?" (a.a.O., S. 31f.) anführt, sowie auf seine Beiträge zum Thema „Auferstehung oder Wiederbelebung?" (Ahmed H. Deedat, *Resurrection or Resuscitation?,* Durban: Islamic Propagation Centre 1978) und „Wer bewegte den Stein?" (Ahmed H. Deedat, *Who Moved the Stone?* Durban: Islamic Propagation Centre 1977). Dabei wird jeweils zuerst die Aussage Deedats genannt, dann folgt die biblische Antwort darauf.

Punkt 1: Jesus wollte nicht sterben. In allen vier Evangelien wird uns berichtet, daß Jesus angesichts seines bevorstehenden Todes eine bemerkenswerte Seelenstärke bewies. Er ging nach Jerusalem hinauf, obwohl er wußte, daß man ihn kreuzigen würde (Lukas 18,31-33). Und als die Juden ihn eines Nachts in einem Garten nahe der Stadt gefangen nehmen wollten, ging er ruhig auf sie zu, obwohl er genau wußte, was ihm widerfahren würde (Johannes 18,4). Ja, er ging sogar an den Ort, wo sie ihn suchen würden (Johannes 18,2) und lieferte sich ihnen widerstandslos aus, obwohl er zwölf Legionen Engel hätte zu Hilfe rufen können, die ihn befreit hätten (Matthäus 26,53). Anstatt sich gegen den Tod zu sträuben, war er bereit und entschlossen, sein Leben hinzugeben.

Alle Beschimpfungen und Beleidigungen, denen er am nächsten Tag ausgesetzt war, ließ er still über sich ergehen. Ohne das geringste Zeichen von Furcht oder Protest ergab er sich und ging den Weg zum Kreuz. Als man ihn aus Jerusalem fortbrachte, bangte er nicht um sein eigenes Leben, sondern sorgte sich um die Zukunft der Frauen und Kinder in dieser Stadt (Lukas 23,28). Noch als er am Kreuz hing, kümmerte er sich um die, die bei ihm standen (Johannes 19,26f.). Wir finden also im Evangelium keine Beweise dafür, daß Jesus sich seinem Tod widersetzte. Statt dessen sehen wir, daß er ihn widerstandslos annahm. Trotz vieler Möglichkeiten, den Tod am Kreuz zu vermeiden, ging er seinen Weg weiter mit dem festen Entschluß, eine gefallene Menschheit von ihren Sünden zu erlösen (Lukas 9,22.51; 18,31).

Nur ein einziges Mal lesen wir, daß Jesus innerlich widerstrebte. Das war im Garten Gethsemane, als er Gott anflehte: „Mein Vater, wenn es möglich ist, so gehe dieser Kelch an mir vorüber; doch nicht wie ich will, sondern wie du willst“ (Matthäus 26,39). Dies sagte er angesichts der schrecklichen Qual, die auf ihn wartete, nicht aber als Ausdruck einer mangelnden Bereitschaft, den Willen Gottes zu erfüllen. Er empfand Schmerz. Wahre Liebe ist immer mit Schmerz verbunden. Christus gab sein Leben für uns, damit wir zum Leben befreit werden. Er wollte es so. Hätte er den Tod gefürchtet, so wäre dies überdeutlich geworden – ganz besonders in jenen qualvollen Stunden am Kreuz.

Bis zu seiner Kreuzigung hatte er in der uneingeschränkten Gegenwart und Gemeinschaft seines himmlischen Vaters gelebt. Jetzt sollte er in die Hände sündiger Menschen ausgeliefert werden. Sein Leben lang kannte Jesus nur den einzigen Wunsch: den Willen seines Vaters zu tun und ihm zu gefallen (Johannes 14,31). Er wußte nicht, wie es ist, ein

Sünder zu sein und unter den Folgen der eigenen Sünde zu leiden. Er kannte nur die eine Furcht: von seinem Vater verlassen zu sein und der Herrschaft der Sünde und der Barmherzigkeit sündiger Menschen ausgeliefert zu sein. Um die Welt zu erlösen, mußte Jesus aber für uns zur Sünde gemacht werden (2. Korinther 5,21) und die Folgen unserer Verfehlungen auf sich nehmen. An Jesus erkennen wir eine heilige Furcht vor jeder Art von Sünde und ihren Folgen – eine Haltung, die wir bei den meisten Menschen vergeblich suchen, die deshalb ewiges Verderben erlangen. Jesus schreckte vor den *seelischen Qualen* zurück, die seinen Opfertod begleiten würden, doch seine Liebe zu einer gefallenen, sündigen Menschheit war größer als alle Angst. Er suchte Kraft im Gebet, um die Qualen durchzustehen, die auf ihn warteten.

Punkte 2 bis 4: Er bat Gott um Hilfe, Gott „hörte" seine Gebete, der Engel stärkte ihn. Dies alles geschah fast gleichzeitig und kann gemeinsam betrachtet werden.

Es zeugt nicht unbedingt von einer logischen Gedankenfolge, wenn Deedat argumentiert, ein Engel sei zu Jesus gesandt worden, um ihn damit zu trösten, daß Gott ihn retten würde (S. 13). Wäre das Gottes Absicht gewesen, hätte er ihn zweifellos sofort zu sich genommen. Womit hätte der Engel ihn „trösten" oder „stärken" sollen, wenn die Hilfe sich erst nach stundenlanger unbeschreiblicher Qual zeigen sollte, als Jesus dem Kreuzestod nahe war?

Dann wären die Qual und das Leiden am Kreuz umsonst gewesen, und Gottes Hilfe hätte sich erst mit unseliger Verzögerung eingestellt. Auch wäre für ihn das Wissen nicht tröstlich gewesen, er habe die Folter am Kreuz nur so lange zu ertragen, bis er kurz vor Eintritt des Todes gerettet würde. Im übrigen, sollte Jesus vom Kreuz abgenommen worden sein, weil er dem Tod schon so nahe war, daß man ihn für tot hielt, wie kann dann überhaupt noch von einer „Rettung" oder einem Eingreifen Gottes die Rede sein?

Alle diese Gedanken widersprechen dem folgerichtigen Lauf der Ereignisse, die in den Evangelien berichtet werden. In Wahrheit war der Gedanke, daß er um der Sünde willen leiden sollte, für Jesus so unerträglich, daß er fast darunter zusammenbrach. Kurz vorher hatte er seinen Jüngern noch gesagt, wie betrübt seine Seele war – betrübt bis an den Tod (Markus 14,34). Gott erhörte sein Flehen. Ein Engel stärkte ihn (Lukas 22,43), so daß er seinen Auftrag erfüllen und durch seinen

Kreuzestod eine sündige Menschheit von Sünde, Tod und Hölle erlösen konnte.

Rettung nach stundenlanger Qual am Kreuz, kurz vor Eintritt des Todes, wäre eine unnötig und sinnlos verzögerte Befreiungstat Gottes gewesen, die noch dazu eine längere, schmerzvolle Genesungszeit erforderlich gemacht hätte. Es ist sinnvoller, Jesus in völliger Gesundheit aufzuerwecken, und ihn so dem Tod zu entreißen. Das entspricht dem biblischen Bericht.

Punkte 5 und 6: Pilatus erklärt Jesus für „unschuldig". Seine Frau hat einen Traum, damit „ein gerechter Mensch" gerettet wird.

Punkt 7: Nur drei Stunden am Kreuz. Dies entspricht nicht den Tatsachen, denn Jesus hing sechs Stunden am Kreuz. Deedat beruft sich in diesem Zusammenhang auf das Buch von Jim Bishop *The Day Christ Died* („Der Tag, an dem Christus starb"), erwähnt aber nicht dessen Hinweis auf Seite 289: *Jesus willed himself to die* („Jesus war gewillt zu sterben"). Im Evangelium wird berichtet, daß Jesus sagt:

> Niemand nimmt es (mein Leben) von mir, sondern ich lasse es von mir selbst. Ich habe Vollmacht, es zu lassen, und habe Vollmacht, es wiederzunehmen. Dieses Gebot habe ich von meinem Vater empfangen (Johannes 10,18).

Diese Aussage finden wir in den Ereignissen bestätigt, die seinen Tod begleiteten. Menschen, die gekreuzigt wurden, hingen gewöhnlich viele Stunden lang schlaff am Kreuz, mit durchsackendem Körper und hängendem Kopf, bis der Tod eintrat. Bei Jesus war das anders. Als er in seinem ewigen Geist wußte, daß das ihm aufgetragene Erlösungswerk beendet war, rief er laut: „Es ist vollbracht". Dann erst sank sein Haupt nach vorn, und er gab seinen Geist auf (Johannes 19,30). In dieser Haltung offenbart sich das Geheimnis seines Sterbens. Alle Schrecknisse, denen er ausgesetzt war, konnten ihn nicht seiner Kraft berauben. In völliger Würde beugte er freiwillig sein Haupt und setzte seine Kraft bewußt dazu ein, sein Leben hinzugeben. Jesus selbst war willig, sich dem Tod auszuliefern. Drei Tage später verhalf ihm dieselbe göttliche Kraft zur Auferstehung aus den Toten.

Punkt 8: Die beiden anderen waren noch am Leben. Dieses Argument verliert im Blick auf die obigen Ausführungen seine Gültigkeit. Bei diesen beiden Männern handelte es sich um Verbrecher (Markus 15,28). Sie konnten ihr Leben nicht hingeben wie Jesus es konnte. Jesus ging den schmachvollen Weg mit voller Absicht, sie nicht.

Punkt 9: In der Encyclopedia Biblica lesen wir: „Er war noch am Leben, als die Lanze ihn durchbohrte“. Auf Seite 3 seiner Broschüre behauptet Deedat, er habe *aus der Bibel selbst* die Beweise zur Widerlegung der Lehre von der Kreuzigung ableiten können. Hier war er jedoch gezwungen, auf externe Quellen zurückzugreifen. Fest steht, daß man Augenzeugenberichten immer den Vorzug vor anderen Berichten geben muß. Augenzeugen nämlich beziehen sich auf Tatsachen, während der obige Kommentar bestenfalls auf Vermutungen beruht. Der Augenzeugenbericht, mit dem wir es hier zu tun haben, ist der des Apostels Johannes. Er bezeugt, daß Jesus schon gestorben war, als die Lanze ihn durchbohrte (Johannes 19,33-35).

Punkt 10: Die Beine Jesu wurden nicht gebrochen. Die Entscheidung der Soldaten, seine Beine nicht zu brechen, beweist eindeutig, daß er zu dem Zeitpunkt bereits tot war (Johannes 19,33). Dr. Pink bemerkt hierzu:

Es ist schwer vorstellbar, daß routinierten Henkern wie jenen römischen Soldaten in dieser Angelegenheit ein Irrtum unterlaufen sein soll. Pilatus hatte befohlen, daß allen dreien die Beine zu brechen waren. Sie hätten es nicht gewagt, diesen Befehl nicht auszuführen, wenn sie nicht völlig sicher gewesen wären, daß Christus bereits gestorben war. Die Behauptung von Nichtchristen, Christus sei niemals gestorben, sondern lediglich in Ohnmacht gefallen, ist völlig absurd. Das Vorgehen der römischen Soldaten zeugt gegen sie! (Arthur W. Pink *Exposition of the Gospel of John,* Grand Rapids, MI: Zondervan Publishing House 1945, S. 248).

Punkt 11: Drei Stunden lang Donner, Erdbeben und Dunkelheit. Dies sollte eigentlich keinen Zweifel daran lassen, daß Jesus nicht zufällig gekreuzigt wurde, sondern tatsächlich für die Sünden anderer litt und starb. Es gab damals keine Sonnenfinsternis. Vielmehr blieb das Licht der Sonne während der letzten drei Stunden seiner Leidenszeit auf unerklärliche Weise verdunkelt (Markus 15,33). Es ist kein Zufall, daß die Finsternis in dem Augenblick wich, als Jesus seinen Geist aufgab. Die Dunkelheit war ein Signal Gottes, ein Zeichen dafür, daß an jenem Tag gründlich mit der Sünde abgerechnet wurde.

Punkt 12: Pilatus wundert sich, als er von seinem Tod hört. Deedat führt an, Pilatus habe trotz seiner Überraschung über den baldigen Tod Jesu nichts unternommen, um sich zu vergewissern, ob Jesus tatsächlich gestorben war oder nicht.

Im Gegenteil, schon die Tatsache, daß Pilatus den für die Kreuzigung verantwortlichen Zenturio befragte (Markus 15,44), zeigt uns, wie sehr ihn die Angelegenheit beschäftigte. Große Schwierigkeiten wären ihm sicher gewesen, wenn Jesus die Kreuzigung überlebt hätte. Pilatus hatte doch schon deshalb der Kreuzigung zugestimmt, um die Juden zu besänftigen und seine Stellung als Statthalter von Judäa zu befestigen. Wäre Jesus am Leben geblieben, wären jene Juden, die Jesu Tod wollten, noch stärker in Wut geraten. Außerdem hätte man Pilatus Unfähigkeit in der Urteilsvollstreckung vorwerfen und ihn seines Amtes als Statthalter entheben können.

Die bloße Tatsache, daß Pilatus den Zenturio befragte, beweist uns deutlich, daß Pilatus entschlossen war, nichts dem Zufall zu überlassen. Von allen, die an der Kreuzigung Christi beteiligt gewesen waren, wäre dem Zenturio in bezug auf den Tod Jesu bestimmt am allerwenigsten ein Irrtum unterlaufen, denn er hätte durch einen solchen Fehler möglicherweise sein Leben verwirkt. Als der Apostel Petrus einige Zeit später in derselben Stadt aus dem Gefängnis entkam, wurde die Wache dafür hingerichtet (Apostelgeschichte 12,19). Aus dem gleichen Grund heißt es von einem anderen Gefängniswärter, er „zog ... das Schwert und wollte sich umbringen“, als er vermutete, daß Paulus und Silas entkommen waren (Apostelgeschichte 16,27). Um der Hinrichtung zu entgehen, wollte er lieber durch eigene Hand sterben. Wer Gefangene entkommen ließ, wurde dafür gewöhnlich mit dem Tod bestraft.

Punkt 13: Die Juden bezweifelten den Tod Jesu. Sie zweifelten jedoch nicht an seinem Tod, sondern befürchteten, daß die Jünger seinen Leichnam fortnehmen würden. Beachten wir, was die Juden nach der Bestattung Jesu zu Pilatus sagten:

> Herr, wir haben uns erinnert, daß jener Verführer sagte, als er noch lebte: „Nach drei Tagen stehe ich wieder auf“ (Matthäus 27,63).

Die Juden hegten keinen Zweifel am Tod Jesu. Dies können wir daraus schließen, daß die Juden sich auf etwas bezogen, was Jesus gesagt hatte, „als er *noch lebte*“. Diese Worte gehen eindeutig davon aus, daß er nun tot ist. Sie beriefen sich dabei auf seine Prophezeiung, daß er, nachdem er *getötet* worden sei, am dritten Tag auferweckt werden würde (Lukas 9,22).

Punkt 14: Er wurde in eine geräumige Gruft gelegt. Nirgendwo in der Bibel finden wir Beweise für die Annahme, daß Jesus in eine große, gut belüftete Höhle gebracht wurde, um sich dort von seinen Verletzungen zu erholen. Auch hier beruft sich Deedat wieder auf eine außerbiblische Stelle (wiederum auf Jim Bishops Buch), die ebenfalls nichts anderes darstellt als eine Spekulation des 20. Jahrhunderts, die jeder geschichtlichen Grundlage entbehrt.

Punkt 15: Der Stein mußte entfernt werden. Vor einiger Zeit verfaßte Deedat ein Büchlein mit dem Titel „Wer bewegte den Stein?“ (a.a.O.). Darin behauptet er, der Stein, mit dem der Eingang zur Grabhöhle verschlossen war, sei von zwei Jüngern Jesu beiseite geschafft worden. Und zwar habe es sich dabei um die Pharisäer Joseph von Arimathia und Nikodemus gehandelt (vgl. S. 10). In seinem Büchlein „Wurde Christus gekreuzigt?“ sagt Deedat dagegen, es sei eine Art „Super-Frau“ gewesen (vgl. S. 25), womit er Maria Magdalena meint. Diese ausgefallenen Vermutungen finden wir an keiner Stelle bestätigt.

Deedat hat sich auch hier wieder von den biblischen Aussagen entfernt, obwohl er behauptet, sie seien die Quelle seiner Argumente. Aus den Evangelien geht klar hervor, daß ein Engel des Herrn vom Himmel herab kam und den Stein wegrollte (Matthäus 28,2).

Punkt 16: Ständig in der Verborgenheit. Die Behauptung, Jesus habe sich ständig verborgen gehalten, finden wir weder in der Schrift noch irgendwo anders bestätigt. Die Bibel sagt, daß Jesus nach seiner Auferstehung den Jüngern in der gleichen Leiblichkeit erschien, die den Gerechten im Himmel zuteil werden wird. Jesus war über alle irdischen Begrenzungen erhaben und hatte Macht, zu erscheinen oder zu verschwinden, wie er es wollte. Unvermittelt konnte er so in einen geschlossenen Raum eintreten (Johannes 20,19) und ganz nach seinem Willen entweder seine Identität preisgeben ober verbergen.

Punkt 17 bis 19: Das Gespräch zwischen Jesus und Maria nach dessen Auferstehung. Deedat behauptet (S. 26), Jesus habe Maria aus Furcht vor den Schmerzen gebeten, von einer Berührung abzusehen. Der wirkliche Grund hierfür ist aber, daß Jesus noch nicht zum Himmel aufgefahren war (Johannes 20,17). Damit bringt er gleichzeitig zum Ausdruck, daß er zu späterer Zeit berührt werden darf. Die Behauptungen Deedats finden sich nirgendwo in der Schrift bestätigt. Später ermutigt Christus die Jünger nämlich, ihn zum Beweis seiner *körperlichen* Auferstehung zu berühren.

Punkte 20 und 21: Die Jünger waren entsetzt, als er mit ihnen aß. Sie waren außer sich vor Furcht, weil Jesus plötzlich in ihrer Mitte erschien, und zwar in einem Zimmer, in das niemand von außen hinein gelangen konnte. Das war ihm nur möglich, weil er einen Auferstehungsleib trug. Es wäre nicht geschehen, wenn er nur aus der Bewußtlosigkeit erwacht wäre. Er aß mit ihnen, um zu beweisen, daß er weiterhin eine leibliche Gestalt hatte, trotz der Fähigkeit, die Grenzen der stofflichen Welt zu überschreiten (Lukas 24,36-43).

Punkte 22 und 23: Niemals erschien er den Juden. Wegen seiner geschwächten Gesundheit war er immer nur für kurze Zeit unterwegs. Jesus hatte ein besonderes Interesse daran, sich seinen Jüngern zu zeigen (Apostelgeschichte 10,41). Wie wir sehen, geschah das ziemlich häufig, so daß viele seine Auferstehung bezeugten. Paulus sagt von ihm:

... daß er Kephas erschienen ist, dann den Zwölfen. Danach erschien er mehr als fünfhundert Brüdern auf einmal, von denen die meisten bis jetzt übriggeblieben, einige aber auch entschlafen sind. Danach erschien er Jakobus, dann den Aposteln allen; zuletzt aber von allen, gleichsam der unzeitigen Geburt, erschien er auch mir (1. Korinther 15,6-8).

Wir müssen uns daran erinnern, daß alle Jünger zum Volk der Juden gehörten. Es gibt Stimmen, die behaupten (und darauf nimmt Deedat vermutlich Bezug), Jesus habe sich nur seinen Jüngern, nie aber den Ungläubigen offenbart. Dies entspricht nicht den Tatsachen. Jesus offenbarte sich Paulus ebenso wie Jakobus, seinem Bruder. Beide kamen erst nach seiner Auferstehung zum Glauben. Die Tatsache der Auferstehung Jesu trug dazu bei, die beiden Männer davon zu überzeugen, daß sie in Jesus dem ewigen Gottessohn begegnet waren.

Es stimmt nicht, daß Jesus nur kurze Strecken zurückgelegt hat. Er erschien etlichen seiner Jünger in Galiläa, einer Provinz, die ungefähr 60 Meilen von Jerusalem entfernt ist. Das war nur möglich, weil Jesus vollkommen gesund von den Toten auferstanden war. Niemand, der sich von einer Ohnmacht erholte, hätte so eine Reise bewältigen können.

Punkt 24: Jesus hat niemals gesagt: „Ich war tot, doch jetzt lebe ich.“ Hier beweist Deedat seine mangelnde Bibelkenntnis. Diese Worte Jesus sind nicht nur in den vier Evangelien erwähnt, wir finden sie auch in der Offenbarung. Dort benutzt Jesus ausgerechnet *genau die Worte,* von denen Deedat meint, er habe sie niemals ausgesprochen. Jesus sagt zu Johannes:

Fürchte dich nicht! Ich bin der Erste und der Letzte und der Lebendige, und ich war tot; und siehe, ich bin lebendig in alle Ewigkeit (Offenbarung 1,17f.).

Punkt 25: Deutsche Wissenschaftler sagen: „Das Herz Jesu hörte niemals auf zu schlagen.“ Wiederum hat Deedat damit eine Spekulation des 20. Jahrhunderts übernommen, die nur von einer Minderheit vertreten wurde und jedem historischen Augenzeugenbericht vom Tod Jesu zuwiderläuft. Auch von medizinischer Seite wird Deedats Annahme im großen und ganzen zurückgewiesen (vgl. Josh McDowell, *The Resurrection Factor*).

Damit konnten die 25 Punkte, die Deedat zum Beweis der Ohnmachtstheorie angeführt hat, gründlich widerlegt werden. Die Theorie hat sich als völlig unzulänglich erwiesen und muß deshalb von jedem, der sich ernsthaft für das tatsächliche Geschehen interessiert, zurückgewiesen werden.

Auch die folgende Widerlegung der Ohnmachtstheorie muß in Betracht gezogen werden. Es handelt sich dabei um Schlüsselpunkte von *Evidence That Demands A Verdict*.

Erstens: Nach dem Urteil der Soldaten und nach dem Urteil Josephs und Nikodemus' starb Christus am Kreuz.

J.N.D. Anderson bemerkt zu dieser Behauptung, Jesus sei nicht gestorben: „Das Ganze ist klug angelegt, hält aber keiner Überprüfung stand. Zunächst hat man wohl Schritte unternommen, um sicherzugehen, daß Jesus tot war. Weshalb hätte man ihm sonst die Lanze in die Seite gestoßen? Nehmen wir trotzdem einmal an, daß er noch nicht tot war. Glauben Sie wirklich, daß er nach stundenlangem Liegen in einem Felsengrab und ohne ärztliche Versorgung wieder zu sich gekommen wäre? Die Nächte in Palästina um die Osterzeit können zudem noch recht kalt werden. Ist es da nicht viel wahrscheinlicher, daß dies sein unvermeidliches Ende bedeutet hätte? Zu bedenken ist auch, daß Jesus sich aus meterlangen Grabtüchern hätte herausschälen müssen, die pfundweise mit Balsamkräutern versehen waren. Auch hätte er in der Lage sein müssen, den Stein beiseite zu rollen, den drei Frauen zusammen nicht hätten von der Stelle bewegen können, und seine verletzten Füße hätten ihn noch kilometerweit tragen müssen (J.N. Anderson, „The Resurrection of Jesus Christ“, *Christianity Today,* März 1968, S. 7).

Zweitens: Die Jünger Jesu dachten keinen Augenblick daran, daß er bloß aus einer Bewußtlosigkeit erwacht war. Der Skeptiker David Friedrich Strauss, gewiß keiner, der an die Auferstehung Jesu glaubte, gab der Ohnmachtstheorie den Todesstoß. Er sagte:

Es ist unmöglich, daß ein Wesen, das sich halbtot aus dem Grab gestohlen hatte, das vor Schwäche und Krankheit nur kriechen konnte, das eine medizinische Versorgung nötig hatte, das Verbände, stärkende Mittel und Ruhe brauchte und immer noch Leiden ertragen mußte, bei seinen Jüngern den Eindruck hervorrufen könnte, daß es der Sieger über Tod und Grab sei, der Fürst des Lebens – ein Eindruck, der zur Grundlage ihres künftigen Dienstes gehörte. Eine solche Wiederbelebung hätte den Eindruck, den Jesus im Leben und Sterben auf seine Jünger gemacht hatte, nur schwächen können. Sie hätte ihm höchstens eine elegische Färbung geben können, hätte aber niemals den Kummer der Jünger in Begeisterung verwandeln, ihre Ehrfurcht in Anbetung erheben können (David Friedrich Strauss, „Das Leben Jesu“, 1835; aus dem Englischen rückübersetzt aus D.F. Strauss, *The Life of Jesus for the People,* Bd. I, 2. Aufl., London: Williams and Norgate 1879, S. 412).

Drittens: Die Verfechter der Ohnmachtstheorie müßten auch erwähnen, daß Jesus sofort nach seinem Erwachen ein Wunder tun mußte, um sich von den Bandagen zu befreien, in die man seinen Körper fest eingewickelt hatte, und um diese Bandagen so zurückzulassen, wie sie um seinen Körper gelegt waren. Merrill C. Tenney erklärt hierzu:

Als Vorbereitung für die Grablegung war es bei den Juden Brauch, den Leichnam zu waschen, ihn zu strecken und anschließend von den Achselhöhlen bis zu den Fußknöcheln mit ca. 30 cm breiten leinenen Bandagen zu umwickeln, die man schichtweise mit wohlriechenden Harzen, oft von gummiartiger Beschaffenheit, bestrich. Diese dienten sowohl zur Konservierung des Verstorbenen, als auch zum besseren Zusammenhalt der Binden, die auf diese Weise einen festen Verband ergaben ... Johannes gebraucht das Wort „gebunden“ (Griechisch: *edesan*). Dies entspricht dem, was Lukas in Kapitel 23,53 beschreibt, wenn er von Joseph von Arimathia sagt, er *„wickelte* ... ihn in ein feines Leinentuch“. Am Morgen des ersten Wochentages war der Leichnam Jesu verschwunden, während die Grabtücher noch dort lagen. Die Bandagen, mit denen man sein Haupt umwickelt hatte, befanden sich so weit von den übrigen Leinentüchern entfernt, wie es der Distanz zwischen Achselhöhlen und Hals entspricht. Die Umrisse des Körpers waren unter der Leinenhülle zwar noch zu erkennen, der Körper selbst aber war nicht mehr dort. Wie hatte man den Leichnam von den Binden befreit, die doch so fest gewickelt waren, daß man sie nicht einfach über die Rundungen des Körpers herabziehen konnte? (Merrill C. Tenney, *The Reality of the Resurrection,* Chicago: Moody Press 1963, S. 116f.).

Viertens: Christus hätte den Stein beseite schieben, die Wachen überwältigen und dann unbemerkt entkommen müssen.

„Befürworter dieser Theorie“, meint James Rosscup, „müssen davon sprechen, daß Christus trotz seiner geschwächten körperlichen Verfassung in der Lage war, den Stein am Eingang der Grabhöhle beiseite zu schieben – ein Unterfangen, das nach Meinung von Historikern nur von mehreren Männern zu bewerkstelligen war. Dann mußte er aus der Höhle herauskommen, ohne von den Wachen gesehen zu werden (nehmen wir einmal an, sie waren eingeschlafen, obwohl sie es mit

Sicherheit nicht waren!), mußte über die schlafenden Soldaten steigen und fliehen" (James Rosscup, „Class Notes", La Mirada, CA: Talbot Theological Seminary 1969, S. 3).

Fünftens: Nach einer solchen Bewußtlosigkeit wäre Jesus der lange Marsch „... nach einem Dorf mit Namen Emmaus, sechzig Stadien von Jerusalem entfernt" (Lukas 24,13), unmöglich gewesen.

Sechstens: Wäre Jesus aus einer totenähnlichen Bewußtlosigkeit wieder zu sich gekommen, hätte er seinen Jüngern die Situation bestimmt erklärt. Wenn nicht, hätte er sich damit zum Lügner und Betrüger gemacht und seinen Nachfolgern erlaubt, eine Auferstehung zu verkündigen, die in Wirklichkeit nichts anderes gewesen wäre als ein Auferstehungsmärchen.

Paul Little kommentiert, daß so eine Theorie gleichzeitig folgendes beinhalten würde:

Jesus selbst war in schamlose Lügen verwickelt. Seine Jünger glaubten und predigten den Tod und die Auferstehung Jesu. Dieser jedoch unternahm nichts, um diesem Glauben die Grundlage zu nehmen, sondern bestärkte sie noch darin (Paul E. Little, *Know Why You Believe,* Wheaton: Scripture Press Publications, Inc., 1967, S. 26).

Der Neutestamentler John Knox, zitiert von H. Straton, sagt dazu:

Nicht die Tatsache, daß irgendein Mensch von den Toten auferstanden war, war entscheidend, sondern daß es sich dabei um einen ganz bestimmten Menschen handelte, durch den die christliche Bewegung ins Leben gerufen wurde. Die tiefere Ursache lag im Wesen Jesu begründet (Hillyer H. Straton, „I Believe: Our Lord's Resurrection", *Christianity Today,* März 1968, S. 3).

Jesus hätte niemals seine Auferstehung von den Toten verkündigen lassen, wenn sie nicht geschehen wäre. Im Blick auf den reinen und untadeligen Charakter Jesu ist eine solche Aussage entschieden zurückzuweisen.

Schließlich bleibt die Frage, wann und unter welchen Umständen Jesus denn gestorben sein soll, wenn nicht zu diesem Zeitpunkt am Kreuz.

Dies ist sehr wichtig, denn es gibt dazu keine andere Erläuterung, die historisch haltbar wäre. Angesichts der Bedeutung des Lebens Jesu erscheint die Behauptung, niemand wisse, wann oder wo er gestorben sei, unglaubhaft.

„Was war das Zeichen des Jona?“

Am Ende seiner Schrift „Wurde Christus gekreuzigt?“ und in einer späteren Veröffentlichung mit dem Thema: „Was war das Zeichen des Jona?“ (Ahmed H. Deedat, *What Was the Sign of Jonah?,* Durban, Islamic Propagation Centre 1976) erhebt Deedat zwei weitere Einwände gegen die Kreuzigung Jesu, wie sie in der Bibel berichtet wird. Er versucht, beide Einwände mit dem nachfolgenden Ausspruch Jesu gegenüber den Juden zu erhärten:

Ein böses und ehebrecherisches Geschlecht begehrt ein Zeichen, und kein Zeichen wird ihm gegeben werden als nur das Zeichen Jonas, des Propheten. Denn gleichwie Jona drei Tage und drei Nächte in dem Bauch des großen Fisches war, so wird der Sohn des Menschen drei Tage und drei Nächte im Herzen der Erde sein (Matthäus 12,39f.).

Weil Jesus an einem Freitagnachmittag starb und am folgenden Sonntagmorgen auferstand, wendet Deedat ein, daß man bei diesem kurzen Zeitraum nicht von *drei Tagen und drei Nächten* sprechen könne. Die Erklärung liegt einfach darin, daß wir es hier mit einer typisch jüdischen Redewendung zu tun haben, die heute nicht mehr gebräuchlich ist. In der Bibel kommt es jedoch öfter vor, daß Zeiträume durch eine Folge von Tagen und Nächten beschrieben werden. In Matthäus 4,2 lesen wir, daß Jesus *vierzig Tage und vierzig Nächte* fastete. Ebenso wird die Zeit bezeichnet, die Mose auf dem Berg Sinai verbrachte (2. Mose 24,18). Man wollte damit den Zeitraum angeben, nicht aber die genaue Stundenzahl. Der Begriff *drei Tage und drei Nächte* sollte deshalb nicht genau 72 Stunden, sondern vielmehr einen Zeitraum von drei Tagen umschreiben. Tatsächlich lag Jesus drei Tage im Grab – am Freitag, Samstag und Sonntag.

Auch in Esther 4,15-5,1 lesen wir, daß Esther ein Fasten ausrief, das drei Tage und Nächte dauern sollte, das aber am dritten Tag beendet wurde, also schon nach der zweiten Nacht. Wir finden hier eine Aussageform, die der gleicht, die im Zusammenhang mit der Grablegung Jesu gebraucht wurde. Er sagte, daß er *am dritten Tag* (Matthäus 20,19) auferweckt, aber auch, daß er *drei Tage und drei Nächte* (Matthäus 12,40) im Grab bleiben würde. Offensichtlich ist damit ein Zeitraum von drei Tagen gemeint.

Dies beweist auch die Reaktion der Juden. Sie erinnerten sich nämlich an die Worte Jesu „nach drei Tagen stehe ich wieder auf“ (Matthäus

27,63). Anstatt nun das Ende von zwei vollen Tagen abzuwarten, ordnete der römische Statthalter schon *am ersten Tag* nach der Kreuzigung an, das Grab sofort gut zu sichern. Sie wußten, daß die Worte Jesu nicht so zu verstehen waren, daß volle 72 Stunden bis zu dem Ereignis vergehen würden, sondern daß irgendwann im Laufe des dritten Tages nach der Kreuzigung damit zu rechnen war. Sie trafen deshalb Vorkehrungen, daß das Grab in der Zeit „bis zum dritten Tag" versiegelt war (Matthäus 27,64) (weitere Erklärungen hierzu in Josh McDowell, *The Resurrection Factor,* S. 121-123).

Der zweite Einwand, den Deedat erhebt, bezieht sich darauf, daß Jona während der Zeit im Leib des Fisches am Leben war. Das prophetische Wort Jesu müsse demnach so verstanden werden, daß Jesus ebenfalls lebte, als er sich im Herzen der Erde befand. Auf Seite 6 seines Büchleins über das Zeichen des Jona führte er als Beweis dazu die Schriftstelle aus Matthäus 12,40 an: *„Gleichwie Jona ..., so wird der Sohn des Menschen ... sein".* Deedat meint, hieraus entnehmen zu können, daß, wie Jona am Leben war, so Jesus am Leben sein würde. Der völlige Satzzusammenhang dieser Worte Jesu läßt aber keinen Zweifel daran, daß es ihm bei diesem Vergleich nicht auf die Umstände (lebendig oder tot), sondern allein auf den Zeitfaktor ankam. Er sagt: „Denn gleichwie Jona drei Tage und drei Nächte in dem Bauch des großen Fisches war, so wird der Sohn des Menschen drei Tage und drei Nächte im Herzen der Erde sein" (Matthäus 12,40). Beachten wir, daß Jesus bei anderer Gelegenheit ähnlich gesprochen hat:

> Und wie Mose in der Wüste die Schlange erhöhte, so muß der Sohn des Menschen erhöht werden (Johannes 3,14).

Hier finden wir das gleiche Muster: *Wie ... die Schlange ..., so muß der Sohn des Menschen ...* Auch hier spricht Jesus durch einen Vergleich. In diesem Fall verweist er damit, daß Mose eine eherne Schlange an einem Pfahl aufrichtete, auf seine bevorstehende Kreuzigung. Während sich die Ähnlichkeit mit Jona auf den Zeitfaktor bezog, liegt sie in diesem Fall darin, daß ein durchbohrtes Wesen an einem hölzernen Pfahl aufgerichtet wird, der eigens dafür gemacht ist. Wenden wir hier Deedats Methode an, kommen wir zu einem ganz anderen Ergebnis: die eherne Schlange war tot, als man sie herstellte, tot, als sie aufgerichtet wurde, und tot, als man sie abnahm. Mit dieser Argumentation kämen wir hier zwangsläufig zu dem Schluß, daß Jesus bereits tot war, als man ihn ans Kreuz nagelte.

Jona war zur Zeit seiner schweren Prüfung am Leben, die Schlange dagegen war als toter Gegenstand im Lager aufgerichtet. Die Frage nach Tod oder Leben steht bei diesen Ähnlichkeiten zweifellos nicht zur Debatte. Die Vergleiche beschränken sich offensichtich auf die jeweiligen Gemeinsamkeiten – auf die Zeitspanne von drei Tagen und das Aufrichten des Pfahls.

Lassen Sie uns abschließend eine weitere Aussage Deedats betrachten. Auf Seite 33 seines Büchleins „Wurde Christus gekreuzigt?" heißt es, daß in den Evangelien keine deutlichere Aussage Jesu über seine bevorstehende Kreuzigung zu finden ist als in den Worten über das Zeichen des Jona und daß dies das einzige Zeichen war, das Jesus den Juden zu geben bereit war. Dieser Aussage können wir uns nicht nur voll anschließen, wir sind auch davon überzeugt, daß sie der Ohnmachtstheorie den Boden entzieht und den Beweis dafür erbringt, daß Jesus tatsächlich am Kreuz gestorben und von den Toten auferstanden ist.

Durch Jesus geschahen viele Zeichen, die von den Juden nicht geleugnet werden konnten. Zum Beispiel heilte er die Kranken, befreite von Lepra, machte Blinde sehend und erweckte Tote zum Leben. Trotz dieser Beweise waren die Juden aber nicht zufrieden. Andere Propheten hatten ähnliche Wunder vollbracht. Welches Zeichen, das alle anderen überwog, konnte denn nun als Beweis dafür gelten, daß Jesus der Messias war? Als Antwort darauf gab Jesus ihnen nur ein Zeichen – das Zeichen des Jona.

Nehmen wir an, Jesus wäre in totaler Bewußtlosigkeit vom Kreuz abgenommen worden und hätte nur deswegen überlebt, weil man ihn für tot hielt und weil seine Jünger, die er heimlich und in Verkleidung aufsuchte, für seine allmähliche Genesung sorgten – was wäre das für ein Zeichen? Wenn wir Deedats Beweisführung ernstnehmen, müssen wir daraus schließen, daß Jesus nur zufällig dem Tod entronnen und auf natürliche Weise wieder zu Kräften gekommen ist. Darin ist kein Wunder und kein Zeichen zu erkennen.

Wenn Jesus dagegen am Kreuz starb und drei Tage später auferstand, dann haben wir tatsächlich ein sicheres Zeichen – den überzeugenden Beweis für die Gültigkeit aller von ihm erhobenen Ansprüche. Andere, die vor ihm lebten, haben ebenfalls Tote zum Leben erweckt, doch nur

Jesus erstand selbst von den Toten, um in Ewigkeit weiterzuleben. Er fuhr zum Himmel auf und lebt dort seit fast zweitausend Jahren. Hier erkennen wir die volle Bedeutung dessen, was mit dem „Zeichen des Jona“ gemeint ist, und verstehen, weshalb Jesus es als das einzige Zeichen für die Juden bestimmte.

Wir sehen also, daß Deedats abschließendes Argument zugunsten der Ohnmachtstheorie in Wirklichkeit den stärksten Gegenbeweis darstellt. Die in der Bibel so oft verkündigte Auferstehung Jesu von den Toten wird damit überzeugend bestätigt.

Die moslemische Verwirrung über die Kreuzigung

> Der Koran äußert sich recht doppeldeutig über den Tod Jesu Christi (Abdul-Haqq, *Christ in the New Testament and the Quran,* Evanston, IL 1975, S. 18).

Wie wahr diese Feststellung ist, haben wir im Verlauf unserer Untersuchung erkennen können. Ebenso deutlich wurde uns aber auch, wieviel Verwirrung die unbestimmte Leugnung der Kreuzigung Jesu im Koran unter den Moslems ausgelöst hat. Die Doppeldeutigkeit im Koran ist in dieser Frage so groß, daß die vorgebrachten Theorien sich erheblich voneinander unterscheiden.

> Ohne Zweifel ist diese Vielfalt an Interpretationen darauf zurückzuführen, daß es im Koran über die letzten Erdentage Jesu Christi keine eindeutige Aussage gibt (Iskander Jadeed, *The Cross in the Gospel and the Qur'an,* S. 11).

Einige Moslems haben offen zugegeben, daß sie Schwierigkeiten haben, die verwirrenden Aussagen in Sure 4,157 richtig einzuordnen. Sie fragen sich, wie es zu verstehen ist, daß bei den Juden der Eindruck erweckt wurde, daß sie tatsächlich Jesus gekreuzigt hatten. Der bedeutende Koranausleger Razi sah sich in diesem Zusammenhang zu folgendem Kommentar veranlaßt:

> Was Mohammed uns hier im himmlisch-inspirierten Koran mitteilt, müssen wir einfach so, wie es ist, umgeben von Schwierigkeiten, als Gottes Wort akzeptieren. Allein der Herr kann euch die rechte Weisung geben (Abdul-Haqq, a.a.O., S. 19).

Es darf wohl gesagt werden, daß die hier erwähnten Schwierigkeiten gegen die Glaubwürdigkeit des Korans sprechen und daß die Verwirrung in der moslemischen Welt dadurch entstanden ist, daß der Koran die historische Tatsache der Kreuzigung Jesu Christi leugnet.

Die Beweise dafür sind jedoch so stark, daß viele Moslems zugeben, daß man die Kreuzigung Jesu nicht ernsthaft in Abrede stellen kann. Um dem Koran aber nicht völlig darin zu widersprechen, daß Jesus nicht von den Juden getötet wurde, haben sie auf die eine oder andere Weise nach einer Kompromißlösung gesucht.

Biblische Beweise für die Kreuzigung und Auferstehung

Wir haben aufgezeigt, weshalb man die Leugnung der Kreuzigung Christi nicht gelten lassen kann. Untersuchen wir nun die Beweise zugunsten des biblischen Berichts über seinen Tod und seine Auferstehung.

Die Kreuzigung

Gott hat darüber gewacht, daß uns die Beweise dafür erhalten worden sind, daß Jesus Christus tatsächlich für die Sünden der Menschheit an einem Kreuz starb und zu ihrer Rettung auferstand. In der Bibel finden wir eine ganze Folge von Prophetien, in denen wahre Propheten Gottes die Kreuzigung Christi vorhersagten. Im folgenden wollen wir einige dieser Aussagen näher betrachten.

In den Psalmen Davids *(Zabur)* finden wir einen Psalm, der die näheren Umstände der Kreuzigung genau beschreibt. Er beginnt mit den Worten: *„Mein Gott, mein Gott, warum hast du mich verlassen?“* (Psalm 22,2). Genau diese Worte spricht Jesus am Kreuz. Im Evangelium *(Injil)* können wir sie nachlesen (Matthäus 27,46). Weiter heißt es in Psalm 22:

> Sie haben meine Hände und meine Füße durchgraben. Alle meine Gebeine könnte ich zählen. Sie schauen und sehen auf mich herab. Sie teilen meine Kleider unter sich, und über mein Gewand werfen sie das Los (Psalm 22,17-19).

Bei Kreuzigungen durch die Römer war es üblich, daß die Soldaten, die den Auftrag hatten, die Verurteilten an Händen und Füßen am Kreuz festzunageln, anschließend deren Kleider untereinander teilten. Die Worte des obigen Psalms wurden tausend Jahre vor Christus niedergeschrieben, lange bevor man die Kreuzigung als Hinrichtungsart kannte. Trotzdem finden wir hier eine klare Voraussage der Kreuzigung Jesu. Daß sich diese Worte auf Jesus beziehen, ersehen wir besonders aus dem Hinweis über seine Kleider und sein Gewand. Warum warfen sie das Los über sein Gewand (Unterkleid), während sie die übrigen Kleidungsstücke untereinander verteilten? Die Antwort finden wir im Evangelium *(Injil):*

Die Soldaten nun nahmen, als sie Jesus gekreuzigt hatten, seine Kleider – und machten vier Teile, einem jeden Soldaten einen Teil – und das Unterkleid. Das Unterkleid aber war ohne Naht, von oben an durchgewebt. Da sprachen sie zueinander: Laßt es uns nicht zerreißen, sondern darum losen, wessen es sein soll (Johannes 19,23f.).

In seiner Prophetie redet David auch davon, daß die Knochen des Verurteilten aus ihren Gelenken springen und die Zunge ihm am Gaumen klebt (Psalm 22,15f.), Qualen, die nach Aussage von Wissenschaftlern zu den Begleiterscheinungen der Kreuzigung gehören. Der Prophet erwähnt auch, daß die, die ihn sehen, mit dem Köpf schütteln und ihn mit den Worten verhöhen: *„Er hat es auf den Herrn gewälzt, der rette ihn, befreie ihn, denn er hat ja Gefallen an ihm“* (Psalm 22,8f.). Genau das geschah, als Jesus am Kreuz hing:

Die Vorübergehenden aber lästerten ihn ... [und] schüttelten ihre Köpfe ... Ebenso spotteteten aber auch die Hohenpriester mit den Schriftgelehrten und Ältesten und sprachen: ... Er vertraute auf Gott, der rette ihn jetzt, wenn er ihn liebt (Matthäus 27,39.43).

In den übrigen Versen von Psalm 22 wird auf das qualvolle Sterben des Verurteilten am Kreuz hingewiesen, gleichzeitig aber auch auf seine Rückkehr zu seinen Brüdern, um in der Versammlung zu ihnen zu sprechen – ein klarer Hinweis auf die Auferstehung Christi.

Der Prophet David (*Dawud* in Arabisch) hat in aller Deutlichkeit auf die Kreuzigung Jesu hingewiesen und *voraussehend von der Auferstehung des Christus geredet* (Apostelgeschichte 2,31). Die Niederschrift geschichtlicher Tatsachen ist etwas anderes als die prophetische Schau zukünftiger Dinge. Wenn ein so angesehener Prophet wie David Ereignisse voraussieht, die sich erst Jahrhunderte später erfüllen, so läßt sich das nur so erklären, *daß Gott selbst ihm diese Offenbarungen zuvor gegeben hat.* Hier haben wir einen der stärksten Beweise für die tatsächlich erfolgte Kreuzigung Christi, einen Beweis, dem letztlich nicht widersprochen werden kann.

An anderer Stelle sah David voraus, daß man Jesus die Beine am Kreuz nicht brechen würde (Psalm 34,21) – eine sehr wichtige Prophetie, denn die Soldaten brachen den beiden Verbrechern, die mit Jesus gekreuzigt wurden, die Beine, taten das aber nicht bei Jesus (Johannes 19,32-36).

Zuletzt wollen wir die Prophetie des Propheten Jesaja betrachten. Er hat nicht nur die Kreuzigung vorausgesagt, sondern auch die Gründe dafür genannt:

Doch er war durchbohrt um unserer Vergehen willen, zerschlagen um unserer Sünden willen ... Wir alle irrten umher wie Schafe, wir wandten uns jeder auf seinen eigenen Weg; aber der Herr ließ ihn treffen unser aller Schuld (Jesaja 53,5f.).

Hieraus ist klar zu ersehen, daß Jesus nicht den Märtyrertod starb, sondern daß er sein Leben zur Rettung sündiger Menschen zum Opfer gebracht hat. Auch Jesaja sieht Einzelheiten der Kreuzigung voraus. So sagt er, daß Jesus nicht allein, sondern zusammen mit Übeltätern gekreuzigt würde (das heißt mit den beiden Dieben, von denen im Evangelium die Rede ist). In Jesaja 53,12 lesen wir, daß er „seine Seele ausgeschüttet hat in den Tod und sich zu den Verbrechern zählen ließ." Wir wissen, daß diese Schriftstelle sich wirklich auf die Kreuzigung Jesu Christi bezieht, denn in der Nacht vor diesem Geschehen hat Jesus seine Jünger unmißverständlich darauf hingewiesen:

Ich sage euch, daß noch dieses, was geschrieben steht, an mir erfüllt werden muß: „Und er ist unter die Gesetzlosen gerechnet worden"; denn auch das, was mich betrifft, hat eine Vollendung (Lukas 22,37).

Zahlreiche andere Merkmale der Prophetie des Jesaja finden ihre Erfüllung in der Kreuzigung Jesu. Er hat sein Leben als *Schuldopfer* eingesetzt (Jesaja 53,10), er stand von den Toten auf und wird *um der Mühsal seiner Seele willen ... Furcht sehen, er wird sich sättigen* (Jesaja 53,11). Er hat *für die Verbrecher Fürbitte getan* (Jesaja 53,12). Dies tat Jesus, als er für seine Mörder betete: *„Vater, vergib ihnen, denn sie wissen nicht, was sie tun!"* Lukas 23,24).

Eine weitere Prophetie soll uns hier interessieren, die mit dem Tod Christi in Erfüllung gegangen ist. Wir lesen:

Und man gab ihm bei Gottlosen sein Grab, aber bei einem Reichen ist er gewesen in seinem Tod (Jesaja 53,9).

Wieso heißt es, daß er bei Gottlosen sein Grab bekommen sollte, wenn er doch im Grab eines reichen Mannes bestattet wurde? Die Antwort liegt darin, daß Verbrecher nach ihrem Tod am Kreuz einfach in eine Grube geworfen wurden, ein wohlhabender Mann namens Joseph aber beim römischen Statthalter die Erlaubnis erwirkt hatte, den Leichnam Jesu in seinem eigenen Felsengrab zu bestatten (Matthäus 27,57-60).

Jesus Christus ist für die Sünden der Menschheit gekreuzigt worden und ist zu ihrem Heil von den Toten auferstanden. Dies wurde lange vor der Zeit Jesu von Propheten angekündigt. Seine Jünger gaben ebenfalls einmütig davon Zeugnis, gestützt auf unwiderlegbare historische Tatsachen, die sie persönlich miterlebt hatten.

Die Auferstehung

Als Folge der islamischen Darstellung der Kreuzigung wird der Auferstehung Jesu wenig Aufmerksamkeit geschenkt. Dies ist nicht darauf zurückzuführen, daß sie von den Moslems als bedeutungslos angesehen wird, sondern vielmehr darauf, daß islamische Grundaussagen ins Wanken kämen, würde die Auferstehung als Tatsache gelten. Dies ist einer der Gründe, weshalb Moslems so eifrig bemüht sind, die Kreuzigung Jesu wegzuerklären.

Streng genommen gehört die Auferstehung Christi nicht zur moslemischen Glaubenslehre. Wie wir gesehen haben, ist er (Jesus) für den orthodoxen Islam niemals gestorben, so daß die Frage seiner Auferstehung gar nicht zur Debatte steht. Die islamische Ahmadiyya-Sekte dagegen folgt der Lehre ihres Gründers, der zur Erhärtung eigener Aussagen besonderes Gewicht darauf legte, einen toten Jesus zu verkündigen. Wie wir feststellen konnten, hat er in bezug auf die Kreuzigung Jesu die unbegründete Ohnmachtstheorie übernommen; somit vertritt er die Meinung, daß Jesus am Kreuz das Bewußtsein verlor, aber wieder zu sich kam und später (eines natürlichen Todes) starb. Mit dieser Aussage stellte auch er sich der geschichtlichen Tatsache der Auferstehung entgegen (Bevan Jones, a.a.O., S. 153).

Vertiefende Beweise für die Auferstehung Christi werden dargelegt in: Josh McDowell, *Evidence That Demands a Verdict,* deutsche Ausgabe: „Bibel im Test. Tatsachen und Argumente für die biblische Wahrheit", Neuhausen-Stuttgart 1987; Josh McDowell, *The Resurrection Factor,* deutsche Ausgabe: „Die Tatsache der Auferstehung. Unterstützen die historischen Fakten die Auferstehung Jesu Christi?", Neuwied 1984; Frank Morrison, *Who Moved the Stone?* („Wer bewegte den Stein?") und Simon Greenleaf, *Testimony of the Evangelists, Examined by the Rules fo Evidence Administered in Courts of Justice* („Das Zeugnis der Evangelisten. Untersucht nach den Beweisregeln des Gerichtshofs").

Nachfolgend drei historische Fakten, die im Zusammenhang mit der Auferstehung Jesu Christi kurz Erwähnung finden sollen:

Erstens: Das Grab war leer. Bis heute hat man mit Ausnahme des biblischen Berichts keine angemessene Erklärung für diese Tatsache finden können.

Zweitens: Die Haltung der gut informierten Jünger im Anschluß an die Auferstehung spricht für ihre Gültigkeit. Dabei sind es besonders die Kontraste, die ins Auge fallen: Erst Trauer – dann Freude! Erst Furcht – dann Bekennermut! Wer vermag das wegzudiskutieren? Es muß doch eine Erklärung dafür geben, daß Menschen, die kurz zuvor noch den Tod fürchteten, plötzlich so verwandelt waren, daß der Tod keine Gewalt mehr über sie hatte.

Drittens: Man müßte die Kirche, die Gemeinde Jesu Christi, hinwegerklären und ebenso die Tatsache, daß durch die gesamte Geschichte hindurch das Leben von Menschen verändert und erneuert wurde, beides Dinge, wofür die Auferstehung die einzige Erklärungsmöglichkeit ist.

Kreuzigung und Tod Jesu sind untrennbar mit seiner Auferstehung verbunden. Das Grab ist leer! Das haben Menschen zu allen Zeiten bezeugt. Der Auferstandene wurde ihnen zum Heil, zum Felsen, auf den sie bauen konnten. Auch im Islam ist man sich dessen bewußt. Er stellt die völlig unbewiesene Behauptung auf, daß Jesus, bevor er gekreuzigt werden konnte, in den Himmel emporgehoben wurde. Stimmt das aber nicht, dann muß er am Kreuz gestorben *und* auferstanden sein. Diese beiden Ereignisse gehören geschichtlich zusammen. In ihnen liegt die einzig annehmbare Erklärung der Geschehnisse begründet, die wir in der Bibel und anderswo bezeugt finden.

Islamische Gruppierungen

Die Existenz der verschiedenen christlichen Gruppierungen gilt im Islam unter anderem als Beweis dafür, daß das Christentum seine Echtheit eingebüßt hat und verändert worden sein muß. Sonst nämlich könne es in manchen Fragen nicht so unterschiedliche Interpretationen geben. In Wirklichkeit kennt auch der Islam dieses Problem. Zunächst einmal muß gesagt werden, daß es trotz unterschiedlicher Auffassungen möglich ist, die Wahrheit herauszufinden. Im übrigen ist Einigkeit nicht gleichbedeutend mit Gleichförmigkeit. Sekten, gleich welcher Art, erhalten ihre Bedeutsamkeit jeweils im Hinblick auf Standard- oder Hauptaussagen der großen Gruppe, von der sie sich abgespalten haben.

Die Streitpunkte betreffen die *Zuverlässigkeit* der Lehre. Im Fall des Islam müssen wir uns fragen, welche islamische Gruppe oder Sekte die Grundaussagen des Islam am klarsten und zuverlässigsten vertritt. Beim Vergleich zwischen Islam und Christentum steht aber nicht die Zuverlässigkeit, sondern die *Gültigkeit* im Mittelpunkt; es geht darum, welche der beiden Lehren wirklich den Tatsachen entspricht.

Im Islam gibt es zwei große Hauptgruppen: die Sunniten und die Schiiten. Die Sunniten gelten gewöhnlich als rechtgläubig (orthodox), während die Schiiten als islamische Sekte betrachtet werden. Gegen diese Auffassung würden sich die Schiiten natürlich zur Wehr setzen. Es ist tatsächlich nicht korrekt, sie als Sekte zu bezeichnen. Sie bilden einen der beiden Hauptzweige des Islam. Die Sunniten sind zweifellos in der Überzahl, doch der Begriff „Sekte" scheint aus zwei Gründen nicht auf die Schiiten zuzutreffen:

1. Das Wort „Sekte" würde bedeuten, daß die Schiiten eine Gruppe *innerhalb* oder ein Zweig *des* sunnitischen Islam wären. Das aber stimmt nicht.

2. Zugleich würde mit dem Begriff „Sekte" eine Gleichstellung des schiitischen Islam mit allen kleineren islamischen Splittergruppen geschaffen. Diesen aber ist er nicht zuzuordnen.

Der Islam hat sich schon kurz nach seiner Gründung in zwei Hauptrichtungen aufgeteilt.

Die Schiiten

Der geschichtliche Ursprung der schiitischen Moslems läßt sich in der Zeit kurz nach dem Tod Mohammeds ausfindig machen. Die Schiiten sind überzeugt, daß Mohammeds Schwiegersohn Ali, der später als vierter Kalif nach Mohammed eingesetzt wurde, gleich nach dessen Tod die Regentschaft zugestanden hätte. Nach ihrer Meinung ist das Nachfolgerecht den Nachkommen Mohammeds vorbehalten.

Nachfolgend eine kurze Beschreibung der schiitischen Lehre:

> Die Schiiten stellen die einzige bedeutende Abspaltung im Islam dar. Anders als die Charidschiten, die sich in der Praxis gegen die Idschma der Gemeinschaft auflehnten, haben die Schiiten im Laufe der Jahrhunderte eine Lehre göttlichen Rechts entwickelt (gültig für das religiöse und politische Leben), die mit dem Geist der Idschma im Tiefsten unvereinbar ist.

So wurde der Schiismus zu Beginn der islamischen Geschichte zum Deckmantel verschiedener, aus sozialer und politischer Unzufriedenheit resultierender Einflüsse. Die Araber aus dem Süden nutzten ihn, um ihren Stolz und ihre Unabhängigkeit gegenüber den Arabern aus dem Norden zu behaupten. Innerhalb der gemischten irakischen Bevölkerung machte er sich die Unzufriedenheit der Perser zunutze und verhalf zur Zeit der Abbasiden einer extremen, kulturellen und nationalistischen persischen Bewegung zum Durchbruch, die als Schuubiya bekannt wurde ... Der grundlegende religiöse Impuls ging jedoch von dem grausamen Mord an Husayn, Alis Sohn aus dessen Verbindung mit Fatima, aus. Seitdem dieser im Jahre 671 in Karbala von Regierungstruppen umgebracht wurde, existiert das Motiv des Leidens. Dieses Motiv des Leidens und der Glaube an die „Wiederkehr" des Imam geben dem Schiismus sein charakteristisches sittliches Gepräge. Hinzu kamen altorientalische Auffassungen über göttliche Erleuchtung. Seine metaphysische Ausrichtung erhielt der Schiismus durch christlich-gnostisches, neoplatonisches Gedankengut (Fazlur Rahman, *Islam,* Chicago: University of Chicago Press 1979, S. 170-172.).

Die Schiiten mit ihrem bekannten Führer Ayatollah Khomeini beherrschen heute den Iran.

Es gibt aber auch unter den Schiiten eine Reihe von Splitterparteien. Die bekanntesten unter ihnen sind die sogenannten Zwölfer und die Siebener (die Ismailiten). Die erstgenannte Gruppe, die die größere der beiden ist, hält die ersten zwölf Kalifen nach Mohammeds Tod für die einzigen legitimen Führer (Nachfolger) oder Imame, während die zweite sich nur zu sieben bekennt. Die Zwölfer glauben, daß der letzte Imam – auch *Mahdi* genannt –, der sich jetzt noch in der Verborgenheit aufhält, vor dem Jüngsten Gericht zurückkehren wird.

Die Sunniten

Gleichzeitig mit der Auseinandersetzung um das Kalifat kam im Bereich des Gesetzes und der Theologie ein weiterer Konflikt auf, aus dem sich schließlich vier anerkannte, orthodoxe islamische Schulen entwikkelten. Alle vier erkannten den *Koran* an und die *Sunna,* das heißt die im *Hadith,* der islamischen Überlieferung, beschriebenen Glaubenspraktiken des Propheten. Sie bekannten sich auch zu den vier Grundlagen des islamischen Gesetzes *(Scharia): Koran, Hadith, Idschma* (allseitige Übereinstimmung der moslemischen Gemeinschaft) und *Qiyas* (Anwendung vergleichbarer Urteile, Analogieschlüsse). Diese vier Gruppen bezeichnete man in der Folgezeit als Sunniten.

Ein Kalif hat bestimmte Voraussetzungen zu erfüllen. Er muß rechtschaffen, männlich und erwachsen sein, er muß dem Stamm der Koraischiten angehören und geistig gesund sein. Den Sunniten ist der Einfluß von Kalifen, Führerpersönlichkeiten oder Großfamilien jedoch nicht so wichtig. Sie vertrauen auf den Koran und orientieren sich in allen ungeklärten Fragen an der Meinung der gesamten islamischen Gemeinde. Noss erklärt hierzu:

Das rapide Wachstum des Islam stellte die Moslems vor andere maßgebliche, noch vielschichtigere Entscheidungen im Blick auf moslemische Verhaltensregeln. Schon früh ergaben sich außerhalb von Arabien Situationen, in denen sich die Vorschriften des Korans entweder als ungenügend oder unanwendbar erwiesen. In solchen Fällen wurde zunächst in der *Sunna* (Niederschrift der Glaubenspraktiken Mohammeds aus seiner Zeit in Medina) oder in der *Hadith* (Sammlung der von Mohammed getroffenen Entscheidungen oder Urteile) nach einer Lösung gesucht. Erwies sich das als unbefriedigend, wurde die Sunna und/oder der Konsensus (Idschma) der Gemeinde Medinas aus der Zeit Mohammeds oder kurz danach zu Rate gezogen. Blieb auch das ohne Erfolg, konnte man als letzten Ausweg nach Analogien (Qiyas) suchen, entweder in den Grundsätzen, die im Koran enthalten sind, oder in beispielhaften Fällen aus der Zeit Mohammeds in Medina. Daraus konnte man ableiten, welches Verhalten dem moslemischen Glauben angemessen ist. Oder man konnte sich der übereinstimmenden Meinung der örtlichen moslemischen Gemeinde anschließen, wie deren maßgebliche Koranausleger sie herauskristallisiert und ausgedrückt hatten.
Moslems, die ihre Frage nach dem rechten Verhalten in dieser Weise zu lösen versuchten, wurden und werden bis heute Sunniten genannt (Noss, a.a.O., S. 530).

Die Mehrheit der Moslems in der heutigen islamischen Welt sind Sunniten. Dazu ein Kommentar von George Fry und James King:

Als allgemein geläufiges Wort bedeutet *sunna* „Norm“ oder „üblicher Brauch“. Wird es mit einem Großbuchstaben geschrieben, bezieht es sich auf die Taten und Aussprüche des Propheten, die für Moslems bindenden Charakter haben. Diese *Sunna* Mohammeds ist in einem Buch (Koran) enthalten, in den Kommentaren und Taten des Propheten, die Inhalt der islamischen Überlieferung *(Hadith)* sind, und im Gesetz (Scharia), wie es sich im Laufe der Zeiten entwickelt hat. Die Sunniten, deren Name erkennen läßt, daß diese Schriften zum Fundament ihres Glaubens gehören, sehen in der Ernennung der ersten vier Kalifen – den sogenannten rechtgeleiteten Kalifen – eine gottgewollte Entscheidung. Im Koran ist für sie jedes Wort von Bedeutung. Er stellt den Mittelpunkt ihres Glaubens dar (sie kennen kein priesterliches Glaubensbekenntnis, das zwischen sie und Gott einen menschlichen Mittler stellt). Nach großartigen Erscheinungen, ob in der Geschichte, im Koran oder in einer menschlichen Persönlichkeit, halten sie keine Ausschau. Als größte moslemische Gruppe in Nordafrika, in der Türkei, in

Syrien, Palästina und auf der Arabischen Halbinsel haben die Sunniten einen guten Ruf, erkennbar daran, daß die meisten der Bücher, die im Westen über den Islam verfaßt worden sind, die sunnitische Auffassung als Grundlage haben (George C. Fry und James R. King, *Islam. A Survey of the Muslim Faith,* Grand Rapids, MI: Baker Book House 1980, S. 113).

Wie in dem kurzen geschichtlichen Überblick erwähnt, hat sich seit dem Bruch zwischen Schiiten und Sunniten ein tiefer Konflikt entwickelt. Dieser hat in jüngster Zeit sogar internationale Bedeutung gewonnen, da er auf der Bühne der Weltpolitik ausgetragen wird.

Nachdem das einst als unerschütterlich geltende Schah-Regime im Iran durch militante Schiiten gestürzt worden war, ist die schiitisch-sunnitische Auseinandersetzung in den Blickpunkt weltweiter Aufmerksamkeit geraten. Die gleichen islamischen Fundamentalisten waren es, die die Ermordung des ägyptischen Präsidenten Anwar Sadat veranlaßten.

Fry und King sagen hierzu:

Viel von dem, was in diesem Zusammenhang zu überprüfen wäre, ist nicht nur für Eingeweihte bestimmt, sondern in mancher Hinsicht auch für Nicht-Moslems von Bedeutung. Denn entweder spiegelt es gewisse Streitfragen wider, die sich im Islam als bedeutsam herausgestellt haben (die Geschichte der christlichen Kirche ist in ähnlicher Weise mit Auseinandersetzungen übersät), oder es dient dazu, Streitpunkte, von denen heute sehr oft die Rede ist, verständlich zu machen:
1) *Mitte der siebziger Jahre trug die Spaltung zwischen Sunniten und Schiiten zum Ausbruch des Bürgerkriegs im Libanon bei.* Ende der siebziger Jahre war dann der Wiederaufstieg des islamischen Fundamentalismus im Iran, angetrieben von schiitischen Führern, die Ursache dafür, daß ein als unantastbar geltender Leitgedanke über Bord geworfen und in der Kultur- und Sozialstruktur eines großen Landes ein erstaunlicher Wandel bewirkt wurde.
2) Der extreme kulturelle Konservatismus, der dem westlichen Menschen in Saudi-Arabien entgegenschlägt, geht auf die *Wahhabi-Bewegung* im 18. Jahrhundert zurück. Ihr gelang es, hier die strengsten moralischen Bestimmungen der gesamten Halbinsel einzuführen.
3) *Die Sufi-Bewegung hat den Westen der USA im Sturm erobert.* Viele amerikanische Großstädte verfügen heute über Sufi-Zentren, und die Universitätsbuchhandlungen legen Sufi-Literatur aus, die von jungen Leuten eifrig gelesen wird. Die Versammlungen des Sufi-Ordens im Westen der USA werden außerordentlich gut besucht. Der Sufismus genießt in New York City mehr Anerkennung als im Nahen Osten! Eine Beschäftigung mit den Hauptgruppen des Islam kann uns somit Aufschluß über die Bücher geben, die von unseren Kindern gelesen werden, und auch über den Preis, den wir für Öl zu zahlen haben (Fry und King, a.a.O., S. 112).

Neben dem Konflikt, in den der Iran, der Irak, Saudi-Arabien, dazu noch weitere arabische Länder und die Sowjetunion verwickelt sind, ist diese Kontroverse auch im bedrängten Libanon Ursache von Auseinandersetzungen. Beirut ist in einen sunnitischen und einen schiitischen Bereich geteilt.

Die Sufis

In jedem stark gesetzlich-religiösen System kann das Gebet zu einer mechanischen Übung werden, die auswendig hergesagt wird, wobei Gott transzendent zu sein scheint. Solche Religionen rufen bei denjenigen ihrer Anhänger, die mit der unpersönlichen Ausrichtung unzufrieden sind, oft Reaktionen hervor, die Abhilfe schaffen sollen. So ist es auch im Islam. Die Sufis, die bekanntesten islamischen Mystiker, haben sich im Laufe der Jahre als Reaktion auf den orthodoxen Islam und die oft lockeren und weltlich orientierten Ansichten entwickelt, die in der islamischen Führung in der Frühzeit des Islam während der Regierungszeit der Omajjaden und Abbasiden herrschten. Auch Mohammed zählte zu den Mystikern. So konnte sich der Sufismus parallel zum Legalismus weiterentwickeln. Viele Sufis sind gleichzeitig Sunniten.

Trotz der Forderungen, die das Gesetz erhebt, kommt einer anderen Seite des Islam für die große Masse der Gläubigen eine beinahe ebenso große Bedeutung zu – dem Sufismus, ein Begriff, der gewöhnlich mit „Mystik" wiedergegeben wird. Unter allen Moslems haben die Sufis am stärksten nach einer unmittelbaren persönlichen Gotteserfahrung gesucht. Obwohl es unter ihnen auch Legalisten mit äußerst fundamentalistischer Prägung gegeben hat, sind die Sufis doch dadurch, daß sie die direkte religiöse Erfahrung betonen, des öfteren in ein spannungsvolles Verhalten zu den Legalisten geraten. Ihre Haltung gegenüber dem (islamischen) Gesetz reichte von gönnerhafter Ironie bis hin zu unverhohlener Feindseligkeit (Williams, a.a.O., S. 136).

Die Sufis sind die Mystiker unter den islamischen Gläubigen. Fry und King bemerken hierzu:

Wir haben in vielerlei Hinsicht den Islam untersucht, um den Unterschied zwischen zwei entscheidenden arabischen Wörtern herauszufinden: *batin* und *zahir*, innere und äußere Bedeutung, esoterisches und exoterisches Wissen. Wir können nun sagen, daß im Islam die große mystische Tradition des Sufismus wohl am stärksten die nach innen gerichtete, esoterische Gedankenwelt widerspiegelt. Es gibt für die Bezeichnung „Sufismus", die – zumindest in manchen Kreisen – inzwischen fast zu einem geläufigen Begriff geworden ist, verschiedene Möglichkeiten der sprachgeschichtlichen Herleitung (Etymologie). Am meisten anerkannt wird die Ableitung von dem arabischen Wort *suf,* was „Wolle“ bedeutet. Das rauhe, geflickte Gewand der sufischen Mystiker mag daran erinnern. Man hört manchmal auch die Bezeichnung *Derwisch* oder *Fakir* für gewisse islamische Mystiker, die sich der Armut verschrieben haben. Man unterscheidet außerdem zwischen herumziehenden Derwischen, die die öffentliche Meinung verhöhnen *(qalandar)* und sogenannten Meisterderwischen (*pir, sheikh* oder *murshid* genannt) (Fry und King, a.a.O., S. 120).

Weiter heißt es:

Die Sufi-Bewegung, die heute in Amerika und Europa so bekannt ist, wurde in der Frühzeit der islamischen Geschichte im Nahen Osten als Protest gegen den zunehmenden islamischen Intellektualismus, der in Bagdad und anderswo verbreitet war, ins Leben gerufen. Die Sufis ermutigten zu einer Gottesbeziehung, die auf tiefem Vertrauen beruhte und in glühender, tiefempfundener Liebe ihren Ausdruck fand. Es gibt einige wichtige Verbindungspunkte zwischen Sufis und Schiiten. Beide Gruppen predigen eine radikale Form des Islam, die vom Traditionalismus abweicht und eine tiefe Hingabe an geistliche Werte widerspiegelt. Auch haben beide das schleichende Bewußtsein, in irgendeiner Weise „im Abseits“ zu stehen (ebd., S. 120f.).

Über die Entstehung des Sufismus sagt Noss:

Millionen Moslems fühlten das normale menschliche Bedürfnis in sich, ihre Religion persönlich und emotional zu erfahren. Weder damals noch heute hat es im Islam Priester gegeben, die eingesetzt waren, um ihr Leben dem Gottesdienst und dem Streben nach einem geheiligten Wandel zu widmen. Doch wußte jeder, daß Mohammed ein aufrichtiger Mann Gottes war, der sich ganz seinem Auftrag geweiht hatte. Man wußte auch, daß er sich in der Zeit, die den Offenbarungen voranging, oft in einer Höhle von der Außenwelt zurückgezogen hatte, um zu meditieren. Auf diese Weise war er zu einem Werkzeug für die göttliche Wahrheit geworden.
Die weit verbreitete Sehnsucht nach weltabgeschiedenen, gottergebenen Männern in ihrer Mitte, die ein asketisches, geheiligtes Leben führten, förderte schließlich die Entstehung der islamischen Mystik (Noss, a.a.O., S. 535).

Die Ahmadiyya-Bewegung

Während der Sufismus die mystische Gruppe im Islam darstellt, ist die Sekte der Ahmadiyya, die noch nicht lange besteht, rationalistisch ausgerichtet. Hier ein kurzer geschichtlicher Überblick:

In neuerer Zeit haben sich im Islam zwei bedeutende Sekten entwickelt: der sogenannte Babismus, der den Islam formell als Bahai-Religion verlassen hat, und die Ahmadiyya-Sekte, die um die Jahrhundertwende von Mirza Ghulam Ahmad begründet wurde. Dieser begann zunächst damit, zur Verteidigung des Islam Bücher gegen die christlichen Missionare zu schreiben. 1879, während seines Aufenthalts in dem Dorf Qadian im Gebiet Punjab in Indien, trat er dann mit dem Anspruch an die Öffentlichkeit, der verheißene Mahdi oder Messias zu sein. Entgegen der allgemein von Moslems vertretenen Meinung, daß Jesus nicht tatsächlich gekreuzigt, sondern zum Himmel emporgehoben wurde und von dort auf die Erde zurückkommen wird, behauptete Mirza Ghulam Ahmad, daß Jesus – nachdem er der Kreuzigung entgangen war – nach Kaschmir ging und schließlich in Srinagar starb (Encyclopedia Britannica, a.a.O., S. 667).

Für viele sind die Ahmadis keine wirklichen Moslems. Sie werden als nicht-islamische Sekte in Pakistan betrachtet.

Dem Christentum gegenüber gibt sich diese Gruppe äußerst militant.

Sie verwerfen nicht nur die Kreuzigung Jesu, sondern stellen auch seine jungfräuliche Geburt und seine sündlose Natur in Abrede. Die Sekte versucht, Christus jeglichen übergeordneten oder übernatürlichen Rang zu nehmen, der ihn über Mohammed erheben könnte.

Die Charidschiten, Mutasiliten und Wahhabiten

Diese drei Gruppen waren eher Splitterbewegungen als in sich geschlossene islamische Sekten. Die Charidschiten stellten eine kleine Gruppe dar, die sich nachdrücklich weigerte, von ihrer äußerst radikalen Beurteilung des Islam zurückzutreten. Sie waren der Meinung, daß man gegenüber jeglichem Kompromiß ernsthaft durchgreifen mußte, und zählten u.a. den „freien Willen“ zu ihrem Glaubensgut.

Die Wahhabiten waren eine stark militante, puritanische Gruppe, die wir heute hauptsächlich noch in Saudi-Arabien und Nigeria treffen. Sie stellen einen extrem fundamentalistischen Zweig der Sunniten dar.

Die Mutasiliten waren dagen eher rationalistisch-philosophischer Natur. Die Gruppe, die stark von griechischem Gedankengut beeinflußt war, löste sich auf, als der konservative Islam zu Beginn des Mittelalters eine neue Blütezeit erlebte.

Angesicht der verschiedenen islamischen Gruppierungen verliert die islamische Kritik an den Denominationen der Christenheit an Bedeutung. Oft wird von Moslems übersehen, daß alle Versuche, das Christentum auf seine Glaubwürdigkeit zu „testen“, wirkungslos bleiben, solange sie die gleichen Kriterien nicht auch auf ihren Glauben anwenden.

Die Debatte

Thema: Wurde Christus gekreuzigt?

Gesprächspartner:

Josh McDowell
und
Ahmed Deedat,
Vorsitzender des Zentrums
für die Verbreitung des Islam,
Durban, Südafrika.
(August 1981)

Die Debatte, deren Wortlaut wir nachfolgend wiedergeben, war in drei Abschnitte unterteilt:

Eröffnungsreferate:	50 Minuten
Entgegnungen:	10 Minuten
Schlußbemerkungen:	3 Minuten

Eröffnungsreferate

Ahmed Deedat

Sehr geehrter Herr Vorsitzender, meine Damen und Herren. Was die Kreuzigung betrifft, wird der Moslem im heiligen Koran, der letzten und endgültigen Offenbarung Gottes, nicht im Ungewissen darüber gelasssen, daß Christus weder gekreuzigt noch am Kreuz gestorben ist. Es erschien ihnen nur so, daß sie ihn gekreuzigt haben. Wer hierüber diskutiert, ist voller Zweifel und hat keine Gewißheit. Er stützt sich auf bloße Annahmen und Mutmaßungen. Denn es steht fest, sie haben ihn nicht getötet.

Herr Vorsitzender, meine Damen und Herren. Hätte jemand deutlicher, dogmatisch genauer und entschiedener in der Formulierung eines Bekenntnisses sein können? Der einzige, der so sprechen durfte, war der allwissende, allmächtige Herrscher des Universums.

Für den Moslem sind diese autoritativen Aussagen das wahrhaftige Wort Gottes, ein Wort, das er nicht in Frage stellt und für das er keine Beweise braucht. Es sagt: „Dies sind die Worte meines Herrn. Ich glaube und bestätige sie." Die christliche Reaktion hierauf sieht anders aus. Lassen wir diesbezüglich unseren verehrten Gast, Josh McDowell, zu Worte kommen, der zusammen mit Don Stewart in dem Buch *Answer to Tough Questions* („Antworten auf skeptische Fragen") auf den Seiten 116 und 117 die Haltung der Christen zu diesem entschiedenen moslemischen Zeugnis wiedergibt. Er sagt: „Eine Hauptschwierigkeit, Mohammeds Darstellung zu akzeptieren, liegt darin begründet, daß sein Zeugnis 600 Jahre nach den Ereignissen datiert, während das Neue Testament Augenzeugenberichte enthält, unmittelbare Zeugnisse vom Leben und Dienst Jesu Christi."

Zusammengefaßt heißt das: wie kann ein Mann wissen, was in Jerusalem geschah, wenn er tausend Meilen vom Ort des Geschehens entfernt war und sechshundert Jahre nach dem Ereignis der Kreuzigung lebte? Die moslemische Antwort lautet: Gott, der Allmächtige, hat es so gesagt. Und Gott wußte, was geschehen war. Der Christ schließt natürlich daraus, daß – hätte er dieses Buch, den Koran, als Gottes Wort angenommen – es nie zu einem Streit zwischen uns gekommen wäre, weil wir dann alle Moslems wären!

Wir finden in der Bibel – insbesondere in den Evangelien des Matthäus, Markus, Lukas und Johannes – Augenzeugenberichte dieser Ereignisse. Mit dieser Kreuzigung ist die Annahme verbunden, daß die Juden Jesus Christus vor zweitausend Jahren dadurch, daß sie ihn ans Kreuz schlugen, ermordeten. Als solche sind sie schuld am gewaltsamen Tod Jesu Christi. Uns Moslems wird gesagt, daß sie keine Schuld trifft, weil Christus weder getötet, noch gekreuzigt wurde. So bin ich durch den heiligen Koran in die Lage versetzt, die Juden gegen die Beschuldigung der Christen zu verteidigen. Ich werde mich also an diesem Nachmittag auf die Seite der Juden stellen, nicht aufgrund der Tatsache, daß sie meine Vettern sind, sondern weil ihnen Gerechtigkeit widerfahren soll. Es gibt zwischen den Juden und uns ebenfalls Streitpunkte, doch das steht auf einem anderen Blatt. Heute Nachmittag will ich mein Bestes versuchen, damit meinen Vettern, den Juden, in dieser Beziehung Gerechtigkeit widerfährt.

In dieser Argumentation, dieser Debatte, diesem Dialog bin ich heute gleichsam der Verteidiger der Juden, während Josh McDowell der Vertreter der Anklage ist. Sie, meine Damen und Herren, nehmen die Stelle der Richter ein. Bitte lehnen Sie sich zurück, entspannen Sie sich und urteilen Sie am Ende selbst, nach Ihrem eigenen Gewissen, ob der Vorwurf, den die Christen den Juden machen, berechtigt ist oder nicht.

Nun zur Sache: Als Verteidiger der Juden hätte ich diesen Fall in jedem Gericht und in jedem zivilisierten Land innerhalb von zwei Minuten abweisen können, indem ich vom Vertreter der Anklage einfach die Zeugenaussagen des Matthäus, Markus, Lukas und Johannes angefordert hätte. Würden mir diese, so wie sie uns in den Evangelien vorliegen, als schriftliche, beeidigte Zeugenaussagen ausgehändigt, könnte ich sagen, daß sie im Original nicht beglaubigt sind. Zum Beweis nehmen Sie bitte irgendeine anerkannte King James Bibel. Beachten Sie, daß über jeder schriftlichen Zeugenaussage geschrieben steht: „Evangelium nach Matthäus, Evangelium nach Markus, Evangelium nach Lukas, Evangelium nach Johannes" („Gospel according to St. Matthew" usw.). Meine Damen und Herren, als Richter frage ich Sie: Was hat dieses jeweilige „nach" zu bedeuten? Es bedeutet ganz einfach, daß Matthäus, Markus, Lukas und Johannes nicht eigenhändig unterschrieben haben. Man nimmt lediglich an, daß es sich bei ihnen um die Verfasser handelt. In einem solchen Fall würden sie von jedem Gericht in jedem zivilisierten Land in nur zwei Minuten aus dem Gerichtssaal verwiesen.

Nicht nur das, ein solcher Rechtsfall läßt sich sogar zweimal in zwei Minuten entscheiden, egal, vor welchem Gericht und in welchem zivilisierten Land das auch sein mag. *Zweimal* sage ich deshalb, weil uns im Markus-Evangelium, Kapitel 14, Vers 50, mitgeteilt wird, daß Jesus im entscheidensten Augenblick seines Lebens von allen seinen Nachfolgern verlassen wurde. *Alle* flohen, lesen wir. Wenn sie nicht da waren, wie könnte dann das Zeugnis von Menschen, die persönlich gar nicht dabei waren, vor Gericht Anerkennung finden? Ich sagte, zweimal in zwei Minuten, denn in genau 120 Sekunden hätte sich die Sache vor jedem Gericht und in jedem zivilisierten Land der Erde erledigt.

Was haben Sie nun davon gehabt? Sie sind nach der zermürbenden Regenzeit den weiten Weg bis hierher gekommen. Wenn ich jetzt sage: Der Fall ist abgeschlossen, gehen Sie heim! – was hätte es Ihnen gebracht? Ich will also diese Dokumente zu Ihrer Unterhaltung und zum Zweck dieses Dialogs einmal für gültig erklären. Dann rufen wir die Betreffenden in den Zeugenstand, um sie einem Kreuzverhör auszusetzen. Sie selbst sollen die Wahrheit herausfinden.

Lukas ist der erste Zeuge, den ich aufrufen werde. Er ist von sachverständigen Christen als einer der größten Historiker bezeichnet worden. Als historisches Buch kommt dem Lukas-Evangelium eine einzigartige Stellung zu. Nehmen wir jetzt das Lukas-Evangelium und lesen wir in Kapitel 24, Vers 36, was dort schwarz auf weiß geschrieben steht. Lukas berichtet, daß Jesus Christus an einem Sonntagabend, am ersten Tag der Woche, im Obergemach erschien, in demselben Raum, in dem er zusammen mit seinen Jüngern das letzte Abendmahl eingenommen hatte. Das war drei Tage nach der angeblichen Kreuzigung. Er kommt hinein und sagt: „Friede euch!“ Als er das sagte, waren seine Jünger zutiefst erschrocken. Kann das wahr sein? Wir fragen Sie. Ich möchte ihn selbst fragen, warum die Jünger erschraken. Denn wenn man seinen langvermißten Meister, seinen Großvater, seinen Guru oder Rabbi wiedertrifft – pflegen wir Orientalen uns zu umarmen; wir küssen uns gegenseitig. Warum dann der Schrecken seiner Jünger? Lukas gibt uns die Erklärung: sie meinten einen Geist zu sehen.

Ich zitiere nur, was er sagte. Sie können es in Ihrer eigenen Bibel zu Haus nachprüfen. Sie waren erschrocken und außer sich vor Furcht, weil sie ihn für einen Geist hielten. Ich frage Lukas: Sah er aus wie ein Geist? Und er antwortet: Nein. Immer wieder frage ich die vielen Christen in der Welt, Christen jeder Kirche und Denomination: Sah dieser euer Meister wie ein Geist aus? Alle antworten: Nein. Dann sage ich: Warum dachten sie, es mit einem Geist zu tun zu haben, wenn er nicht aussah wie ein Geist?

Jeder zeigt sich überrascht – es sei denn, Josh kann es uns erklären. Alle Christen sind verwirrt. Wieso hielten sie den Mann für einen Geist, wenn er nicht wie einer aussah? Ich will es Ihnen sagen. Der Grund ist, daß die Jünger Jesu nur vom Hörensagen wußten, daß man den Meister ans Kreuz gehängt hatte. Ebenfalls vom Hörensagen wußten sie, daß er seinen Geist aufgegeben hatte, das heißt, daß sein Geist den Körper verlassen hatte, daß Jesus gestorben war. Von anderen hatten sie auch erfahren, daß Jesus tot und seit drei Tagen begraben war. Alles, was sie wußten, wußten sie vom Hörensagen, denn – wie anfangs erwähnt (Markus 14,50) – sagt der andere Zeuge, daß alle seine Jünger ihn im entscheidenden Augenblick verließen und flohen. *Alle!* Sie waren also nicht dabei.

Stellen Sie sich vor, Sie wissen alles vom Hörensagen. Da begegnen Sie einer Person, die Ihres Wissens schon seit drei Tagen tot ist, einer Person, von der Sie annehmen, daß sie schon stinkend im Grab liegt. Wenn Sie ihr dann plötzlich begegnen, sind sie natürlich erschrocken. Jesus möchte ihnen klarmachen, daß es um ihn nicht so bestellt ist, wie sie denken. Sie denken, daß er mit einem geistlichen Auferstehungsleib von den Toten zurückgekommen ist. Jesus sagt deshalb zu ihnen – ich zitiere lediglich, was Lukas sagt –: „Seht meine Hände und meine Füße." Ich bin es selbst. Ich bin immer noch derselbe. Was ist los mit euch? Warum seid ihr so bestürzt? Er sagt: „Betastet mich und seht, denn ein Geist hat nicht Fleisch und Bein, wie ihr seht, daß ich habe."

Ein Geist; für diesen Ausdruck wird der unbestimmte Artikel *ein* gebraucht. Ein Geist, irgendein Geist, hat weder Fleisch noch Bein, „wie ihr es an mir seht". Wenn ich also Fleisch und Knochen an mir habe, bin ich doch kein Geist, kein Gespenst, kein Spuk. Ich frage den Engländer, den, dessen Muttersprache Englisch ist: Wenn ich Fleisch und Knochen habe, bin ich kein Geist, kein Gespenst, keine Spukgestalt. Trifft das für Ihren Sprachgebrauch zu?

Ich frage den Afrikaner: Wenn Ihnen jemand das erzählt, bedeutet es, daß er nicht das ist, wofür Sie ihn halten, das heißt, daß er kein Geist, kein Gespenst und keine Spukgestalt ist? Jeden höre ich mit „ja" antworten. Wenn Ihnen jemand erzählt, daß ein Geist kein Fleisch und keine Knochen hat, so bedeutet das tatsächlich, daß er kein Fleisch und keine Knochen hat. Jesus will seinen Jüngern damit zu verstehen geben: Wie ihr seht, habe ich Fleisch und Bein, deshalb bin ich nicht, wofür ihr mich haltet. Ihr denkt, ich war tot und ich wäre von den Toten auferstanden. So sagt er ihnen, daß der Körper, den sie sehen, kein verwandelter, entrückter Leib ist, kein Auferstehungsleib. Denn ein Auferstehungsleib verliert seine Körperlichkeit, wird Geist.

Wer sagt so? Mein Gewährsmann ist Jesus. Wo? fragen Sie. Sehen Sie nach im Lukas-Evangelium, Kapitel 20, Vers 36. Was sagt er? Sie müssen wissen, die Juden stellten ihm ständig Fangfragen. So fragten sie ihn: „Meister, ist es uns erlaubt, dem Kaiser Steuer zu geben oder nicht? Meister, diese Frau haben wir beim Ehebruch ertappt. Was sollen wir mit ihr tun? Meister ..." Immer wieder fragten sie ihn. Jetzt kommen sie wieder zu ihm und fragen: „Meister (in Hebräisch *Rabbi*), unter uns war eine Frau, die nach jüdischer Sitte sieben Ehemänner hatte." Diese jüdische Sitte besagte, daß der Bruder eines Mannes, der kinderlos starb, dessen Witwe zur Frau nahm. Starb auch der zweite Mann kinderlos, nahm der dritte Bruder sie zur Frau, dann der vierte, fünfte, sechste und siebte.

Sieben Brüder hatten auf diese Weise dieselbe Ehefrau, was auf Erden gar kein Problem war, da die Frau ihnen nacheinander angehörte. Nun wollten die Juden von Jesus wissen, wessen Frau sie bei der Auferstehung im Jenseits sein würde, da doch auf der Erde alle mit ihr verheiratet gewesen waren. Mit anderen Worten: wird es nicht im Himmel zu Streitigkeiten kommen, weil wir glauben, daß wir alle gleichzeitig auferstehen werden? Alle zusammen – im selben Augenblick. Das gilt auch für die sieben Brüder. Beim Anblick der Frau würden alle sieben sie für sich beanspruchen, und es käme im Himmel zum Krieg zwischen ihnen wegen dieser einen Frau.

Sie wollten also von Jesus wissen, wem sie im Jenseits gehören würde. Lesen Sie Lukas 20, Vers 36 und finden Sie es selbst heraus. Als Antwort darauf sagt Jesus über die auferstandenen Männer und Frauen: „Sie können auch nicht mehr sterben". Mit anderen Worten, sobald sie auferstanden sind, werden sie unsterblich. Dieser Körper hier ist sterblich. Er braucht Essen, Obdach, Kleidung, Geschlechtlichkeit und Ruhe. Ohne diese Dinge vergeht die Menschheit. Jener Körper aber wird unsterblich sein, braucht kein Essen mehr, kein Obdach, keine Kleidung, keine Geschlechtlichkeit und keine Ruhe. Jesus sagt, daß sie nicht mehr sterben werden, weil sie den Engeln gleich sind.

Das bedeutet, sie werden zu engelhaften Geistwesen, zu geistigen Geschöpfen, zu Geistern! „Denn sie sind Engeln gleich und sind Söhne Gottes, da sie Söhne der Auferstehung sind" (Lukas 20,36). Als solche sind sie – Geist! Er sagte: „Ein Geist hat nicht Fleisch noch Bein, wie ihr seht, daß ich habe." Mit anderen Worten: „Ich bin nicht auferstanden." Sie glaubten aber nicht vor Freude und wunderten sich – lesen Sie nach in Lukas 24. Was war denn geschehen?

Wir dachten, der Mann wäre tot, vielleicht schon in Verwesung übergegangen. Und sie glaubten nicht vor Freude – übergroßer Freude – und wunderten sich, was geschehen war. Deshalb sagt Jesus: „Habt ihr hier etwas zu essen?" Und sie „reichten ihm ein Stück gebratenen Fisch; und er nahm und aß vor ihnen." Was wollte er damit beweisen? Ich frage Sie, meine Damen und Herren Geschworenen, was versuchte er aufzuzeigen? Was war es? „Ich bin noch derselbe, der ich vorher war. Ich bin nicht, wofür ihr mich haltet; ich bin nicht von den Toten auferstanden."

Dies war am Sonntagabend nach der angeblichen Kreuzigung.

Lassen Sie uns zurückgehen. Was war am Morgen passiert? Der andere Zeuge, Johannes, sagt uns in Kapitel 20, Vers 1, daß Maria Magdalena am Sonntagmorgen, am ersten Tag der Woche, das Grab Jesu aufsuchte. Ich frage Johannes: Weshalb ging sie dorthin? Oder rufen wir einen weiteren Zeugen auf, Markus. In Kapitel 16, Vers 1, erfahren wir den Grund: sie ging hin, um ihn zu salben. Das hebräische Wort für salben ist *massahah.* Von diesem Wort wird *messiah* im Hebräischen und *masih* im Arabischen hergeleitet. Die Grundbedeutung ist bei beiden gleich. *Massahah* bedeutet „reiben", „massieren", „salben".

Ich frage Sie: Massieren die Juden Tote noch nach drei Tagen? Die Antwort ist: Nein. Ich frage die Christen unter uns: Massieren Sie Tote nach Ablauf von drei Tagen? Natürlich nicht! Wir Moslems sind den Juden in unseren Gesetzesvorschriften am ähnlichsten. Ist es bei Moslems üblich, Tote nach drei Tagen zu massieren? Die Antwort ist: Nein. Weshalb hatten sie dann die Absicht, einen toten, sich auflösenden Körper noch nach drei Tage zu massieren? Sie wissen genau wie ich, daß nach drei Stunden die Leichenstarre einsetzt, die Verhärtung der Zellen, die Verwesung des Körpers, der im Inneren beginnende Gärungsprozeß.

Wenn ein solcher verwesender Körper massiert wird, fällt er auseinander.

Warum sollte sie hingehen und einen toten, verwesenden Körper massieren wollen, wenn nicht in der Hoffnung, einen lebenden Menschen anzutreffen? Nach dem, was ich aus den Niederschriften Ihrer Zeugen herauslese, muß sie an dem schlaffen Körper noch Lebenszeichen vernommen haben, als er vom Kreuz abgenommen wurde. Sie war wohl die einzige Frau, die – zusammen mit Joseph von Arimathia und Nikodemus – den Totenritus an Jesus vorgenommen hatte. All seine anderen Jünger hatten ihn verlassen und waren geflohen. Sie waren nicht da. Nachdem diese Frau Lebenszeichen wahrgenommen hatte, hatte sie nicht „Seht, er lebt! Er lebt!" ausgerufen – um damit seinen sicheren Tod herbeizuführen.

Drei Tage später geht sie hinein, um ihn zu salben. Als sie die Gruft erreicht, stellt sie fest, daß der Stein beiseite gewälzt ist. Nur die Binden sind noch da. Da beginnt sie zu weinen. Ich frage Sie: Warum war der Stein zurückgewälzt, und warum waren die Binden losgewickelt? Ein auferstandener Leib wäre nicht darauf angewiesen, daß der Stein fortgeschafft würde, um herauszukommen. Ebenso überflüssig wäre es für einen solchen Auferstehungsleib gewesen, die Binden aufzuwickeln, um sich bewegen zu können. Nur ein sterblicher Körper hat so etwas nötig. Ein Dichter hat es einmal so ausgedrückt: „Mauern aus Stein machen noch kein Gefängnis und eiserne Stangen noch keinen Käfig." Für die Seele, für den Geist haben Dinge wie Mauern und Stangen keine Bedeutung, wohl aber für irdische, sterbliche Körper. Aus der Heiligen Schrift entnehme ich, daß Jesus Christus auf Erden war, als er Maria Magdalena beobachtete, und nicht etwa im Himmel.

Wie Sie sich erinnern, war diese Gruft Privatbesitz des Joseph von Arimathia. Dieser reiche und einflußreiche Jünger Jesu hatte in einen Felsen eine große, geräumige Höhle hauen lassen. Die Höhle war umgeben von seinem Gemüsegarten. Nun erzählen Sie mir bitte nicht, daß dieser Jude so großzügig war, daß er fünf Meilen von der Stadt entfernt Gemüse anbaute, damit die Schafe und Ziegen anderer Leute es abfressen konnten.

Sicherlich hat er seinen Arbeitern oder den Leuten, die seinen Garten pflegten, ein Stück Land gekauft. Es mag aber auch sein, daß ihm und seiner Familie das Gartengrundstück zur Erholung an den Wochenenden diente.

Bedenken wir, Jesus ist tot und beobachtet diese Frau. Er kennt sie und weiß, warum sie gekommen ist. Da geht er auf sie zu. Weil sie weint, fragt er sie: „Frau, was weinst du? Wen suchst du?“ Ich bitte Sie – weiß er es etwa nicht? Warum stellt er eine solch törichte Frage? Ich sage Ihnen: Die Frage war gar nicht töricht. Er gibt ihr damit gleichsam ein Zeichen. Sie nimmt an – so lesen wir es im biblischen Bericht – den Gärtner vor sich zu haben. Was mag der Grund dafür sein? Sehen Auferstehungskörper aus wie Gärtner? Kann das möglich sein? Meine Meinung ist, daß er wie ein Gärtner aussieht, weil er sich als Gärtner verkleidet hat. Warum? Weil er Angst hat vor den Juden. Warum hat er Angst? Ich sage es Ihnen: Er war gar nicht tot. Der Tod war nicht besiegt. Wäre er nämlich gestorben und hätte er den Tod besiegt, hätte es keinen Grund mehr zur Furcht gegeben. Warum nicht? Weil der auferstandene Körper nicht noch einmal sterben kann. Woher ich das weiß? Aus der Bibel. Was steht dort geschrieben? Es heißt dort, daß es „den Menschen gesetzt ist, *einmal* zu sterben, danach aber das Gericht“ (Hebräer 9,27). Man kann nicht zweimal sterben.

Wäre Jesus als Sieger aus dem Tod hervorgegangen, hätte er sich nicht mehr zu fürchten brauchen. Er fürchtete sich, weil er nicht gestorben war. So sagt die Frau, in der Annahme, es sei der Gärtner: „Herr, wenn du ihn weggetragen, so sage mir, wo du ihn hingelegt hast, und ich werde ihn wegholen.“ Wohlgemerkt, die Frage lautet nicht: Wo hast du ihn „beerdigt“? Sie will Jesus „wegholen“, damit er sich erholen und neue Kräfte sammeln kann. Sie allein will ihn wegholen – eine zarte jüdische Frau! Stellen Sie sich vor, wie sie eine Leiche von mindestens 160 Pfund fortschleppt – zum Glück nicht 200 wie mich. Ein muskulöser Tischler in der Blüte seiner Jahre bringt mindestens 160 Pfund auf die Waage. Hinzu kommen noch weitere 100 Pfund an Spezereien, die man auf den Leib aufgetragen hatte. Nachzulesen in Johannes, Kapitel 19, Vers 39. Das sind zusammen 260 Pfund.

Können Sie sich vorstellen, wie eine zarte jüdische Frau dieses Leichenbündel wie ein Bündes Stroh fortträgt? Erweckt das nicht Vorstellungen von einer Superfrau, wie wir sie in amerikanischen Comics finden? Wohin wollte sie den toten Jesus denn bringen? Zu sich nach Hause? Vielleicht unter ihr Bett? Was hatte sie vor mit ihm? Ich frage Sie: Was hatte sie mit diesem verwesenden Körper vor?

Zurück zu unserem Text – die Scherze gingen zu weit. Jesus sagt zu ihr: „Maria!“ An der Art, wie er sie anspricht, erkennt sie ihn. Sie will ihn berühren. Warum? Etwa um ihn zu beißen? Nein! Wir Orientalen umarmen uns als Zeichen der Ehrerbietung. Diese wollte sie Jesus erzeigen. Doch Jesus sagte: „Rühre mich nicht an.“ Warum sagte er das? Ist er mit Strom geladen, ein Dynamo, bei dessen Berührung sie einen Elektroschock bekommen würde? Warum sollte sie ihn nicht anfassen? Ich kann es Ihnen sagen: Weil er Schmerzen hatte. Sagen Sie mir einen anderen Grund. Im Johannes-Evangelium lesen wir, daß Jesus zu ihr sagt: „Rühre mich nicht an, denn ich bin noch nicht aufgefahren zum Vater.“ Ist sie denn blind? Kann sie den Mann nicht sehen, der da neben ihr steht? Was meint Jesus mit den Worten: „Ich bin noch nicht aufgefahren“, wenn er doch leibhaftig vor ihr steht? „Ich bin noch nicht aufgefahren zum Vater“ bedeutet im hebräischen Sprachgebrauch: „Ich bin noch nicht tot.“

Jetzt stehen wir vor einem weiteren Problem: Wer wälzte den Stein beiseite? Wie konnte sie zu ihm gelangen? Wer wälzte den Stein beiseite? Die Christen schreiben ein Buch nach dem anderen darüber. Einer von ihnen, ein rationalistisch orientierter Rechtsanwalt namens Frank Morrison, hat ein Buch von 192 Seiten verfaßt, in dem er sechs Vermutungen aufstellt. Am Ende der 192 Seiten weiß man die Antwort noch immer nicht. Wer hat den Stein beiseite geschafft? Warum die vielen Bücher? Mir ist unverständlich, warum niemand das Naheliegende erkennt. Warum lesen Sie Ihre Schriften nicht? In den Evangelien haben Sie es schwarz auf weiß in Ihrer eigenen Muttersprache. Es ist anormal, daß Sie alles in Ihrer eigenen Sprache vor sich haben.

Der Engländer liest die Bibel in Englisch, der Afrikaner in Afrikaans, der Zulu in Zulu. Jede Sprachgruppe hat das Buch in ihrer Sprache. Und allen wird beigebracht, genau das Gegenteil von dem zu verstehen, was sie lesen. Das genaue Gegenteil. Es geht nicht nur um ein Mißverständnis.

Beweisen Sie es mir, wenn ich etwas Falsche behaupte. Ich tue nichts anderes, als Wort für Wort wiederzugeben, was Ihre christlichen Zeugen ausgesagt haben. Sie haben es uns schwarz auf weiß überliefert. Ich unterstelle ihnen keine falschen Motive. Ich sage nicht, daß es sich bei ihnen um unaufrichtige Zeugen handelt. Ich bitte Sie nur: Lesen Sie dieses, Ihr Buch, noch einmal. Setzen Sie die Scheuklappen ab, und lesen

Sie es von neuem. Und sagen Sie mir, an welchen Stellen ich Ihre Sprache nicht richtig verstehe, meine Herren aus England, Südafrika oder Natal. Melden Sie sich bei mir, wenn Sie am Ende unseres Gesprächs den Eindruck haben sollten, daß unser verehrter Gast dem Thema nicht gerecht geworden ist. Wenn Sie möchten, daß wir weiter darüber sprechen, laden Sie mich in Ihre Versammlungshallen oder Schulen ein – ich bin bereit zu kommen.

Wer bewegte nun den Stein? Es ist sehr einfach – es heißt, daß zwanzig Männer nötig gewesen wären. Der Stein war sehr groß, wohl anderthalb bis zwei Tonnen schwer, so daß nur ein amerikanischer Superman ihn hätte bewegen können. Was aber lesen wir im Markus- und Matthäus-Evangelium? Daß Joseph von Arimathia den Stein vor die Tür der Gruft wälzte. Von einem einzigen Mann ist die Rede! Wenn ein einzelner Mann den Stein bewegen konnte, um die Gruft damit zu verschließen, warum brachten es dann zwei Personen nicht fertig, denselben Stein wieder beiseite zu schaffen? Können Sie mir das beantworten?

Bedenken Sie weiter, daß alle diese Ereignisse bereits prophetisch angekündigt waren. Sie waren vorherbestimmt. Auch alles, was nachher geschah. Jesus Christus hat klar und deutlich auf alles hingewiesen, was geschehen würde. Sie können es im Matthäus-Evangelium, Kapitel 12, in den Versen 38 bis 40 nachlesen. Wieder kommen die Juden mit einer Frage zu Jesus.

Dies Mal sagen sie: „Lehrer, wir möchten ein Zeichen von Dir sehen." Mit anderen Worten: Wir möchten, daß du ein Wunder vollbringst, damit wir uns davon überzeugen können, daß du der erwartete Messias bist. Etwas Übernatürliches. Geh auf dem Wasser oder fliege wie ein Vogel in der Luft. Tu schon etwas, Mann, damit wir sicher sein können, daß du ein Mann Gottes bist – der Messias, auf den wir warten.

Da antwortet Jesus ihnen: „Ein böses und ehebrecherisches Geschlecht begehrt ein Zeichen, und kein Zeichen wird ihm gegeben werden als nur das Zeichen Jonas, des Propheten. Denn gleichwie Jona drei Tage und drei Nächte in dem Bauch des großen Fisches war, so wird der Sohn des Menschen drei Tage und drei Nächte im Herzen der Erde sein." Das einzige Zeichen, das er ihnen zu geben bereit war, war das Zeichen des Jona. Das war ihm das Wichtigste. Er sagte nicht: „Ihr kennt doch den blinden Bartimäus. Ich habe ihn geheilt. Oder die Frau, die jahrelang unter Blutungen litt. Als sie mich berührte, wurde sie gesund. Ihr wißt, daß ich fünftausend Menschen mit ein paar Fischen und wenigen Stücken Brot gespeist habe. Denkt Ihr noch an den Feigenbaum dort drüben? Auf mein Wort hin vertrocknete er bis zu den Wurzeln." Nichts dergleichen. Jesus verwies nur auf das Zeichen des Jona. Wissen Sie, was für ein Zeichen das war?

Betrachten wir dazu das Buch Jona. Ich habe es hier mitgebracht. Es ist nur eine Seite in der Bibel – eine Seite von Gott. Vier kurze Kapitel, die Sie in weniger als zwei Minuten durchgelesen haben. Es ist nicht so einfach, das Buch Jona, das nur aus einer einzigen Seite besteht, in der dickbändigen Bibel zu finden. Aber Sie müssen gar nicht danach suchen. Wenn Sie als Kind zur Sonntagsschule gegangen sind, werden Sie sich an die Geschichte erinnern. Jona wurde von dem allmächtigen Gott nach Ninive geschickt, einer Großstadt von ungefähr 100 000 Einwohnern. Er sollte sie warnen. Sie sollten in Sack und Asche Buße tun und sich vor dem Herrn demütigen. Jona hatte dazu keinen Mut, weil die Leute dort für ihre materialistische, weltliche Einstellung bekannt waren. – „Sie werden nicht auf mich hören, sondern sich über das lustig machen, was ich ihnen sagen soll", dachte er. Anstatt nach Ninive zu gehen, machte er sich auf den Weg nach Joppe. Das steht auf dieser einen Seite geschrieben. In Joppe bestieg er ein Schiff, das ihn nach Tarsis bringen sollte. Die Namen brauchen Sie nicht zu behalten.

Unterwegs kam ein Sturm auf. Nach Meinung der abergläubischen Schiffsleute geriet das Meer in Aufruhr, wenn jemand den Befehl seines Herrn mißachtete und nicht seine Pflicht tat. So fragten sie sich, wer wohl an dem Sturm schuld sein könne. Jona erkannte, daß er als Prophet gleichzeitig auch ein Soldat Gottes war. Und als ein Soldat hatte er kein Recht dazu, Dinge nach seinem eigenen Willen zu tun. Deshalb sagte er zu den Schiffsleuten etwa so: „Ich bin der Schuldige. Gott, der Allmächtige, straft mich. Er will mich töten und deshalb das Schiff zum Sinken bringen, und ihr, die ihr unschuldig seid, werdet auch sterben. Es ist besser, ihr nehmt mich und werft mich ins Meer. Denn Gott trachtet mir wirklich nach dem Leben."

Da erwiderten sie: „Nein, Mann, du bist solch ein guter Mensch. Vielleicht willst du dich selbst umbringen. Dabei werden wir dich nicht unterstützen. Wir haben unsere eigene Methode, wie wir Recht und Unrecht unterscheiden können." Sie nannten es „das Los werfen" (wir machen es manchmal so mit Münzen und fragen: „Kopf oder Zahl“?). Nun, die Seeleute warfen das Los, wie es bei ihnen üblich war, und Jona wurde als der Schuldige ermittelt. Da nahmen sie ihn und warfen ihn über Bord.

Jetzt habe ich eine Frage an Sie: War Jona tot oder lebendig, als ihn die Seeleute über Bord warfen? Bevor Sie antworten, bedenken Sie bitte, daß Jona selbst den Vorschlag gemacht hatte. „Werft mich!“ hatte er gesagt. Einen solchen Mann braucht man nicht vorher zu erwürgen, mit dem Speer zu durchbohren oder ihm den Arm oder die Glieder zu brechen. Stimmen Sie dem zu?

Der Mann hatte sich freiwillig gemeldet. Was sagt Ihnen Ihr gesunder Menschenverstand? War er tot oder lebendig, als sie ihn über Bord warfen? Helfen Sie mir bitte. Lebendig, sagen Sie? Nun, dafür kriegen Sie keinen Preis. Die Frage war zu einfach. Erstaunlicherweise sind sich Juden, Christen und Moslems in diesem Punkt einig. Alle sagen, er war am Leben. Wieviel schöner wäre es, wenn wir auch in jeder anderen Sache einer Meinung wären.

Wir sind uns also einig, daß Jona am Leben war, als man ihn in die stürmische See warf. Als das geschehen war, legte sich der Sturm. Vielleicht war es zufällig so. Da kam ein Fisch und schluckte Jona hinunter. Verschlang er ihn tot oder lebendig? Lebendig, sagen Sie? Ja, vielen Dank.

Wie wir im Buch Jona nachlesen können, ruft Jona aus dem Bauch des Fisches Gott um Hilfe an. Können Tote beten? Sagen Sie, ist das möglich? Nein! Also war er am Leben. Drei Tage und drei Nächte schleppte ihn der Fisch im Meer mit sich herum. Tot oder lebendig? Lebendig. Am dritten Tag, als er am Ufer des Meeres entlangging, war er da tot oder lebendig? Lebendig. Was sagt Jesus? „Denn gleichwie Jona ..., so wird der Sohn des Menschen ... sein.“ Das sagt er über sich selbst. Wie war Jona – tot oder lebendig? Er war lebendig. Wie war Jesus, als er drei Tage und Nächte im Grab lag, nach dem Glauben der Christen? Was war mit ihm? War er tot oder lebendig? Er war tot.

Wenn wir glauben, daß Jesus tot war, dann paßt das Bild von Jona nicht auf ihn. Sehen Sie das nicht ein? Er sagt, daß er sein würde wie Jona, und Sie – die rund 1 200 Millionen Christen auf dieser Erde – bezeugen das Gegenteil. Er sagte, er würde wie Jona sein, und sie sagen, er war nicht wie Jona. Ich würde ihn nicht als meinen Messias akzeptieren, wenn ich ein Jude wäre. Im Koran steht geschrieben, daß Jesus der Messias war. Das akzeptiere ich. Er war einer der größten Boten Gottes – einverstanden. Ich glaube an seine wunderbare Geburt. Ich glaube auch, daß er mit Gottes Erlaubnis Tote zum Leben erweckte. Ebenso heilte er die Blinden und Aussätzigen, weil Gott ihn dazu befähigte. Doch als Jude würde ich sagen, daß er im Blick auf das von ihm gegebene Zeichen versagte. Jona lebt – während Jesus tot ist. Das läßt sich nicht vereinbaren. Ich weiß nicht, in welcher Sprache man sie einander gleich machen könnte, so daß der eine wie der andere ist. Wissen Sie, der Kluge, der Doktor oder Professor der Theologie, sagt mir, daß ich die Bibel nicht richtig verstehe.

Nehmen wir an, ich verstehe sie nicht. Wenn ich nach dem Grund frage, wird mir gesagt: Verstehen Sie, Mr. Deedat, Jesus kommt es hier allein auf den Zeitfaktor an. Beachten Sie: Jesus benutzte viermal das Wort „drei". „Denn gleichwie Jona drei Tage und drei Nächte in dem Bauch des großen Fisches war, wird der Sohn des Menschen drei Tage und drei Nächte im Herzen der Erde sein." Viermal gebrauchte er das Wort „drei".

Es ging Jesus also um den Zeitraum – nicht darum, ob er in dieser Zeit tot oder lebendig war. Nur, der Zeitraum an sich stellt nichts Wunderbares dar. Gleichgültig, ob der Mann nun drei Minuten, drei Stunden oder drei Wochen tot war – das Wunder liegt nicht darin.

Das Wunder – wenn es dort überhaupt ein Wunder gibt – besteht darin, daß ein Mann, den man für tot hielt, sich als lebendig erweist. Als Jona ins Meer geworfen wurde, schien sein Tod beschlossen. Doch er blieb am Leben. Hier liegt das Wunder. Ein Fisch kam und verschlang ihn. Drei Tage und drei Nächte in der Hitze des Fischbauches – am Rande des Erstickens, den Tod vor Augen ... Eigentlich hätte er sterben müssen, doch er blieb am Leben. Das ist das eigentliche Wunder!

Wenn man erwartet, daß ein Mensch stirbt, und er stirbt, was ist Wunderbares daran? Wenn zum Beispiel auf einen Menschen geschossen wird, und er stirbt, weil sechs Geschosse sein Herz getroffen haben, ist das ein Wunder? Doch wenn er seinen Weg mit uns fortsetzte, als sei nichts geschehen, wenn ihn das alles nur zum Lachen brächte, wenn er weiterhin am Leben bliebe, auch wenn die sechs Schüsse sein Herz zerfetzt hätten, so wäre das ein Wunder. Erkennen Sie den Unterschied? Ein Wunder ist geschehen, wenn wir erwarten, daß ein Mensch stirbt, und dieser Mensch dann doch nicht stirbt. Wenn ein Mensch, von dem wir dies erwartet haben, tatsächlich stirbt, dann ist das keineswegs ein Wunder.

Auch Jesus war ein Todeskandidat. Wäre es ein Wunder gewesen, wenn er an dem, was er durchleiden mußte, gestorben wäre? Nein, es wäre kein Zeichen gewesen. Ein Wunder ist es gewesen, wenn er am Leben geblieben ist. Verstehen Sie jetzt? Da wird auf den Zeitfaktor verwiesen. Ertrinkende klammern sich an Strohhalme, kann ich dazu nur sagen. Auf den Zeitraum kommt es an, wird gesagt. Ich frage Sie, hat er diesen Zeitraum eingehalten? Natürlich hat er das, antworten Sie mir. Aber wie hat er ihn erfüllt? Passen Sie auf, ich erkläre es Ihnen. Wann wurde Jesus Christus gekreuzigt? Die gesamte christliche Welt sagt: am Karfreitag. Überall in England, Frankreich, Deutschland, Amerika, Lesotho, Sambia – in Südafrika ist Karfreitag ein öffentlicher Feiertag – wird dieses Tages gedacht. Warum aber feiern die Christen diesen Tag?

„Weil Christus an diesem Tag für unsere Sünden gestorben ist“, bekommt man zur Antwort. Das heißt also, Jesus wurde am Karfreitag gekreuzigt. Wann – morgens oder nachmittags? Die Christen sagen, am Nachmittag. Wie lange hing er am Kreuz? Manche sagen drei, andere sechs Stunden. Aber ich will gar nicht mit ihnen darüber streiten. Was sie sagen, soll mir recht sein. Wenn wir aber in der Schrift nachlesen, erfahren wir, daß sie es mit der Kreuzigung eilig hatten. Sie wollten Jesus so schnell ans Kreuz bringen, daß man ihn innerhalb von zwölf Stunden sechs verschiedenen Verhören unterzog. Nachzulesen in Joshs Buch *The Resurrection Factor* [„Die Tatsache der Auferstehung“].

So etwas passiert nur in Filmen. Sechs Verhöre in zwölf Stunden, von Mitternacht bis zum nächsten Morgen. Das gibt es nur im Film. Aber trotzdem – ich glaube, was Sie mir sagen. Ich akzeptiere es. Die Juden hatten es also eilig, Jesus ans Kreuz zu bringen. Wissen Sie den Grund? Man fürchtete die Meinung der Öffentlichkeit. Jesus war ein Jude. Er war allgemein beliebt. Blinde, Aussätzige und Kranke hatte er geheilt und Tote auferweckt. Tausende wurden satt, weil er sie mit Brot und Fisch versorgt hatte. Man bewunderte ihn. Hätte das Volk erfahren, daß das Leben ihres Helden in Gefahr war, wäre ein Aufruhr fällig gewesen.

So verhörten sie Jesus mitten in der Nacht. Am frühen Morgen führten sie ihn vor Pilatus. Der sagte: „Dieser Mann ist nichts für mich – bringt ihn zu Herodes.“ Da Herodes aber auch nicht interessiert war, ließ er Jesus zu Pilatus zurückbringen. Schnell, schnell, nur keine Zeit verlieren! Und so verhörten sie Jesus sechsmal in zwölf Stunden. Als wenn sie nichts anderes zu tun gehabt hätten. Aber ich glaube, was Sie mir erzählen.

Nach christlicher Überzeugung gelang es ihnen, Jesus ans Kreuz zu bringen. Die Evangelien bezeugen es so. Aber die Menschen hatten es nicht nur eilig, ihn zu kreuzigen. Sie hatten es auch eilig, ihn vom Kreuz herabzunehmen. Wissen Sie, warum? Weil der Sabbat nahte. Freitags nach Sonnenuntergang, gegen sechs Uhr, beginnt bei den Juden der Sabbat. Auch wir Moslems beginnen beim Zählen der Tage mit der Nacht, nicht mit dem Tag. Unser Tag beginnt gegen sechs Uhr abends.

Im 5. Buch Mose wurde den Juden befohlen, niemand den Sabbat über am Holz hängen zu lassen. „Damit dein Land nicht verunreinigt wird, das der Herr, dein Gott, dir als Erbe gibt." Sie beeilten sich deshalb, den Körper vom Kreuz herunterzunehmen, ihn zu waschen und ihn mit einhundert Pfund an Spezereien einzureiben. Dann legten sie ihn in die Gruft. Es war kein Grab, sondern eine Gruft, eine große, geräumige Höhle oberhalb der Erde. Inzwischen ist es Abend geworden. Von nachmittags drei Uhr an waren sie beschäftigt, mit all den Einzelheiten, die Josh in seinem Buch beschreibt. Leichenwaschungen nehmen gewöhnlich mehr als eine Stunde in Anspruch. Lesen Sie bitte nach, wie die Juden ihre Toten waschen. Allein diese Prozedur dauert länger als eine Stunde. Nehmen wir einmal an, sie taten alles in großer Eile. Sie hatten es ja eilig. Bedenken Sie: Sechs Verhöre in zwölf Stunden. Schnell wurde alles erledigt und er in das Felsengrab gelegt.

Zu diesem Zeitpunkt war es schon Abend. Passen Sie auf, sehen Sie auf meine Finger – ich zähle: Freitagnacht soll er angeblich in der Grabhöhle sein. Angeblich auch den ganzen Samstag hindurch, Tag und Nacht. Doch am Sonntagmorgen, dem ersten Tag der Woche, als Maria Magdalena zum Grab kommt, ist es leer.

Das sagen Ihre Zeugen. Ich frage Sie: Wie viele Tage und Nächte waren das? Ist Ihnen aufgefallen, daß ich „angeblich" gesagt habe? Das hat seinen Grund; es steht nämlich nicht ausdrücklich in der Bibel, wann Jesus aus dem Grab herauskam. Das kann *Freitagnacht* gewesen sein. Es steht nirgendwo geschrieben, wie er herauskam. Zählen wir noch einmal: Freitagnacht, den ganzen Samstag, die Nacht von Samstag auf Sonntag. Wie viele Tage und Nächte sind das? Sehen Sie auf meine Finger! Wenn Ihre Augen in Ordnung sind, dann sagen Sie mir, wie viele es sind. Richtig! Zwei Nächte und ein Tag. Interessant! Entspricht das dem, was Jesus sagte? Er sagte: „Gleichwie Jona drei Tage und drei Nächte ..., so wird der Sohn des Menschen drei Tage und drei Nächte ..." Wohlgemerkt: drei und drei. In Wirklichkeit waren es bei Jesus aber nur zwei Nächte und ein Tag. Nun sagen Sie bloß noch, daß das dasselbe sei.

Ich möchte wissen, was Sie lesen, was Sie Ihrem eigenen Buch entnehmen! Jesus sagt Ihnen, daß das, was geschehen wird, wie bei Jona sein wird. Das Zeichen des Jona ist ganz offensichtlich ein Wunder. Er, der eigentlich hätte sterben müssen, blieb am Leben. Das war das einzige Wunder bei dieser Geschichte. Auch bei Jesus war das so. Man rechnete mit seinem Tod, aber er blieb am Leben. Wäre er gestorben, wäre das kein Zeichen. Wenn er nicht gestorben ist, dann ist es ein Zeichen.

Sehr geehrter Herr Vorsitzender, meine Damen und Herren, die Sie in dieser Sache urteilen sollen. Sehen Sie, wie man die Leute programmiert hat? Von Kindesbeinen an werden wir alle programmiert. Als ich in Amerika an der Universität von San Francisco sprach, gebrauchte ich den Ausdruck „Gehirnwäsche". „Man hat Sie alle einer Gehirnwäsche unterzogen", sagte ich. Ich konnte es mir leisten, so mit ihnen zu sprechen. Die Amerikaner verkraften das. Sie halten sich für allmächtig, wissen Sie. Als ich von einer „Gehirnwäsche" sprach, unterbrach mich ein Amerikaner, ein Professor, und sagte: „‚Gehirnwäsche'? Nein. ‚Programmiert' ist besser." „Ich bitte um Verzeihung – programmiert", sagte ich. Ich hoffe also, sehr geehrter Herr Vorsitzender, meine Damen und Herren, daß Sie am Ende dieses Treffens soweit neu programmiert sind, daß Sie das Buch lesen, wie es ist und nicht, wie man Sie gelehrt hat, es zu verstehen.

Ich danke Ihnen, meine Damen und Herren.

Josh McDowell

Guten Tag, meine Damen und Herren. Guten Tag, Mr. Deedat und alle freundlichen Bewohner dieser Stadt und dieses Landes Südafrika. Ich bin dankbar, daß ich Gelegenheit habe, an diesem Symposium über die islamische und christliche Auffassung der Kreuzigung und Auferstehung Jesu teilzunehmen.

Als ich mich darauf vorbereitete, war mir nicht bewußt, daß ich mich mit so vielen verschiedenen islamischen Theorien über die Kreuzigung befassen müßte. Was ich zu allererst herausfand, war die Tatsache, daß die Mehrheit der Moslems in der Welt die Substitutionstheorie vertritt. Das heißt, nachzulesen in der vierten Koransure, ein anderer wurde an Jesu Statt gekreuzigt, Jesus aber direkt zum Himmel emporgehoben.

Es wurde also jemand anderes gekreuzigt. Hier aber gibt es unter den Moslems viele unterschiedliche Meinungen. Einige moslemische Autoren sagen, daß ein Jünger Jesu an seiner Statt gekreuzigt wurde. Tabari, ein anderer moslemischer Verfasser, hält – in Übereinstimmung mit Ibn Ishaq – einen Mann namens Sargus oder Sergius für den Ersatzmann. Der moslemische Schriftsteller Baidawi behauptet, es sei ein Jude namens Titanus gewesen, während ein anderer, Ath-Tha-'labi, der Meinung ist, es habe sich um den Juden Fal Tayanus gehandelt. Ein anderer schließlich, Wahb ibn Munabbah, sagte, ein jüdischer Rabbi namens Ashyu sei anstelle von Jesus gekreuzigt worden.

Andere, unter dem Eindruck, es sei ungerecht, einen Unschuldigen ans Kreuz zu bringen, sind der Auffassung, es müsse Judas Ischariot gewesen sein, der am Kreuz gestorben ist. Nun, Mr. Deedat wird mich korrigieren können, aber ich meine nicht, daß es im Koran dafür irgendeinen Anhaltspunkt gibt. Der Gedanke taucht in einigen Sekten aus vorislamischer Zeit auf. Ich habe mich aber immer gefragt, warum Gott denn überhaupt einen Ersatzmann nötig hatte? Warum hätte er nicht einfach Jesus nehmen können?

Andere – aber längst nicht die Mehrheit der Moslems – sagen, Jesus sei einige Jahre nach der Kreuzigung und angeblichen Auferstehung eines natürlichen Todes gestorben. Mit anderen Worten: „Hazrat Isa", wie Jesus genannt wird, ist tot! Dies ist eine neuere Entwicklung im Islam. Ich bin bei Neuentwicklungen immer vorsichtig.

Der Gedanke stammt in erster Linie von einem Mann namens Venturini. Er sagte, Jesus sei nicht wirklich am Kreuz gestorben, sondern nur in eine tiefe Ohnmacht gefallen. Bewußtlos habe man ihn in die Gruft gelegt, wo er später wieder zu sich gekommen sei. Diese Idee vertritt auch die radikale islamische Ahmadiyya-Sekte. Die „Ohnmachtstheorie" ist eine der Hauptlehren dieser Sekte, die von Mirza Ghulam Ahmad, ihrem angeblichen Propheten, begründet wurde, und auch bei der Sekte der Qadianis zu finden.

Einige werden erwidern, „kreuzigen" bedeute, am Kreuz zu sterben. Jesus könne folglich nicht gekreuzigt worden sein, weil er nicht am Kreuz starb. Ich weiß nicht recht, wie sie auf diese Erklärung gekommen sind. Was mich betrifft, habe ich hier nur eins zu tun: Ihnen die Fakten darzulegen, wie ich Sie in meinen Büchern dokumentieren konnte, und Sie dann als faire, intelligente Gesprächspartner selbst Ihre Schlüsse ziehen lassen. Der Hintergrund ist der, daß ich als Student selbst ein Buch gegen das Christentum schreiben wollte. Ich wollte es verstandesmäßig widerlegen, weil ich auf gar keinen Fall Christ werden wollte. Nachdem ich zwei Jahre lang Forschungen angestellt und viel Zeit und Geld investiert hatte, entdeckte ich Fakten – nicht nur solche, die Gott in seinem heiligen Buch, der Bibel, festgehalten hat, sondern auch Fakten, die aus anderen historischen Quellen stammen. Meine Damen und Herren, nachfolgend werde ich Ihnen einige der Fakten vorstellen, die ich zur Widerlegung der christlichen Botschaft verwenden wollte – aber nicht konnte.

Als erstes überraschte mich, daß Jesus nicht die geringste Angst vor dem Tod hatte. Er sagte sogar seinen eigenen Tod und seine Auferstehung voraus. Er sagte: „Siehe, wir gehen hinauf nach Jerusalem", und erklärte seinen Jüngern: „Der Sohn des Menschen wird überliefert werden in der Menschen Hände, und sie werden ihn töten, und am dritten Tag wird er auferweckt werden" (Matthäus 17,22f.).

Bei anderer Gelegenheit begann er, sie zu lehren, was ihm offenbart worden war. „Der Sohn des Menschen wird den Hohenpriestern und Schriftgelehrten überliefert werden, und sie werden ihn zum Tode verurteilen; und sie werden ihn den Nationen überliefern, um ihn zu verspotten und zu geißeln und zu kreuzigen; und am dritten Tage wird er auferstehen" (Matthäus 20,18f.).

Als zweites erfuhr ich, als ich mich näher mit dem Leben Jesu befaßte, daß er sich nicht gegen seinen Tod gewehrt hat. In Matthäus 26 sagt er: „Mein Vater, wenn es möglich ist, so gehe dieser Kelch an mir vorüber". Viele Menschen beachten jedoch nicht, was Jesus in diesem Zusammenhang weiterhin sagt: „... doch nicht wie ich will, sondern wie du willst" (Matthäus 26,39).

Jesus hat sich also nicht versteckt. Ihm war deutlich bewußt, wo er sich aufhielt. In Johannes 18 heißt es, daß er sich zu dem Ort begab, an den er immer zu gehen pflegte. Keineswegs wollte er sich vor der Obrigkeit verstecken. In Johannes 18,4 wird von Jesus gesagt, daß er „alles wußte, was über ihn kommen würde". Er wußte es und war darauf vorbereitet! Im Matthäus-Evangelium steht geschrieben: „Meinst du, daß ich nicht jetzt meinen Vater bitten könne und er mir mehr als zwölf Legionen Engel stellen werde?" Doch er sagte: „Wie *Du* willst, Vater", und Gott beantwortete sein Gebet und ließ ihn „den Willen des Vaters" erfüllen. In Johannes 10,17 sagt Jesus: „Darum liebt mich der Vater, weil ich mein Leben lasse, um es wiederzunehmen. Niemand nimmt es von mir, sondern ich lasse es von mir selbst." Rufen Sie es sich ins Gedächtnis: Jesus, der Gott-Mensch, das ewige Wort, kam als Gott-Sohn in diese Welt, um die Sünden der Menschheit auf sich zu nehmen. Die Heilige Schrift (2. Korinther 5,21) sagt, daß Gott den, der keine Sünde kannte, für uns zur Sünde gemacht hat. Können Sie sich die schrecklichen Qualen vorstellen, die das ewige Wort, der Sohn, zu durchleiden hatte?

Als drittes mußte ich feststellen, daß nicht die Juden an der Kreuzigung Jesu Christi schuld waren. Ich habe mich gewundert, Mr. Deedat, daß Sie sich zum Verteidiger der Juden gemacht haben. Sowohl Moslems als auch Christen haben das im Laufe der Geschichte immer wieder durcheinander gebracht. Wie schon erwähnt, sagt Jesus in Matthäus 20,18 und 19, daß er nach seiner Verurteilung durch die jüdischen Schriftgelehrten zur Folter und Kreuzigung an die Heiden ausgeliefert werden würde. Bedenken Sie auch, daß er sagte: „Ich *lasse* mein Leben." Er gab sein Leben freiwillig. Wenn also jemand schuld ist, dann Jesus selbst, denn er sagte: „Ich habe Vollmacht, es zu lassen, und habe Vollmacht, es wieder zurückzunehmen" (Johannes 10,1).

Im übrigen bin ich der Meinung, Mr. Deedat, daß wir beide mitverantwortlich sind für den Tod Jesu, denn die Bibel sagt: „Alle haben gesündigt und erlangen nicht die Herrlichkeit Gottes" (Römer 3,23). Unsere Sünden sind es, die Jesus ans Kreuz gebracht haben.

Als vierte Tatsache fiel mir auf, daß man von Christen keinen blinden Glauben erwartet, sondern einen Glauben, der den Verstand keineswegs ausschließt. In dem von Mr. Deedat verfaßten Büchlein *What Was the Sign of Jonah?* [„Was war das Zeichen des Jona?"] las ich zu meiner Überraschung, daß heutzutage angeblich eintausend Millionen Christen Jesus von Nazareth blind als den Christus akzeptieren. Ihre Kritik verwirrt mich ein wenig, Mr. Deedat, denn Sie sagten selbst, daß Sie den Koran so akzeptieren, wie er ist, und daß Sie auf Fakten und Beweise verzichten können. Sie erkennen den Koran ohne Einschränkung an, werfen aber den Christen vor, sie glaubten blind, weil sie Jesus Christus, wie er in der Bibel durch Jahwe offenbart wurde, als den Christus akzeptieren. Das überrascht mich, denn im Koran wird Jesus unter anderem auch als „al-Masih" (Messias) bezeichnet. Soviel ich weiß, wird im Koran elfmal auf ihn als Messias Bezug genommen. Yusuf Ali, ein Moslem, der den Koran ins Englische übertragen hat, übersetzt das arabische Wort „al-Masih" mit „Christus". Weshalb wirft man uns also vor, wir akzeptierten Jesus blind als den Christus?

Einer der fähigsten amerikanischen Juristen, die jemals gelebt haben, war Dr. Simon Greenleaf, dem die Harvard-Universität ihren guten Ruf verdankt. Er wurde Christ, als er versuchte, den Anspruch Jesu, er sei das ewige Gotteswort, und seine Auferstehung zu widerlegen. Am Ende seiner Untersuchungen kam er zu dem Schluß, daß die Auferstehung Jesu Christi zu den am besten fundierten Ereignissen der Geschichte gehört, und das nach den Gesetzen juristischer Beweisführung, wie sie bei Gericht üblich sind.

C.S. Lewis, der geniale Schriftsteller unserer Zeit, war Professor für Literatur des Mittelalters und der Renaissance an der Universität von Oxford. Er war in seinem Fach sehr anerkannt. Niemand hätte gewagt, seine intellektuellen Fähigkeiten anzuzweifeln. Nachdem er vergeblich versucht hatte, die Glaubwürdigkeit des Neuen Testaments zu widerlegen, begann er, an Jesus Christus als seinen persönlichen Erlöser und Herrn zu glauben. „Ich dachte überhaupt nicht daran, mich zu bekehren", bekannte er, „doch über meinen Verstand fand ich schließlich zu Jesus Christus."

Lord Caldecote, ehemaliger Lordoberrichter von England, ein Mann, der die höchste Position innerhalb der englischen Gerichtsbarkeit bekleidete, sagte von sich: „... sooft ich versuchte, die für das Christentum sprechenden Fakten infrage zu stellen, kam ich zu der Überzeugung, daß sie einfach unbestreitbar sind."

Thomas Arnold war vierzehn Jahre lang Rektor einer bekannten Universität. Er ist Historiker und der Verfasser des dreibändigen Werkes *History of Rome* („Römische Geschichte"). Er sagte einmal: „Nichts in der Geschichte der Menschheit läßt sich besser und gründlicher beweisen als die Auferstehung Jesu Christi."

Der deutsche Wissenschaftler Dr. Werner von Braun, der in die USA auswanderte, gehörte zu den Mitbegründern des amerikanischen Weltraumprogramms. Er sagte, daß er erst dann wirklich zum Wissenschaftler wurde, nachdem er Jesus Christus persönlich als Heiland und Gott angenommen hatte.

Als fünfte Tatsache fand ich heraus, daß die Bibel der Christen historisch sehr genau ist. Das christliche Neue Testament steht in seiner Zuverlässigkeit und Glaubwürdigkeit und seiner Überlieferung durch die Jahrhunderte außergewöhnlich da. Es ist, was die handschriftlichen Belege betrifft, einzigartig. Allein vom Neuen Testament existieren 24 000 Manuskripte, meine Damen und Herren. Das sind handgeschriebene Abschriften, keine gedruckten und nicht etwa unterschiedliche Fassungen der Bibel, Mr. Deedat. Homers „Ilias" kommt mit 643 solcher Abschriften hinter der Bibel auf Platz zwei in der Reihenfolge der Schriften, für die die meisten handschriftlichen Belege in der gesamten Literaturgeschichte zu finden sind.

Sir Frederick Kenyon, ehemaliger Kurator und Direktor des Britischen Museums, war in seiner Fähigkeit, verläßliche Angaben über die Echtheit historischer Dokumente zu machen, unübertroffen. Er sagte: „Auch dem letzten Zweifel an der wahrheitsgetreuen Überlieferung der Heiligen Schrift wurde inzwischen der Boden entzogen. Echtheit und uneingeschränkte Vollständigkeit der neutestamentlichen Bücher können jetzt als endgültig bewiesen gelten."

Es gibt allerdings Leute, die diese literarische Überlieferung nicht aus einer historischen Perspektive erfassen können und versuchen, eine Streitfrage aus der Tatsache zu machen, daß die Schreiber der vier Evangelien – Matthäus, Markus, Lukas und Johannes – nirgendwo unterschrieben haben. Meine Damen und Herren, lassen Sie uns zu diesem Zweck einen Blick in die Geschichte tun und sehen, wie sie ihre Berichte beglaubigten.

Zunächst einmal waren diese Manuskripte alle als maßgeblich anerkannt. Jeder wußte, wer sie geschrieben hatte, so daß man keine Unterschrift darauf brauchte. Man könnte sagen, daß der Schreiber auf diese Weise von sich weg auf Jesus Christus als Zentrum der Botschaft hindeuten wollte. Die Schriften von Matthäus, Markus, Lukas und Johannes waren schon in der apostolischen Zeit bekannt. Sie hatten in der apostolischen Zeit des ersten nachchristlichen Jahrhunderts den Test auf Genauigkeit, Glaubwürdigkeit und Verläßlichkeit bestanden. Manchmal bekommt man aus Mangel an gründlicher Information und Forschung auch zu hören, es handele sich bei den Dokumenten des Matthäus, Markus, Lukas und Johannes um bloße Überlieferungen vom Hörensagen. Die Verfasser seien nämlich keine Augenzeugen der Ereignisse, die bei der Kreuzigung und Auferstehung Jesu Christi geschahen, gewesen.

Dabei wird oft auf Markus 14,50 hingewiesen. In zwei Minuten, so heißt es, ließe sich die christliche Behauptung widerlegen, weil alle Nachfolger Jesu ihn verlassen hätten und geflohen wären. Sie hätten demnach alles nur vom Hörensagen gewußt. Meine Damen und Herren, das spricht gegen die Fakten dieses Falles. Lesen Sie nur die anschließenden vier Verse. Vers 54 beginnt mit den Worten: „Und Petrus folgte ihm." Das bedeutet, sie verließen ihn alle zusammen, kamen dann aber einzeln zurück – und zwar sofort, Mr. Deedat.

In Vers 54 lesen wir: „Und Petrus folgte ihm von fern." Er ging direkt in den Hof des Hohenpriesters. Und er saß dort bei den Offizieren. Können Sie sich das vorstellen? Er saß bei den Offizieren und wärmte sich. In Markus 14,66 wird uns berichtet, daß er „unten im Hof war". Meine Damen und Herren, wenn Sie die Schrift genau lesen, werden Sie feststellen, daß Markus in seinem Evangelium den Augenzeugenbericht des Petrus festgehalten hat. Lesen wir nun Johannes 18,15: „Simon Petrus aber folgte Jesus und ein anderer Jünger. Dieser Jünger aber war dem Hohenpriester bekannt und ging mit Jesus hinein in den Hof des Hohenpriesters." Johannes 19,26: „Als nun Jesus die Mutter sah und den Jünger, den er liebte, dabeistehen, spricht er zu seiner Mutter: ‚Frau, siehe, dein Sohn!'" Das heißt, sie waren Augenzeugen. Sie waren bei der Kreuzigung zugegen.

Was hat nun bei Gericht Gültigkeit? In den meisten juristischen Fällen gibt es so etwas wie eine „Regel des ältesten Dokuments". Um dies besser abzuklären, erkundigt man sich am besten bei einem Juristen. Dr. Warwick Montgomery, Rechtsanwalt und Dekan der Simon-Greenleaf-Schule für Juristen und Dozent an der Internationalen Schule für Theologie und Jura in Straßburg, Frankreich, soll in diesem Zusammenhang zu Wort kommen.

Er sagt – bedenken Sie, daß hier der Vorsteher einer juristischen Schule spricht –, daß die Anwendung dieser Regel auf die Dokumente des Neuen Testaments, insbesondere auf die vier Evangelien, „bekräftigt durch eine verläßliche Textforschung, in jedem Gerichtshof die Zuverlässigkeit des Ergebnisses außer Frage stellen würde."

Der umfassendste Augenzeugenbericht ist jedoch nicht in den Evangelien zu finden, sondern im 15. Kapitel des 1. Korintherbriefes, den der Apostel Paulus zwischen 55 und 56 n.Chr. geschrieben hat. Paulus sagt in seinem Brief – indem er sich an die Zeit seiner Bekehrung vor zwanzig Jahren, an seine Begegnung mit den führenden Juden und an das Treffen mit Jakobus, dem Bruder Jesu, in Jerusalem erinnert – daß er aus der Überlieferung weiß, daß mehr als fünfhundert Augenzeugen die Auferstehung Jesu persönlich bezeugt haben. Nehmen Sie an, Sie räumten jedem Augenzeugen vor Gericht sechs Minuten für seine Aussage ein, so müßten Sie mit insgesamt dreitausend Minuten oder fünfzig Stunden für die Augenzeugenberichte rechnen.

Was Paulus hier schreibt, weiß er aus der jüdischen Überlieferung; er hat es persönlich nachgeprüft. Doch der entscheidende Punkt kommt noch. Paulus sagt nämlich, daß die Mehrzahl der damaligen Augenzeugen noch am Leben war (1. Korinther 15,6). Das bedeutet: „Wenn Ihr mir nicht glaubt, fragt sie doch selbst!"

Im übrigen übersehen viele die Tatsache, daß es auch feindlich oder gegnerisch gesinnte Zeugen unter den Zuhörern gab, als die Apostel und Jünger die neutestamentliche Botschaft verkündigten. Wären sie auch nur im geringsten von der Wahrheit abgewichen, hätten jene gegnerischen Zeugen sie sofort korrigiert. Bei Gericht kennen wir das als Kreuzverhör. Sie hätten es gar nicht gewagt, von der Wahrheit abzuweichen. Außerdem gibt es außerhalb des biblischen Zeugnisses noch zahlreiche säkulare Informationsquellen, auf die man zurückgreifen kann.

Hierzu gehören auch die Werke des Polykarp, der ein Jünger des Johannes war. Er schrieb vor fast zweitausend Jahren: „Das Fundament, auf dem die Evangelien gegründet sind, ist so fest, daß selbst die Irrlehrer es nicht untergraben können." Die Irrlehrer mußten bei den vorhandenen Fakten ansetzen und dann ihre eigene Lehre entwickeln. Dabei war es ihnen unmöglich, zu behaupten, Jesus habe dieses oder jenes nicht gesagt oder getan. Sie mußten seine Worte stehenlassen. Darauf bauten sie dann ihre Irrlehre

Viele Wissenschaftler sind zu dem Schluß gekommen, daß die Bibel in ihren Aussagen außerordentlich verläßlich ist. Millar Burrows, der zum

Lehrkörper der vielgerühmten Yale-Universität, Connecticut, gehörte, sagte einmal: „Das Vertrauen in die textlich genaue Überlieferung der neutestamentlichen Schriften nimmt zu." Der Forscher und Archäologe Dr. Howard Vox sagte: „Vom Standpunkt literarischer Beweisführung läßt sich hier nur der logische Schluß ziehen, daß das Neue Testament unendlich viel verläßlicher ist als irgendein anderes Dokument des Altertums."

Als sechstes fand ich heraus, daß Christus tatsächlich *gekreuzigt worden ist.* Was können wir aus zuverlässiger historischer Quelle entnehmen? Damit sind nicht nur die biblischen Schriften gemeint, sondern auch andere, säkulare Informationsquellen, wie ich sie am Ende meines Buches *Evidence That Demands a Verdict* aufgeführt habe. Jesus hat demnach nicht nur vorausgesagt, daß er an den Folgen der Kreuzigung sterben würde, er ist auch tatsächlich gekreuzigt worden. Er hat gesagt, daß er gegeißelt und zur Kreuzigung ausgeliefert werden würde. Lesen wir in Johannes 19,17f., was weiter geschah: „Und er selbst trug sein Kreuz und ging hinaus nach der Stätte, genannt Schädelstätte ..., wo sie ihn kreuzigten, und zwei andere mit ihm, auf dieser und auf jener Seite, Jesus aber in der Mitte."

Gehen wir die Geschehnisse einmal durch. Zunächst wird herausgestellt, daß Jesus von den Römern ausgepeitscht wurde. Wie ging das vor sich? Die Römer legten dem Verurteilten, der bis zur Taille nackt war, im Hof des Gerichtsgebäudes Fesseln an. Dann nahmen sie eine Geißel, eine Art Peitsche, die einen Handgriff von ungefähr 45 Zentimeter Länge hatte. Dieser Handgriff war mit vier ledernen Peitschenschnüren versehen, in die man am oberen Ende scharfkantige Knochenstücke oder Bleikugeln eingearbeitet hatte. Jeweils fünf mußten es mindestens sein. Die Länge der Schnüre war unterschiedlich. Die Geißel ließen sie auf den Rücken des Verurteilten niedersausen, wobei die Bleikugeln oder Knochenstücke gleichzeitig auf den Körper aufschlugen. Bei den Juden waren höchstens 40 Geißelhiebe erlaubt. Um auszuschließen, daß das Gesetz durch falsches Zählen gebrochen wurde, teilten sie niemals mehr als 39 Hiebe aus. Bei den Römern gab es diese Begrenzung nicht. Wenn die Römer einen Juden geißelten, schlugen sie absichtlich 41mal oder noch häufiger zu. Jesus erhielt also vermutlich 41 oder noch mehr Geißelhiebe.

Anerkannte Mediziner haben über die Kreuzigung Forschungen angestellt. Dr. Barbet aus Frankreich zum Beispiel oder Dr. C. Truman Davis aus Arizona, USA. Dr. Davis hat die Folter, die der Kreuzigung vorausging, genauestens untersucht und dazu folgenden Bericht abgegeben:

„Die schwere Peitsche saust wieder und wieder auf die Schultern, den Rücken und die Beine des Verurteilten nieder. Zunächst durchschneiden die schweren Schnüre nur die Oberhaut. Je öfter aber zugeschlagen wird, desto tiefer schneiden sie in die subkutanen Gewebe ein, so daß zunächst Sickerblutungen der Haargefäße und der übrigen Blutbahnen der Haut auftreten und schließlich arterielles Blut aus den Gefäßen der darunterliegenden Muskeln hervorspritzt. Die kleinen Bleikugeln verursachen bei den ersten Schlägen großflächige, tiefe Prellungen, die dann beim Weiterschlagen weit aufplatzen. Schließlich hängt die Haut in langen Fetzen vom Rücken des Verurteilten herunter, und der gesamte Bereich ist nur noch eine undefinierbare Masse von zerrissenem, blutendem Gewebe."

Aus anderen Informationsquellen habe ich entnommen, daß der Rücken manchmal bis zu den Eingeweiden aufgerissen war. Viele überlebten schon das Auspeitschen nicht.

Nach der Folter brachten sie Jesus zum Richtplatz und trieben lange Nägel durch seine Handgelenke und Füße. In der Bibel wird uns berichtet, daß man am späten Freitagnachmittag den beiden Dieben, die man mit Jesus gekreuzigt hatte, die Beine brach, doch daß es bei Jesus nicht mehr nötig war. Fragen wir uns, warum sie ihnen die Beine brachen! Wenn die Verurteilten an das Kreuz geschlagen wurden, zog man ihre Beine etwas an, bevor man die Nägel durch die Füße trieb. Der Tod am Kreuz ist oft ein Erstickungstod. Die Funktion der Brustmuskeln ist eingeschränkt. Man kann einatmen, aber die eingeatmete Luft nicht wieder herauslassen.

Die Verurteilten hingen am Kreuz und kämpften mit dem Erstickungstod. Um ausatmen zu können, mußten sie sich mit den Beinen hochdrücken. Zum Einatmen mußten sie sich wieder herunterlassen. Wollte man den sofortigen Tod bewirken, brach man den Opfern die Beine, damit sie sich nicht mehr hochstemmen konnten. Jesu Beine wurden nicht gebrochen. Genau darauf macht uns der heilige Gott, der uns sein heiliges Wort offenbart hat, aufmerksam. Das bedeutet, daß Jesus bereits gestorben war. Meine Damen und Herren, hätte man Jesus die Beine gebrochen, wäre er nicht unser Messias und nicht Gottes ewiges Wort. Denn Gott, der im Alten Testament Jahwe genannt wird, sagt in den Psalmen voraus, daß man ihm nicht die Beine brechen würde. An ihm erfüllte sich, was Gott bereits offenbart hatte.

Siebtens habe ich die Tatsache bestätigt gefunden, daß Jesus wirklich starb. Lesen wir Johannes 19,30. Jesus gab sein Leben ganz bewußt hin. Er wollte sterben – und deshalb dauerte sein Sterben nicht so lange. Er sagte: „Ich lasse mein Leben." Und nun sagt er: „Es ist vollbracht!" Dann „neigte (er) das Haupt und übergab den Geist." In Johannes 19,34 finden wir noch einen wichtigen Hinweis auf den Tod Jesu. Es heißt dort: „Einer der Soldaten durchbohrte mit einem Speer seine Seite, und sogleich kam Blut und Wasser heraus."

Er hing am Kreuz, und die Soldaten hatten schon seinen Tod festgestellt, indem sie ihm einen Speer in die Seite stießen. Nach Augenzeugenberichten flossen Blut und Wasser voneinander getrennt heraus. Mr. Deedat hat dies in seinem Buch als vermeintlichen Beweis dafür genommen, daß Christus noch am Leben war. Er beruft sich dabei auf einen Artikel in „Thinker's Digest", der 1949 von einem Anästhesiologen veröffentlicht worden war. Ich habe mich inzwischen mit verschiedenen medizinischen Untersuchungen zu diesem Thema befaßt.

Aus Zeitgründen kann ich hier nur auf zwei meiner Feststellungen eingehen. Zunächst: Viele Bibliotheken, die diese Hefte einmal führten, haben sie nicht mehr in ihrem Bestand. Viele Mediziner nämlich halten sie für veraltet und meinen, daß sie hinter dem heutigen Stand der Forschung zurückgeblieben sind.

Aus medizinischer Sicht ist zu sagen: Wenn man einem lebenden Menschen eine solche Wunde zufügen würde, wie Jesus sie durch den Speerstoß erhielt, würde das Blut nicht aus der Stichwunde kommen, sondern in das Innere des Brustkorbs hineinlaufen; es würde zu inneren Blutungen kommen. Beim Öffnen der Wunde würde nur sehr wenig Blut aus der Wunde heraustreten, denn es ist fast unmöglich, daß ein Speerstich einen so perfekten Kanal erzeugt, daß Blut und Serum herausfließen können. Die massiven inneren Verletzungen, die eine solche Kreuzigung verursachte, und dann noch ein Speerstoß in die Herzgegend hätten fast unverzüglich den Tod zur Folge gehabt – ganz zu schweigen von der Prozedur, die anschließend in Form der jüdischen Begräbnisriten auf den Verletzten zugekommen wäre.

Im Zentralkrankenhaus des Staates Massachusetts hat man über einen Zeitraum von mehreren Jahren Untersuchungen an Menschen vorgenommen, die an Herzrissen gestorben waren. Normalerweise hat das Herz einen pericardialen Durchfluß von 200 ccm. Stirbt jemand an einem Herzriß, erhöht sich die Menge auf 500 ccm. In einem solchen Fall treten Flüssigkeit und geronnenes Blut heraus. Vermutlich hat man das damals an Jesus beobachtet.

Die jüdischen Begräbnisriten hätten den endgültigen Todesstoß bedeutet. Mr. Deedat sagt auf Seite 9 seines Buche *What Was the Sign of Jonah?*" [„Was war das Zeichen des Jona?"], daß sie Jesus nach ihrer Sitte badeten und ihn mit 100 Pfund Aloe und Myrrhe einbalsamierten. Nun, würde man einen Menschen so auspeitschen, daß sein Rücken eine einzige offene Wunde wäre, ihm dann Arme und Füße durchbohren und ihn an ein Kreuz hängen, ihm mit einem Speer in die Seite stechen, ihn vom Kreuz abnehmen und ihn schließlich mit ungefähr 100 Pfund eines zementartigen Balsams bestreichen – glauben Sie nicht, daß ein größeres Wunder als die Auferstehung nötig wäre, um so etwas zu überleben?

Bedenken Sie auch die harte Disziplin der Römer. Pilatus war erstaunt – und ich wäre es auch gewesen –, als er hörte, daß Christus bereits gestorben war und daß man um seinen Leichnam bat. Er rief deshalb einen Zenturio zu sich und forderte ihn auf, sich zu vergewissern, daß Jesus wirklich tot war. Glauben Sie, dieser Zenturio war so dumm, sein Leben aufs Spiel zu setzen?

Es war üblich, daß ein Zenturio mit vier Henkersknechten das Geschehen überprüfte. Das war römisches Gesetz. Auf diese Weise wollte man sichergehen. Wenn einer der Männer zu weich oder nachlässig war, merkten es die anderen. Niemals kam es vor, daß alle vier gleichzeitig ihre Pflicht vernachlässigten. Die Römer kannten harte Strafen.

Nehmen wir ein Beispiel. Als Petrus durch einen Engel aus dem Gefängnis befreit worden war (Apostelgeschichte 12), ließ Herodes alle Wachsoldaten hinrichten – und das, weil ihnen ein einziger Mann entkommen war. In Apostelgeschichte 16 lesen wir, daß die Gefängnistüren sich für Paulus und Silas geöffnet und daß ihre Ketten sich gelöst hatten. Als der Gefängniswärter sah, daß sie frei waren, wollte er sich in sein eigenes Schwert stürzen, um sich selbst zu töten. Da rief ihm Paulus zu, er solle sich kein Leid antun. Wir sehen daraus, daß der Wärter genau wußte, was ihn erwartete. Lieber wollte er von eigener Hand sterben, als von den Römern hingerichtet werden.

Aus alledem schließen wir, daß Christus wirklich tot war. Der jüdische Historiker Flavius Josephus berichtet, daß er bei seinem Besuch in Jerusalem im Jahre 70 n.Chr., als Titus Jerusalem zerstörte, miterlebte, wie drei seiner Freunde gekreuzigt wurden. Nach den üblichen Peitschenhieben, als man gerade die Kreuze aufgerichtet hatte, ging er zu dem Obersten der Wachsoldaten und sagte: „Bitte, laß sie frei." Nun müssen Sie wissen, daß Josephus vom römischen Imperator in dessen eigene Familie aufgenommen worden war und von ihm selbst den Zusatznahmen Flavius erhalten hatte. Diesem Umstand verdankte er als Jude seinen Einfluß auf die Römer. Auf seine Bitte hin ließ der römische Führer der Wachmannschaft die drei sofort vom Kreuz herunterholen. Trotzdem starben noch zwei von ihnen, meine Damen und Herren, obwohl sie nur eine kurze Zeit am Kreuz verbracht hatten und schon bald wieder heruntergeholt wurden. So grausam war die Kreuzigung.

Die Juden wußten, daß Jesus tot war. In Matthäus 27,63 lesen wir, daß sie zu dem römischen Führer sagten: „Herr, wir haben uns erinnert, daß jener Verführer sagte, als er noch lebte: Nach drei Tagen stehe ich wieder auf." Wohlgemerkt, er sagte das, als er noch lebte. Das bedeutet doch wohl, daß er inzwischen gestorben war. Ich meine, in Mr. Deedats Büchern steht geschrieben, daß die Juden feststellen mußten, daß sie sich geirrt hatten. Jesus war gar nicht tot, deshalb – um nicht einen zweiten Fehler zu begehen – stellten sie Wachposten auf. Nun, die Juden sagten selbst, daß er schon tot war. Sie ließen das Grab sichern, damit niemand den Leichnam stehlen und das Volk betrügen konnte. Den Juden hat man schon vieles vorgeworfen; nur sehr selten hat man sie aber der Dummheit bezichtigen können. Sie wußten, daß Jesus tot war.

Als nächstes habe ich mich mit den jüdischen Begräbnisriten befaßt. Manchmal wird behauptet, daß die Juden es wegen des bevorstehenden Sabbats eilig hatten, Jesus in das Grab zu bringen. Meine Damen und Herren, ich habe das genauestens untersucht. Wie ich es in meinem Buch *The Resurrection Factor* („Die Tatsache der Auferstehung") belegt habe, waren die Begräbnisriten so wichtig, daß sie sogar am Sabbat erlaubt waren. Sie brauchten sich deswegen nicht zu beeilen. Der Leichnam sollte nur vor Anbruch des Sabbats vom Kreuz abgenommen sein, darum waren sie besorgt. Mit dem Begräbnis konnten sie sich Zeit lassen. Sie bestrichen dabei den Leichnam Jesu mit 100 Pfund aromatischen Kräutern – eingebettet in ein harzartiges Bindemittel.

Der Tote wurde gestreckt hingelegt. Dann nahm man dreißig Zentimeter breite Leinenbinden und begann den Leichnam – an den Füßen beginnend – zu umwickeln. Dazwischen trug man die mit dem Harz vermischten Kräuter auf. Wenn man bis zu den Achselhöhlen hochgewikkelt hatte, wurden die Arme an den Körper angelegt, und man begann, den Körper von den Fingerspitzen an noch einmal bis hinauf zum Hals zu umwickeln. Der Kopf wurde schließlich mit einer separaten Binde umwickelt. Ich schätze das Gesamtgewicht dieser Umhüllung auf 117 bis 120 Pfund.

Lassen Sie mich noch auf das Felsengrab zu sprechen kommen, in das man den Leichnam Jesu gelegt hatte. Es wurden dort außerordentliche Sicherheitsvorkehrungen getroffen. So rollten sie einen großen Stein vor die Öffnung der Gruft. Markus spricht sogar von einem sehr großen Stein. In einem Bericht aus dem ersten nachchristlichen Jahrhundert wird erwähnt, daß zwanzig Männer ihn nicht von der Stelle bewegen konnten. Das war sicher ein wenig übertrieben, aber die Größe des Steins war dem Betreffenden wichtig. Zwei Professoren für Ingenieurwesen, die keine Beziehung zum Christentum hatten, hörten mich einmal über den Stein sprechen. Bei einem Besuch in Israel machten sie sich die Mühe, die Größe des Steins zu berechnen, den man brauchen würde, um die fast anderthalb Meter große Öffnung eines jüdischen Felsengrabes damit zu verschließen. Sie schrieben mir einen reich dokumentierten Brief und sagten, daß ein solcher Stein mindestens eine bis anderthalb Tonnen wiegen würde.

Mr. Deedat führt in seinen Büchern an, daß ein bis zwei Männer den Stein vor den Eingang rollten. Ein oder zwei Männer mußten deshalb auch in der Lage sein, ihn wieder beiseite zu rollen. Joseph von Arimathia hätte den Stein vor die Graböffnung gerollt, heißt es. Wir sollten aus der Bibel und aus dem Koran nichts herauspressen, was wir nicht auch aus unserer heutigen Sprache entnehmen würden. Lassen Sie mich das an einem Beispiel verdeutlichen: Als ich gestern hier ins Stadion kam, sagte ich zu einem der Männer, die mich hergebracht hatten: „Wie sind denn alle diese Stühle hierhergekommen?" „Mr. Deedat hat sie hergebracht", gab er zur Antwort. Heißt das, daß Sie alle siebenhundert Stühle persönlich hierhergebracht haben, Mr. Deedat? Natürlich nicht!

Viele Helfer haben sie hereingetragen. Ebenso könnte ich sagen, daß Mr. Deedat dieses Symposium ins Leben gerufen hätte. Aber es waren bestimmt noch andere an der Organisation beteiligt.

Denken Sie an geschichtliche Ereignisse. Es heißt zum Beispiel, daß Hitler in Frankreich einmarschierte. Verstehen Sie das so, daß er das Land allein besetzte? Vielleicht hätte er es in Frankreich versucht, niemals aber in Südafrika!

Es kann durchaus sein, daß einige Männer Joseph von Arimathia geholfen haben. Wenn Sie sich genauer damit befassen, werden Sie überdies feststellen, daß sich an solchen Felsengräbern oben eine Rinne für den Rollstein befand, die zu der Seite des Grabes lief. Dort wurde der Stein plaziert und mit einem Block festgehalten. Ließ man diesen hoch, rollte der Stein von selbst vor die Graböffnung und verschloß sie. Meine siebenjährige Tochter wäre in der Lage, das zu bewerkstelligen, meine Damen und Herren.

Zur Sicherheit stellte man vor dem Grab eine Wache auf. Die Juden hatten darauf bestanden. „Sorgt für eine Wachmannschaft“, hatten sie gefordert. Im Griechischen steht hier „kustodia“. Dabei handelte es sich um eine 16 Mann starke Einheit. Jeder in dieser Einheit war darauf gedrillt, umgerechnet etwa 55 Quadratmeter Land zu verteidigen. Aus der römischen Geschichte wissen wir, daß von dieser 16-Mann-Einheit erwartet wurde, etwa 3000 Quadratmeter Land gegen ein ganzes Bataillon zu verteidigen und auch zu halten. Jeder Wachsoldat trug vier Waffen bei sich und war damit eine Kampfmaschine von ähnlicher Art wie die Tempelwächter.

Das Grab war außerdem mit einem Siegel, das die Insignien des römischen Reiches trug, verschlossen worden. Das sollte die Macht und den Einfluß dieses Reiches darstellen. Den Leichnam Jesu hatte man mit ungefähr 100 Pfund an Harzen und wohlriechenden Kräutern umgeben, und den Eingang zur Grabhöhle mit einem anderthalb bis zwei Tonnen schweren Stein geschlossen. Außerdem wurde das Grab von einer 16 Mann starken Sicherheitseinheit bewacht und mit einem römischen Siegel verwahrt. Allen Sicherheitsvorkehrungen zum Trotz geschah dann aber etwas, für das uns historische Beweise vorliegen: am dritten Tag war das Grab leer.

Über diese Frage brauche ich mit Mr. Deedat nicht zu debattieren. Ich kann deshalb gleich mit meinen Ausführungen fortfahren.

Sprechen wir über das Zeichen des Jona. Es ist gut, daß Sie das erwähnt haben. Ich will mich hier aber kurz fassen, weil ich es in diesem Zusammenhang nicht für maßgeblich halte. Wenn man etwas untersuchen will, sollte man dabei die Sprache und Kultur der jeweiligen Zeit in Betracht ziehen. Für uns bedeutet das, die jüdische Kultur jener Tage zu beleuchten. Es geht nicht um die heutige Kultur, auch nicht um die afrikanische, indische oder amerikanische – es geht um die jüdisch-israelische Kultur zur Zeit Jesu.

Untersuchen wir einmal, was der Ausdruck „drei Tage und drei Nächte" damals bedeutete. Im Alten Testament, in Kapitel 4 des Buches Esther, steht geschrieben, daß ein Fasten ausgerufen wurde, das drei Tage und drei Nächte dauern sollte. Später heißt es im Text, daß das Fasten am dritten Tag vollendet war. In der Sprache der Juden bedeutete der Ausdruck „drei Tage und drei Nächte" so viel wie „bis zum dritten Tag" oder „am dritten Tag". So sagte Jesus in Matthäus 12,40 auch, daß er drei Tage und Nächte im Herzen der Erde sein würde.

In Matthäus 20 sagt Jesus, daß er *am* dritten Tag – nicht *nach* dem dritten Tag – auferstehen würde. Die Juden kamen zu Pilatus und sagten (Matthäus 27,63): „Herr, wir haben uns erinnert, daß jener Verführer sagte, als er noch lebte: Nach drei Tagen stehe ich wieder auf." Aus diesem Grund verlangten sie eine römische Wache für das Grab. Weiter heißt es im Text – achten Sie auf die Sprache –: „So befiehl nun, daß das Grab gesichert werde bis zum dritten Tag." Es heißt nicht: *nach* dem dritten Tag. Jeder wußte, was gemeint war. Drei Tage und drei Nächte bedeutete, *bis* zum dritten Tag, „damit nicht etwa seine Jünger kommen, ihn [zu] stehlen".

An jenem Freitag standen ihnen drei Stunden für die Grablegung zur Verfügung – dann war es sechs Uhr. Sie brauchten weniger als eine Stunde. Nach dem Zeitbegriff des palästinensischen und des babylonischen Talmuds (Kommentarsammlung der Juden) wurde jeder angebrochene Tag, jeder „Onan", jeder Teil eines Tages als ein voller Tag gerechnet. Nach damals üblichem Verständnis galt jede Minute vor sechs Uhr für die Juden als ein Tag und eine Nacht. Die Zeit von Freitagabend um sechs bis Samstag um sechs galt für sie wieder als ein Tag und eine Nacht.

Meine Damen und Herren, nach dem damaligen Zeitbegriff – nicht dem unsrigen – galt jeder Augenblick nach Samstagabend sechs Uhr bei den Juden als ein Tag und eine Nacht. In meinem Land ist es ganz ähnlich. Wenn mein Sohn am 31. Dezember eine Minute vor Mitternacht das Licht der Welt erblickt, bekomme ich für ihn die steuerliche Vergünstigung eines ganzen Jahres, das sind 365 Tage und 365 Nächte. Es steht dabei nicht zur Debatte, zu welchem Zeitpunkt innerhalb des ganzen Jahres er geboren wurde.

Wenn die römischen Wachsoldaten ihrer Aufgabe nicht nachkamen, wurden sie unverzüglich hingerichtet. Eine Methode war, sie zu entkleiden und lebendig zu verbrennen, wobei man zunächst ihre eigenen Kleider entfachte. Wenn aber das Siegel gebrochen war, meine Damen und Herren, dann wurde alles darangesetzt, den oder die Schuldigen zu finden. Wer das Siegel brach, der hatte mit der Kreuzigung zu rechnen – und zwar mit dem Kopf nach unten.

Der Stein war nicht mehr an seiner Stelle, meine Damen und Herren. Bitte prüfen Sie alles genau nach, Mr. Deedat. Gottes Wort, wie es uns im christlichen Neuen Testament im griechischen Originaltext vorliegt (das Neue Testament wurde ursprünglich in griechischer, der Koran in arabischer Sprache abgefaßt), besagt, daß es so aussah, als habe jemand den anderthalb bis zwei Tonnen schweren Stein eine kleine Anhöhe empor gerollt – nicht nur weg vom Eingang, sondern ganz weg vom Grab. Nun, wenn sie sich leise in das Grab hineinschleichen, den Stein beiseite rollen und Jesus aus dem Grab heraushelfen wollten, warum dann die ganze Mühe, den mächtigen Stein ganz vom Grab wegzuschaffen? Die Wachmannschaft hätte mit Watte in den Ohren und Ohrenschützern schlafen müssen, um das zu überhören.

In Johannes 20 wird uns erzählt, daß Maria zum Grab kam. Mr. Deedat hat behauptet, sie sei gekommen, um den Körper Jesu zu massieren, denn „salben“ bedeute „massieren“. Wenn das wahr wäre, wenn Jesus wirklich überlebt und sie ihn massiert hätte – es hätte seinen Tod bedeutet. Stellen Sie sich vor, Sie hätten die Qualen der Kreuzigung hinter sich, Hände und Füße durchbohrt, den Rücken offen und 100 und mehr Pfund der bestrichenen Binden auf sich – wären Sie wohl in der Lage gewesen, sich massieren zu lassen? Das Wort „salben“ bedeutet „weihen“. Wie Mr. Deedat in seinem Buch ausführte, wurden Priester und Könige gesalbt, wenn sie in ihr Amt eingeführt wurden. Die Worte Jesu: „Rühre mich nicht an“ deutet Mr. Deedat so: „Rühre mich nicht an – ich habe Schmerzen.“ Lesen Sie doch bitte weiter, Mr. Deedat. Der vollständige

Satz heißt nämlich: „Rühre mich nicht an, denn ich bin noch nicht aufgefahren zum Vater."

Deshalb also sollte Maria ihn nicht berühren. Im nächsten Augenblick sagte er zu ihr: „Geh aber hin zu meinen Brüdern und sprich zu ihnen: Ich fahre auf zu meinem Vater." Als Jesus wenig später als der Auferstandene den Jüngern erscheint, sagt er: „Betastet mich!" Das bedeutet: Ihr könnt mich anfassen. Warum sagt er das? Oh, meine Damen und Herren, hier liegt ein sehr schönes Geheimnis verborgen. Im Alten Testament war es üblich, daß der jüdische Hohepriester, der am Heiligtum diente, das Opfer in das Allerheiligste trug. Das übrige Volk wartete draußen, denn sie wußten, wenn Gott ihr Opfer nicht annahm, würde der Priester erschlagen.

Sie warteten also auf die Rückkehr des Hohenpriesters. Kam der Priester lebend heraus, herrschte große Freude. „Gott hat unser Opfer angenommen", riefen sie. Jesus sagte: „Rühre mich nicht an ... ich bin noch nicht aufgefahren zum Vater." In der Zeit zwischen der Begegnung mit Maria und der Begegnung mit den übrigen Jüngern, die ihn berühren durften, war Jesus aufgefahren zu seinem Vater, um sich ihm als Opfer darzustellen. Meine Damen und Herren, wäre Jesus nicht zurückgekommen und hätte er seinen Nachfolgern nicht erlaubt, ihn zu berühren, so hätte das bedeutet, daß Gott sein Opfer verworfen hätte. Doch er kam zurück und sagte: „Faßt mich an, überzeugt euch." Gott sei Dank, Jesus konnte das sagen, weil sein Opfer angenommen war.

Was den Geistleib Jesu angeht, so glaube ich, daß Sie sich noch gründlicher mit unseren Schriften befassen sollten, Mr. Deedat. Sie sollten sie ebenso gründlich lesen, wie ich die Ihren gelesen habe. Unbedingt sollten Sie 1. Korinther 15, die Verse 44 bis 51 lesen. Dort wird der verherrlichte, unvergängliche Geistleib beschrieben. Jesus hatte einen geistlichen Leib, der dennoch Substanz hatte. Mit diesem Leib konnte er durch geschlossene Türen treten und unvermittelt im Kreis seiner Jünger erscheinen. Er brauchte keine Nahrung mehr, nahm aber doch etwas zu sich, weil sie sonst gedacht hätten, er sei nur ein Geist. Nein, das war er nicht. Er besaß einen Auferstehungleib, wie die Bibel es ausdrückt, einen verherrlichten, unverweslichen Leib. Wäre ich damals dabei gewesen und hätte ich miterlebt, wie er gekreuzigt und begraben wurde, und er wäre dann plötzlich unter uns erschienen, obwohl alle

Türen verriegelt waren – ich denke, ein wenig hätte ich mich auch gefürchtet.

Meine Damen und Herren, Jesus Christus ist wirklich auferstanden von den Toten! – Ich danke Ihnen für Ihre Aufmerksamkeit.

Entgegnungen

Ahmed Deedat

Sehr geehrter Herr Vorsitzender, meine Damen und Herren. Der Kernpunkt des Problems ist, daß die klare Aussage Jesu Christi von seinen Jüngern fälschlicherweise so verstanden wurde, als sei er von den Toten zurückgekehrt. Jesus hatte sie bewußt darauf aufmerksam gemacht, daß ein Geist weder Fleisch noch Knochen haben würde wie er. Das ist so klar, daß man zum rechten Verständnis weder ein Wörterbuch noch einen Rechtsanwalt braucht.

In allen 27 Büchern des Neuen Testaments finde ich nirgendwo, daß Jesus Christus selbst gesagt hat: „Ich war tot und bin von den Toten zurückgekehrt." Die Christen führen das Wort „Auferstehung" ständig im Mund. Wieder und wieder wird sie als ein bewiesenes Geschehen weitergegeben. Der Mann stand leiblich vor ihnen, nahm Essen zu sich – er war auferstanden. Er erschien im Obergemach – er war auferstanden. Jesus Christus hat niemals gesagt: „Ich bin von den Toten zurückgekehrt", nicht ein einziges Mal in allen 27 Büchern des Neuen Testaments.

In den vierzig Tagen, in denen Jesus bei ihnen war, sprach er nicht ein einziges Mal davon. Immer wieder betonte er, daß sie in ihm denselben Jesus vor sich hatten, der mit knapper Not dem Tod entronnen war. Er war ständig verkleidet. Niemals zeigte er sich den Juden wie er war. Er hatte ihnen ein Zeichen gegeben. Kein anderes Zeichen sollte ihnen gegeben werden als das Zeichen des Jona. Nur dies eine Zeichen. Er ging auch niemals zu den Juden in den Tempel von Jerusalem zurück, um ihnen zu sagen: „Seht, hier bin ich." Nicht ein einziges Mal. Er lebte ständig in der Verborgenheit. Doch wollen wir jetzt nicht weiter über Vergangenes sprechen.

Es hieß, Jesus sei willentlich gestorben, ja, er sei gerade zu diesem Zweck auf die Erde gekommen. *Ich* lese aus der Schrift etwas ganz anderes heraus. Ich habe festgestellt, daß Jesus keineswegs sterben wollte, sondern einen Entscheidungskampf mit den Juden anstrebte. Beim letzten Abendmahl, das Jesus mit seinen Jüngern zusammen einnahm, ging es um die Frage der Verteidigung. Jesus sagte: „Ihr erinnert euch sicher: als ich euch zum Predigen und Heilen aussandte, bat ich euch, nichts bei euch zu tragen. Keine Geldbörse, keinen Stock und keinen Stab. Hat es euch da an irgendetwas gemangelt?"

Sie antworteten: „Nein, an gar nichts." Passen Sie auf, was jetzt kommt. Jetzt sagt er ihnen nämlich: „Wer von euch kein Schwert hat, muß seine Kleider verkaufen und sich dafür ein Schwert kaufen." Ich frage sie: Wofür braucht man ein Schwert? Braucht man es zum Apfelschälen oder braucht man es, um Menschen die Kehle damit durchzuschneiden? Was macht man damit? Einer der Jünger sagte: „Meister, zwei Schwerter haben wir schon." Und er sagte: „Das ist genug."

Dann nimmt er seine Jünger – es waren noch elf; Judas war schon fort, um ihn zu verraten – und macht sich auf den Weg nach Gethsemane. Dort angekommen – lesen Sie Ihr Buch, lesen Sie die Evangelien! – läßt er acht Männer am Tor zurück. Fragen wir zunächst einmal, warum er überhaupt nach Gethsemane ging. Und warum er acht seiner Jünger am Tor zurückließ und sie bat: „Bleibt hier und wacht mit mir!"

Er wollte damit sagen, daß sie als Wache zurückbleiben sollten. Was gab es denn in Gethsemane zu bewachen? Gethsemane – ein umfriedeter, leerer Platz, einige Olivenbäume, das war alles. Was gab es fünf Meilen außerhalb der Stadt an diesem Ort zu bewachen? Dann nimmt er Petrus und die zwei Söhne des Zebedäus mit. Mindestens zwei von ihnen tragen ein Schwert bei sich. Er zieht einen inneren Verteidigungsring und sagt zu ihnen: „Wartet hier, setzt euch hier, und wacht mit mir, während *ich* gehe und dort drüben bete ... *Ich* allein gehe und bete dort." Antworten Sie mir bitte: Warum ging er nach Gethsemane – ging er, um zu beten? Hätte er nicht im Obergemach beten können, als sie zum letzten Abendmahl zusammengekommen waren? Hätte er nicht zum Beten in den Tempel gehen können, der nur einen Steinwurf von dem Ort entfernt war, an dem sie vorher gewesen waren? Warum der fünf Meilen lange Marsch hinaus aus der Stadt? Warum die acht Männer am Tor? Und warum der innere Verteidigungsring?

Und er geht ein wenig weiter und fällt auf sein Angesicht und betet zu Gott. „Oh, mein Vater ..., wenn es möglich ist, so gehe dieser Kelch an mir vorüber.“ Das heißt mit anderen Worten, er bittet, der schwere Weg möge ihm erspart bleiben. „Doch nicht wie ich will, sondern wie du willst“, sagt er dann. Das bedeutet: „Letzten Endes überlasse ich es dir, Gott, aber bitte rette mich.“ In seiner Todesangst „betete er heftiger. Es wurde aber sein Schweiß wie große Blutstropfen, die auf die Erde herabfielen“. Urteilen Sie selbst: Würde sich ein Mensch, der die Absicht hat, Selbstmord zu begehen, so verhalten? Paßt ein solches Benehmen zu einer Person, die von Anbeginn der Welt zum Opfer ausersehen sein soll?

Jesus schwitzte, weil er mit dem Tode rang, heißt es. Als er heftiger betete, tropfte sein Schweiß wie Blutstropfen auf die Erde. Da sandte der Herr der Barmherzigkeit seinen Engel, sagt die Bibel. Ein Engel kam, um Jesus zu stärken. Worin sollte er ihn stärken? Was meinen Sie? In dem Glauben, daß Gott ihn erretten würde. In allem, was danach geschah, läßt sich erkennen, daß Gott seine Rettung plante. Die Tatsache war, daß er prophezeit hatte, er würde wie Jona sein, während uns das Gegenteil eingeredet wird. Demnach hat Jesus sein prophetisches Wort nicht erfüllt. Jona überlebte – Jesus nicht.

Nun zu Pontius Pilatus. Er wunderte sich, als er hörte, daß Jesus schon tot war, denn nach seiner Erfahrung war es unmöglich, daß jemand schon nach drei Stunden am Kreuze starb. Die Kreuzigung sollte einen langsamen, qualvollen Tod bewirken. Es ging nicht darum, sich eines asozialen Elements zu entledigen, das man kurzerhand durch ein Exekutionskommando, durch den Strang oder mit dem Schwert hinrichtet. Nein, die Kreuzigung sollte ganz allmählich und qualvoll zum Tode führen.

Die Knochen wurden ihm nicht gebrochen, sagt die Bibel. Das war die Erfüllung einer Prophetie. Nun ist es aber völlig gleichgültig, ob man einem Toten die Knochen bricht oder nicht. Helfen konnte diese Methode nur, solange jemand noch am Leben war. Sehen Sie, zweitausend Jahre hat man die Christen nun schon so programmiert. Und die Programmierung geht auch heute noch weiter. Paulus hat den ganzen Glauben in einem einzigen Punkt zusammengefaßt: dem Tod und der Auferstehung Jesu Christi. In 1. Korinther 15,14 sagt er: „Wenn aber Christus nicht auferweckt ist, so ist also auch unsere Predigt inhaltslos, inhaltslos aber auch euer Glaube.“ Inhaltslos! Das bedeutet, Sie haben absolut gar nichts!

Auf Biegen und Brechen müssen die Christen beweisen, daß der

Mann auf irgendeine Weise an den Folgen der Kreuzigung starb. Sie verhalten sich wie Ertrinkende, die sich an jeden Strohhalm klammern, um Rettung zu finden.

Sehr geehrter Herr Vorsitzender, meine Damen und Herren, lesen Sie dieses Buch und das Zeugnis noch einmal Wort für Wort durch. Wenn Sie die prophetischen Aussagen der Bibel überprüfen und diese mit den Aussagen und dem Verhalten Jesu vergleichen, werden Sie sicher wissen, daß Jesus niemals gekreuzigt wurde.

Josh McDowell

Ich bin nicht sicher, ob ich richtig gehört habe, aber haben Sie gesagt, daß Jesus nirgendwo in den 27 Büchern des Neuen Testaments seine Auferstehung von den Toten bezeugt hat? Ich lese Ihnen dazu die Verse 17 und 18 aus dem 1. Kapitel der Offenbarung. Dort heißt es: „Ich bin der Erste und der Letzte und der Lebendige, und ich war tot, und siehe, ich bin lebendig in alle Ewigkeit." Es ist auch eine Tatsache, Herr Deedat, daß Jesus den Juden erschienen ist. Die ganze neutestamentliche Gemeinde bestand anfänglich aus Juden. Der auferstandene Jesus erschien auch dem Juden Saulus von Tarsus, der die Christen gehaßt und verfolgt hatte – dem späteren Apostel Paulus.

Das Größte an der Auferstehung Christi ist aber für mich, meine Damen und Herren, daß Jesus mein Leben und mein persönlicher Retter geworden ist. Gott Jahwe hat nämlich versprochen, daß er jedem Menschen, der Jesus Christus um Vergebung seiner Sünden bittet, den Heiligen Geist gibt – diesen Jesus Christus, der für unsere Sünden gestorben ist, der begraben und am dritten Tag auferstanden ist. Der Heilige Geist bewirkt eine Veränderung unseres Wesens. Einer der größten Beweise ist mein eigenes Leben. Nachdem ich an den Punkt gekommen war, Jesus als Retter und Herrn meines Lebens anzuerkennen, begann ich ihm zu vertrauen und gab meinen Eigenwillen auf. Innerhalb von anderthalb Jahren wurden maßgebliche Bereiche meines Lebens verändert.

Erstens sehnte ich mich plötzlich nach einem geheiligten, gottgefälligen Leben. Zweitens wurde mir bewußt, was echte Freude ist. Ich erlebte einen nie gekannten Frieden, der auch in schwierigen Situationen nicht von mir wich, einen Frieden, wie ihn nur Gott durch Jesus Christus schenken kann. Drittens bekam ich meinen Zorn unter Kontrolle. Während meines ersten Jahres an der Universität hätte ich beinahe einen jungen Mann getötet, so wütend war ich. Ständig verlor ich die Kontrolle über mich. Nachdem ich aber Jesus mein Leben übergeben hatte, konnte ich meine Wut, noch bevor sie sich ausbreitete, beherrschen. Dann verschwand sie.

Die Veränderung, die mit mir vorgegangen war, fiel nicht nur meinen Freunden auf. Meine Feinde bemerkten sie wohl noch eher. In den 22 Jahren, die ich jetzt durch sein ewiges Wort, den Sohn, in einem persönlichen Verhältnis zu Gott Jahwe, dem Vater, stehe, habe ich nur ein einziges Mal wieder die Beherrschung verloren. Er hat mir übernatürliche Kraft zum Überwinden gegeben.

Das Schönste, über das ich hier mit Ihnen sprechen darf, meine Damen und Herren, ist aber die einzigartige Liebe Gottes, die ich erfahren durfte. Zur Erklärung sei gesagt, daß mein Vater ein stadtbekannter Trinker war. Selten erlebte ich ihn nüchtern. Meine Schulfreunde machten sich lustig über ihn, weil er sich so daneben benahm. Wir wohnten auf einem Bauernhof. Manches Mal fand ich meine Mutter im Stall mitten im Kuhmist liegen, wo Vater sie so schrecklich zusammengeschlagen hatte, daß sie weder aufstehen noch gehen konnte.

Manchmal kam Besuch. Dann nahm ich meinen Vater, band ihn in der Scheune fest und parkte sein Auto hinter der nächsten Ecke. Meinen Freunden sagte ich, er sei auf einer wichtigen Geschäftsreise – dann stellten sie keine Fragen mehr. Ich brachte ihn also in die Ecke des Stalls, wo gewöhnlich die Kühe mit ihren Kälbern untergebracht waren, streckte seine Arme durch die Bretter und band sie zusammen. Dann legte ich ihm einen Strick um den Hals, zog seinen Kopf ganz über das Rückenbrett hinüber und band den Strick an seinen Füßen fest. Er hätte sich umgebracht, wenn er in dieser Stellung die Füße bewegt hätte.

Eines Abends, zwei Monate vor Abschluß meines Studiums, kam ich von einer Verabredung nach Hause. Als ich das Haus betrat, hörte ich meine Mutter schrecklich weinen. Als ich sie nach dem Grund fragte, sagte sie: „Dein Vater hat mir das Herz gebrochen. Ich lebe nur noch für dich und dein Studium. Wenn du das geschafft hast – dann will ich einfach nicht mehr leben."

Zwei Monate später beendete ich mein Studium. Am folgenden Freitag starb meine Mutter. Man kann wirklich an gebrochenem Herzen sterben. Bei meiner Mutter war das so – und Vater war schuld daran.

Niemanden auf der Welt haßte ich mehr als ihn. Doch als ich mit Gott Jahwe durch seinen ewigen Sohn, den Herrn Jesus Christus, in ein lebendiges Verhältnis kam, zog nach kurzer Zeit die Liebe Gottes in mein Leben ein. Gott selbst befreite mich von diesem Haß und verwandelte ihn in Liebe.

Er tat das in einem solchen Maße, daß ich in der Lage war, meinem Vater in die Augen zu schauen und zu sagen: „Vater, ich habe dich lieb." Das Schönste war, daß es wirklich stimmte! Als ich dann zu einer anderen Universität wechselte, wurde ich in einen schweren Autounfall verwickelt. Mit Zerrungen an Beinen, am Arm und Hals brachte man mich nach Hause. Er war völlig nüchtern, als er ins Zimmer kam, weil er mich für halbtot hielt. „Wie kannst du bloß einen Vater wie mich lieben?" brach es aus ihm heraus. „Vor sechs Monaten habe ich dich noch verabscheut, Vater, gehaßt habe ich dich", antwortete ich. Und dann begann ich zu berichten, wie ich zu der Überzeugung gekommen war, daß Gott Jahwe, der Vater, sich uns Menschen durch sein ewiges Wort, seinen Sohn Jesus Christus, offenbart hat. Dieser Jesus starb für unsere Sünden. Das war die Ursache seiner Qual, Mr. Deedat.

Und wenn Sie sich alle Sünden dieser Welt vorstellen könnten – Ihre und meine Sünden würden schon genügen. Doch alle Sünden hat er, der Sohn, auf sich genommen. Können Sie sich die Seelenqual vorstellen, die damit verbunden war? Das alles erklärte ich auch meinem Vater. Ich erzählte ihm, wie ich Christus gebeten hatte, mir zu vergeben und als Erlöser und Herr in mein Leben zu kommen. „Weil das so ist, habe ich jetzt die Kraft, nicht nur dich so zu lieben und anzunehmen wie du bist, Vater, sondern auch alle anderen Menschen", erklärte ich ihm.

Es geht mir auch mit Ihnen so, Mr. Deedat. Ich kann aufrichtig sagen, daß Gott mir Liebe für Sie gegeben hat. Ich liebe Sie so, daß ich nichts sehnlicher wünsche, als daß Sie Jesus Christus auch als Erlöser und Herrn annehmen! Damals sagte mein Vater nur: „Josh, wenn Gott auch in meinem Leben tun kann, was er bei dir fertiggebracht hat, dann will ich ihn persönlich kennenlernen."

Dann betete Vater. Was er sagte, klang ungefähr so: „Gott, wenn Du Gott bist und Christus das ewige Wort, Dein Sohn, wenn Du mir vergeben kannst und in mein Leben kommen und es neu machen kannst, dann möchte ich Dich persönlich kennenlernen.

Meine Damen und Herren, ungefähr anderthalb Jahre hat es bei mir gedauert, bis sich mein Leben von Grund auf verändert hatte. Und immer noch gibt es für Gott bei mir Dinge zu verändern. Was aber meinen Vater betrifft – sein Leben wurde in einem Augenblick verändert. Direkt vor meinen Augen geschah es. Mr. Deedat, es war, als hätte jemand plötzlich das Licht angedreht. Nur ein einziges Mal kam er danach wieder in Versuchung. Doch schon als er das Glas Whisky zum Munde führte, wollte er es nicht mehr. Er war endgültig frei vom Alkohol. Vierzehn Monate später starb mein Vater. Vierzig Jahre Alkoholmißbrauch hatten bewirkt, daß man ihm dreiviertel seines Magens wegoperieren mußte. Aber Sie können mir glauben, meine Damen und Herren, in diesen vierzehn Monaten geschah es, daß eine Menge Geschäftsleute aus meiner Heimatstadt und deren Umgebung ihr Leben durch Jesus Christus, das ewige Wort, dem lebendigen Gott auslieferten, weil sich ein stadtbekannter Trinker zum Herrn gewandt und ein neues Leben empfangen hatte.

Meine Frau Dottie hat es einmal so ausgedrückt: „Weil Christus von den Toten auferweckt wurde, lebt er. Und weil er lebt, hat er die außerordentliche Fähigkeit, durch den Heiligen Geist, in das Leben von Menschen einzudringen und es von innen her zu verwandeln." Aus diesem Grund hat der auferstandene, lebendige Christus in einem der 27 neutestamentlichen Bücher auch von sich gesagt: „Ich war tot, doch jetzt lebe ich." Weil er lebt, kann er auch von sich sagen: „Ich stehe vor der Tür deines Lebens und klopfe an. Wenn jemand meine Stimme hört und die Tür öffnet, bei dem werde ich einkehren."

Schlußbemerkungen

Ahmed Deedat

Sehr geehrter Herr Vorsitzender, meine Damen und Herren der Jury. Der Mensch ist von Natur aus feige. Schon bei Adam begann es, als er Eva die Verantwortung zuschieben wollte. „Ich war es nicht, sondern die Frau." Und die Frau sagte: „Ich war es nicht, es war die Schlange." Der Mensch ist feige. Immer wollen wir, daß ein anderer die Last für uns trägt. Wir möchten, daß jemand anderes die Medizin für uns nimmt, wenn wir krank sind. Wir möchten auch, daß der Blinddarm eines anderen entfernt wird, wenn der unsrige entzündet ist. So ist der Mensch nun einmal.

Doch das entspricht nicht den Worten Jesu Christi. Er wollte, daß jeder sein eigenes Kreuz trägt – gleichsam sich selbst kreuzigt. Hören Sie, was er sagt: „Wer nicht sein Kreuz aufnimmt und mir nachfolgt, der gehört nicht zu mir." Nimm dein Kreuz und folge mir! Bedeutet das nun, daß man sich kreuzigen lassen soll? Nein, auf keinen Fall. Das wollte er nicht damit sagen. Er wollte zum Ausdruck bringen: Wie ich für mich Verantwortung trage, so tragt ihr Verantwortung für euch. Wie ich bete, so betet auch ihr. Wie ich faste, so fastet auch ihr; wie ich beschnitten bin, so sollt auch ihr euch beschneiden lassen. Tut, was ich tue, und tragt selbst die Verantwortung für euer Tun.

Genau das meinte er. Und genau das entspricht dem islamischen System! Das ist die islamische Lehre. Sie ist es, die Dich nach jahrelangem Alkoholmißbrauch rettet, die Dich rettet, nachdem Du Jahre hindurch 10 Cent vom Kollektenteller genommen hast. Sie lesen es hier in Joshs Buch. Er schreibt darin, daß er jeden Sonntag 25 Cent auf den Kollektenteller legte, um anschließend 35 für Milchshakes wieder herunterzunehmen; das sei das einzige gewesen, was er von der Kirche mitgenommen habe. Später, wenn Du studierst, merkst Du, daß sich auf der hohen Ebene des Intellektualismus das gleiche abspielt. Wir haben leider nicht die Zeit, hier näher darauf einzugehen.

Lassen Sie mich mit einem Wort Jesu schließen. Er sagt: „Wahrlich, wahrlich, ich sage euch, wenn eure Gerechtigkeit die der Pharisäer nicht übertrifft, werdet ihr nicht ins Himmelreich eingehen." Das heißt, es gibt für euch keinen Himmel. Er selbst hat es gesagt. Und Sie widersprechen doch seinen Worten nicht. Auch das ist Islam! Wenn ihr nicht besser seid als die Juden, gibt es für euch keinen Himmel.

Er sagte nicht, daß sein Blut rettet, sondern die eigene Gerechtigkeit. Sie müssen besser sein als die Juden. Sie müssen fasten, wie die Juden es taten, nur auf höherer Ebene. Sie müssen beten, wie die Juden es taten, nur auf höherer Ebene. sie müssen barmherzig sein wie sie, nur auf höherer Ebene. Genau das ist Islam!

Deshalb, sehr geehrter Herr Vorsitzender, meine Damen und Herren der Jury, steht mein Urteil fest. Josh hat in Amerika zu diesem Thema unter der Überschrift gesprochen „Schwindel oder historische Tatsache?". Ich glaube, daß man eintausend Millionen Menschen zu einem

Ritt auf dem Kreuz verführt hat. In Durban reiten jede Woche Tausende von Menschen aus – allerdings auf einem Pferd. Sie aber hat man zu einem Ritt auf dem Kreuz verführt.

Vielen Dank, meine Damen und Herren.

Josh McDowell

Mr. Deedat, nirgendwo in der Bibel der Christen, deren Inhalt von Gott offenbart worden ist, ist davon die Rede, daß ein Christ sich kreuzigen lassen soll. Vielmehr sollen wir anerkennen, daß wir in Jesus Christus schon gekreuzigt sind.

In Römer 8,32 heißt es von Gott, der aus der Ewigkeit in die Zeit hineinspricht, er sei der, „der ... seinen eigenen Sohn nicht verschont, sondern ihn für uns alle hingegeben hat." In meinem Land war eine junge Frau zu schnell gefahren. Man erwischte sie dabei und brachte sie vor den Richter. „Schuldig oder nicht schuldig?" fragte er sie. „Schuldig", antwortete sie. Beim Schlag des Hammers wurde die Strafe verkündet: „100 Dollar oder 10 Tage Haft." Dann geschah etwas Unerwartetes. Der Richter stand auf, zog seinen Talar aus und legte ihn über die Rückenlehne seines Stuhls. Dann ging er nach vorn, um selbst die Schuldsumme zu bezahlen. Er war ein gerechter Richter – aber die Verurteilte war seine Tochter.

Wie sehr er sie auch liebte, er mußte das Urteil „100 Dollar oder 10 Tage Haft" verkünden. Dann aber ging er selbst hinunter, nahm die Strafe auf sich und bezahlte. Dies soll verdeutlichen, was Gott durch sein heiliges Wort offenbart hat: Gott liebt uns. Christus ist für uns gestorben. In aller Deutlichkeit zeigt uns die Bibel auf, daß Sünde mit dem Tod bestraft wird. Gott mußte gleichsam den Hammer fallen lassen und das Urteil verkünden.

Doch, meine Damen und Herren, er liebte uns so sehr, daß er bereit war, sein Richterkleid abzulegen und in der Gestalt eines Menschen, Jesus Christus, auf diese Erde zu kommen. Er ging ans Kreuz und bezahlte den Preis für uns. Deshalb kann er sagen: „Ich stehe an der Tür deines Lebens und klopfe an. Wenn jemand meine Stimme hört und mir öffnet, bei dem kehre ich ein."

Ja, Mr. Deedat, eine Milliarde Christen „reiten auf dem Kreuz", um es mit Ihren Worten zu sagen. Doch ich bin sicher: Durch das vergossene

Blut seines himmlichen Sohnes ist das Kreuz zu einem Himmelswagen geworden.

Ich danke Ihnen vielmals, meine Damen und Herren, daß Sie mir als einem Fremdling Gelegenheit gegeben haben, zu Ihnen zu kommen. Ihnen, Mr. Deedat, bin ich dafür zu besonderem Dank verpflichtet. Wenn Sie in mein Land kommen, werde ich Sie zum Dinner einladen. – Ich danke Ihnen.

Schluß: Islam und Christentum

Die islamische Lehre läßt sich an vielen Stellen auf die Bibel zurückführen. Ein großer Teil der historischen Grundlage des Korans entstammt dem Alten Testament. Bei allen Einflüssen und Ähnlichkeiten bestehen aber zwischen dem Islam und dem Christentum tiefgreifende Unterschiede.

Gott

Der Islam lehrt die absolute Einheit Gottes. Die Dreieinigkeit Gottes wird ausdrücklich zurückgewiesen. In diesem Zusammenhang ist zu bemerken, daß es *nicht* (und das muß betont werden) das biblische Verständnis von der Dreieinigkeit Gottes des Vaters, des Sohnes und des Heiligen Geistes ist, gegen das sich der Islam so entschieden zur Wehr setzt. Er wendet sich vielmehr gegen eine ketzerische Drei-Götter-Lehre, die Gott als Vater, Maria als Mutter und Jesus als Sohn sieht. Dies ist nicht nur für Moslems, sondern auch für Christen eine gotteslästerliche Vorstellung.

Ein Grund für dieses falsche Verständnis der Dreieinigkeit Gottes mag darin bestehen, daß es damals noch kein Neues Testament in arabischer Sprache gab. Die Araber orientierten sich an dem, was ihnen zu Ohren kam, und davon war vieles verfälscht.

Doch diese Betonung der Einheit Gottes hat noch andere Gründe. Der Islam lehrt, daß Gott von seiner Schöpfung getrennt ist. Er ist so eins in sich, daß man ihn nicht mit etwas Geschaffenem in Verbindung bringen kann. Seine Transzendenz ist so groß, daß er niemals personenbezogen handelt. Auch dann nicht, wenn er die erwählt, die er im Himmel bei sich haben will.

Weil Gott eine Einheit ist, meinen viele Moslems, daß die sunnitische Auffassung, der Koran sei „das ewige Wort Gottes", Sünde sei, und zwar deswegen, weil in ihr etwas anderes mit Gott in Zusammenhang gebracht wird. Aus diesem Grunde halten die Schiiten den Koran für ein erschaffenes Buch (im Gegensatz zum „ewigen Wort", das immer schon bei Gott war und Mohammed Wort für Wort „diktiert" wurde).

Aufgrund der Prädestinationslehre und der Auffassung, Gutes und Böses hätten ihren Ursprung bei Allah, erscheint uns dieser Gott irgendwie unberechenbar. Was Allah bestimmt, ist richtig. Diese Denkweise erschwert es, einen Maßstab für Gerechtigkeit und ethisches Verhalten zu erstellen, wenn sie es nicht sogar unmöglich macht.

Der Gott der Bibel hingegen läßt sich in seinem Wesen festlegen. Er ist gerecht.

Dem Moslem fällt es schwer, das Wort „Vater" im übertragenen Sinn zu verstehen. Für ihn ist es Gotteslästerung, wenn Gott als „Vater" bezeichnet wird.

Außerdem muß man bedenken, daß die Bezeichnung „Vater", die bei Christen gewöhnlich die Vorstellung von Liebe, Mitgefühl, Zärtlichkeit und Geborgenheit erweckt, für den Moslem etwas ganz anderes enthalten kann. Für ihn hat ein Vater streng zu sein, keinesfalls darf er Gefühl zeigen. Man erwartet nicht von ihm, daß er seine Liebe zum Ausdruck bringt. Nicht Hingabe bindet ihn an seine Familie, sein Verhältnis zu ihr wird durch die Pflicht bestimmt und durch das, was sie ihm an Versorgung bietet.

Es scheint, als fehlten Allah Eigenschaften wie Liebe, Heiligkeit und Gnade. Ein Grund liegt darin, daß der moslemische Gott über jede Beschreibung erhaben ist. Im allgemeinen definiert man Allah durch verneinende Aussagen von der Art: Er ist nicht dies, er ist nicht das. Viele Charakterzüge Allahs entnimmt der Moslem den 99 Namen, die es für ihn gibt. Für den Christen sind die Eigenschaften Gottes, zum Beispiel die Gnade, im Kern des göttlichen Wesens verankert (Epheser 2).

Die Bibel

Wie schon erwähnt, sollen die Schriften der Moslems angeblich alles enthalten, was Mose, die alttestamentlichen Propheten, David, Jesus und Mohammed ausgesagt haben. Es heißt, die ursprünglichen Schriften der Juden und Christen seien verlorengegangen oder gefälscht worden. Nur der Koran habe die Worte fehlerfrei überliefert. Zudem erhebt der Koran den Anspruch, alle vorislamischen Gottesoffenbarungen zu übertreffen. An dieser Stelle sollten wir uns noch einmal vergegenwärtigen, daß die heiligen Schriften, die im Koran erwähnt werden, mit denen der Bibel *nicht* genau übereinstimmen.

Da sich die Lehren des Christentums und des Islam eindeutig voneinander unterscheiden, muß man annehmen, daß in den praktischen und sozialen Auswirkungen ebenfalls ein großer Unterschied besteht. Genau das ist der Fall. Wie Guillaume erwähnt, läßt sich das am besten an der Stellung der Frau ablesen:

> Der Koran sagt über die Stellung der Frau mehr als über irgendeine andere soziale Frage. Der Satz „Frauen sind euer Ackerfeld" spricht für sich selbst. Für die Heirat gebraucht man dasselbe Wort wie für den Sexualakt. Hauptmotiv einer jeden Eheschließung ist der Kindersegen. Dies ist einer der Gründe, weshalb ein Mann gleichzeitig vier Frauen ehelichen und eine beliebige Anzahl von Nebenfrauen haben darf. Dabei ist jedoch festgelegt, daß die Ehefrauen alle mit Freundlichkeit und völlig gleichberechtigt zu behandeln sind. Ist ein Mann dazu nicht in der Lage, sollte er nur eine Ehefrau bei sich behalten.
> Zum Zeitpunkt der Eheschließung bezahlt der Mann der Frau eine Ausstattung, und das Geld oder Eigentum, das ihr dabei zuerkannt wird, bleibt in ihrem Besitz. Der Mann kann sich jederzeit von seiner Ehefrau trennen, kann sie aber nicht wieder zu seiner Frau nehmen, bevor sie nicht in zweiter Ehe geschieden ist. (Erst nach drei Scheidungen kann ein moslemischer Mann seine Frau nicht mehr wiederheiraten. Er kann jedoch dreimal die Scheidungsformel aussprechen: „Ich scheide mich von dir", was von manchen als eine dreifache Scheidung ausgelegt wird.) Für eine Frau gibt es keinen Grund, die Ehescheidung zu begehren; der Mann darf sie ruhig schlagen. In der Stellung der Frau liegt der Hauptunterschied zwischen den Moslems und der christlichen Welt (Guillaume, a.a.O., S. 71f.).

Jemand, der aus der westlichen Kultur kommt, sollte jedoch berücksichtigen, daß sich hierbei die Stellung der Frauen im Vergleich zu vorislamischen Verhältnissen schon verbessert hatte. Einige islamische Gemeinden nehmen dies als Grundlage für die Lehre, der Islam sei fortschrittlich und gewähre den Frauen gleiche Rechte.

Besucher aus westlichen Ländern haben fälschlicherweise oft den Eindruck, moslemische Männer seien verdorben und geradezu begierig auf Sex. Aus moslemischer Sicht genießen die Frauen Schutz und Unterhalt und den Respekt ihrer Gemeinschaft.

Vergleichen wir dies mit dem heutigen Verfall der westlichen Kultur, dem Abbau traditioneller moralischer Werte, der sogenannten „Freiheit“ der Geschlechter, den vielen Abtreibungen usw., dann müssen wir Christen aus dem Westen begreifen, daß die Moslems uns ebenso kritisch betrachten, wie wir ihnen begegnen. So stellen sie beispielsweise immer wieder die herausfordernde Frage: „Werden mehr Frauen in moslemischen Ländern geschlagen, vergewaltigt und überfallen oder in westlichen Ländern?“

Oft machen Moslems den Fehler, die westliche Kultur mit dem Christentum gleichzusetzen (vgl. S. 34).

Jesus Christus

Im Islam werden Jesus Christus und sein Werk anders gesehen als im Christentum. Für den Christen ist Jesus Christus, der eingeborene Sohn Gottes, auferstanden von den Toten und damit der lebendige Grundstein seines Glaubens. Diese für den Christen unverzichtbare Glaubensgrundlage wird von moslemischer Seite abgelehnt. Für einen Moslem ist Jesus weder der Sohn Gottes, noch ist er der Auferstandene. Er erkennt ihn zwar als „Wort Gottes“ und „Geist Gottes“ an, niemals aber als Sohn Gottes. Das wäre Gotteslästerung. Auch der Kreuzigung Jesu wird widersprochen. Viele Moslems glauben, daß Judas an seiner Statt gekreuzigt wurde. Einige andere sind der Meinung, Jesus sei zwar ans Kreuz geschlagen worden, habe jedoch die Kreuzigung überlebt.

Der Islam hält Jesus für einen Propheten, der von jeder Sünde frei war, stuft ihn aber niedriger ein als Mohammed. Viele Moslems lehren, Jesus sei bedeutender und sei geistlicher gesinnt gewesen als Mohammed, aber von zu großer Erhabenheit. Mohammed dagegen sei als Prophet der Praxis von jedermann verstanden worden. Im Koran ist in Sure 3,45-47 auch von der jungfräulichen Geburt Jesu die Rede, doch wird sie anders dargestellt als in der Bibel. Nach moslemischer Überzeugung ist Jesus mit Sicherheit *nicht* der eingeborene Sohn Gottes, und die Vermittlung der lebenschaffenden Kraft Gottes erfolgte durch einen Engel – nicht durch den Heiligen Geist. Der Gedanke, Gott könne einen Sohn haben, ist den Moslems im Tiefsten zuwider. In Sure 4,171 lesen wir: „Jesus … ist nur der Gesandte Gottes … Er ist darüber erhaben, ein Kind zu haben.“

Johannes sagt über Christus: „Und das Wort wurde Fleisch und wohnte unter uns, und wir haben seine Herrlichkeit angeschaut, eine Herrlichkeit als eines Eingeborenen vom Vater, voller Gnade und Wahrheit. – ... Und ich habe gesehen und habe bezeugt, daß dieser der Sohn Gottes ist“ (Johannes 1,14.34).

Die Göttlichkeit Jesu und seine Gottessohnschaft stehen außer Frage. In Johannes 10,30 bringt er seine Gleichstellung mit dem Vater zum Ausdruck, indem er sagt: „Ich und der Vater sind eins.“ Nicht nur die Gottessohnschaft Christi an sich, auch seine Göttlichkeit ist ein wichtiger Punkt, wenn man einen Vergleich zwischen dem Christentum und dem Islam anstellt, denn der Islam weist die Lehre von der Dreieinigkeit zurück.

In Sure 4,157 steht im Koran über die Kreuzigung geschrieben: „Sie haben ihn (in Wirklichkeit) nicht getötet und (auch) nicht gekreuzigt. Vielmehr erschien ihnen (ein anderer) ähnlich.“ Die meisten Moslems glauben, Judas sei an Jesu Statt gekreuzigt, Jesus aber sofort in den Himmel aufgenommen worden. Die Bibel aber lehrt, daß Christus den Weg zum Kreuz ging, um uns Menschen von der Sünde loszukaufen. Er starb, wurde von den Toten auferweckt und erschien seinen Jüngern. *Dann* fuhr er in den Himmel auf (Lukas 24,36-52).

Für den Moslem ist die Bibel nicht das einzige maßgebliche Buch, auf dem die Theorie und Praxis seines Glaubens beruht. Wenn der Islam die Wahrheit des geschriebenen Gotteswortes verwirft, unterscheidet er sich nicht nur vom Christentum, sondern stellt sich ihm in fast jeder Hinsicht entgegen.

Man kann „Du“ zu Gott sagen
Zeugnis eines ehemaligen Moslems

Als ich vor einigen Jahren zum Studium nach Deutschland kam, hatte ich den Wunsch, in einem neuen Land ein neues Leben zu führen. Unter diesem „neuen“ Leben verstand ich natürlich ein gutes Leben nach islamischen Vorschriften. Ich wußte nämlich genau, daß ich in der Türkei wenig danach gefragt, sondern nur nach meinen eigenen Wünschen gelebt hatte. Ich begann also, auf islamische Weise mein Gebet zu verrichten, badete täglich gründlich und nahm mir vor, ein guter Mensch zu werden. Als die Fastenzeit Ramadan kam, hielt ich mich an die Vorschriften, fastete am Tag und nahm nur abends etwas zu mir. Ich gab mir große Mühe, aber irgendwie wurde ich das Gefühl nicht los, daß das alles nichts nützte. Dieses Gefühl von Schmutz in mir ging nicht weg. – Ich begann, die Deutschen zu beobachten. Hier und da gab es eine Kirche, aber über Gott wurde nie gesprochen. Irgendwie schien das tabu zu sein. Über Glaubensdinge spricht man nicht. Waren das nun Christen? Über Jesus wußte ich einiges aus dem Koran. Er war der Messias. Die Christen schienen sich aber in Deutschland nicht nach ihm zu richten. Mußte man ihnen nicht helfen und sie zu Allah führen? Ich war seit meiner Kindheit mit der islamischen Lehre vertraut. Wenn ich nun ein wirklich guter Moslem würde, könnte ich ihnen bestimmt helfen. Ich las deshalb den Koran noch gründlicher, um die Deutschen in meiner Umgebung von der Richtigkeit der Lehre Mohammeds überzeugen zu können.

Während all dieser Bemühungen traf ich einen Landsmann, der mir erzählte, wie er vom Islam zu Jesus Christus gekommen war. Anfangs dachte ich, er sei ein Kandidat für die Hölle, denn wenn jemand vom Islam abfällt, ist das in Gottes Augen ein Verbrechen. Je länger ich mich aber mit ihm unterhielt, desto mehr verstand ich, was mit ihm passiert war. Er war wirklich ein neuer Mensch geworden. Das hatte ich mir ja auch immer gewünscht! – Ich bekam eine türkische Bibel geschenkt. Ich traute mich kaum, darin zu lesen. Doch als ich angefangen hatte, begann mich das Buch zu faszinieren. Es war so viel von der Liebe Gottes die Rede! Ich kannte Gott nur als strengen, fernen, unerreichbaren Richter, den offenbar auch meine Gebete nie erreichten.

Ich war total verwirrt. Was war die Wahrheit? Beim Deutschstudium in Mannheim liefen mir wieder Christen über den Weg. Es waren die „Navigatoren", die mich zu einer Freizeit einluden. Am Schluß sagte ein Student, wir sollten nicht wieder nach Hause gehen, wie wir gekommen wären. Jesus könnte uns ein neues Leben geben. Diesen Satz habe ich mit nach Hause genommen.

Einige Zeit später las ich das Buch „Allah – mein Vater?", die Lebensgeschichte einer ehemaligen Moslemin aus Pakistan. Könnte ich auch „Vater" zu Gott sagen? Wäre das nicht Gotteslästerung? Das Buch beeindruckte mich so, daß ich es eines Abends auch wagte, frei mit Gott zu sprechen. Ich zitterte, als ich das erste Mal Jesus als Sohn Gottes anredete und zu Gott „Vater im Himmel" sagte. Alles redete ich mir vom Herzen. Und dann kam die Antwort. Ich kann es gar nicht beschreiben, so wunderbar war es. Eine große Ruhe kam über mich. So lag ich einfach auf meinen Knien, weinte und freute mich gleichzeitig. Was ich mir immer gewünscht hatte, war wirklich eingetreten. Gott hatte mir ein neues Leben geschenkt.

Seitdem sind mehr als sieben Jahre vergangen. Jeden Tag staune ich, wie Gott mir in Liebe nachgegangen ist und wie er mir Menschen geschickt hat, die zu ihm in einem ganz persönlichen Verhältnis stehen. Früher habe ich zu Gott immer „Sie" gesagt; jetzt weiß ich, daß er ein liebender Vater ist, den ich mit „Du" anreden kann. Er kümmert sich um mich. Und er will sich auch um die vielen Moslems kümmern, die unter uns leben. Er braucht Christen dazu, die nicht recht behalten wollen, sondern die ihnen in der Liebe Christi begegnen und sie nicht in erster Linie als „Missionsobjekte" betrachten.

Ali-Haydar